50대 인생설계, 근육을 저축하라!

# 근육을 저축하라
## 인생설계 50

50대가 저축할 근육은
신체적 근육뿐만 아니라
마음 근육,
관계 근육,
재테크 근육이다.
근육을 만드는 최선의
방법은 습관이다.

이준복 지음

북마크

| 서 문 |

이 책을 쓰게 된 동기는
단 두 가지 질문 때문이었다

    그 첫 번째 질문은,
"어떻게 살아야 할까? 어느덧 50대가 되었다."
    어느 순간 아이들이 크는 것을 보면서 정작 나 자신은 나이를 먹고 있다는 것을 알아차리지 못했다. 누군가 나이를 물어보기에 한참을 생각해서 답을 해보니 어느덧 50대가 되어 있었다. 불과 몇 년 전만 해도 나이 오십은 너무나 먼 얘기처럼 들렸고, 조만간 은퇴해야 하는 시기로만 생각하고 있었다. 그런데 내가 이제 50대가 되어버렸다.
    돌이켜보면 나는 50대 이전까지 성공의 기쁨을 느끼면서 평탄하게 살았을 뿐 실패로 인한 좌절을 거의 경험하지 못했다. 고등학교를 졸업하면서 서울 소재 대학에 한 번에 합격하고, 대학을 졸업하면서 당시 5대 대기업이었던 SK그룹에 취업했다. 일반적인 인생 경로였던 대학 진학과 취업을 실패 없이 한 번에 성공한 셈이다.
    그러다 직장생활 5년 차에는 새로운 도전을 시도했다. 고시 시험을 준비하기 위해 잘 다니던 회사에 사직서를 제출했다. 행정고등고시에 1차 합격했으나 최종 합격을 하지 못했다. 하지만 우연한 기회에 알게 된 지방자치단체에서 모집하는 연구직 공무원 시험을 보았다. 운이 좋았던지 울산광역시, 인천광역시, 서울특별시 공채에 시간 간격을 두고 최종 합격을 했다. 울산광역시는 합격 포기각서를 제출하고, 인천광역시는 5개월 동안 근무하다 다시 서울특별시로 옮겨서 현재까지 서울특별시 연구직 공무원으로 재직 중이다. 비록 대기업 직원에서 간부직 국가공무원으로의 전환은 실패했지만, 지방자치단체의 연구직 공무원으로 근무하게 되었으니 목표를 일부 달성한 셈이다.

연구직 공무원으로 근무하는 동안 대학원 박사과정에 진학하였다. 학위를 취득하기까지 수업을 듣기 위해 모든 휴가를 사용해야 했고, 논문 작성을 위해 밤잠을 줄여야 했다. 이 과정이 무척 힘들었으나 결국엔 목표했던 박사학위를 취득했다.

이때만 해도 도전에 주저함이 없었고, 노력과 열정만 있으면 계획한 모든 것들을 이룰 수 있을 거라는 자신감이 있었다. "하면 된다."라는 말이 진리라고 믿었다. 이렇게 실패 없는 삶은 죽을 때까지 이어질 줄 알고 있었다.

하지만 나이가 오십이 되면서 그동안의 삶은 온실 속의 화초와도 같았다는 것을 실감할 수 있었다. 마음을 내려놓으며 이해하기까지 너무 힘들었던 아이들의 성적과 행동, 전혀 예상하지 못했던 교통사고, 직장에서의 승진 실패, 믿었던 사람들에 대한 실망 등 계획한 바대로 되는 게 하나도 없었다. 그동안 계획한 삶만 살았기에 그러한 상황을 받아들이기가 너무 힘들었다. '그동안의 삶이 온실 속의 화초와 같았기에 실패로 인한 좌절을 이겨낼 수 있는 훈련이 부족했나?'라는 생각도 들었다. 시간이 한참 지난 지금 돌이켜 보면 당시 한꺼번에 밀려왔던 실패와 아픔들은 찰과상 정도의 부상일 수 있었다. 하지만 당시에는 나에게 너무나 큰 시련이었다. 몸도 마음도 너무 지쳐서 삶의 의미까지 상실했었다.

살고 싶었다. 가족을 위해 살아야만 했다. 앞으로 너무 많은 날이 남았는데 마냥 주저앉아만 있기에는 시간이 너무 아깝다는 생각도 들었다. 그래서 시작한 것이 독서이다. 독서를 하다 보니 책을 쓰고 싶었다. 책에서 50대가 된 나에게 하고픈 이야기를 쓰고 싶었다. 그러다 보니 욕심이 생겼다. 누구나 인생에서 실패를 경험하게 되는데, 나처럼 순조로운 인생을 살아온 사람들은 힘든 상황에서 더 좌절할 수도 있다. 그들이 이겨내는 힘을 가질 수 있도록 돕고 싶었다. 나뿐만 아니라 이 책을 읽는 모든 사람이 남은 인생을 좌절하지 않고, 행복하게 살았으면 하는 바람으로 이 책을 썼다.

두 번째 질문은,

"무엇이 행복일까? 50대의 행복은 달라야 한다."

최근에는 50대의 삶을 주제로 하는 책이 많이 출간되고 있다. 그러한 책에서 얘기하고 있는 50대에 관하여 몇 가지를 소개한다.

"50부터는 몸과 마음, 사회적 지위, 관계 등에서 큰 변화가 발생한다.

사회에서 50대는 투명 인간 취급한다. 가정에서 다 자란 자녀들은 부모와 말 섞는 것을 아주 싫어한다. 남자든 여자든 50대는 이성이 쳐다보지도 않는다. 50대, 밀려오는 인생의 큰 변화 앞에서 이제 인생관을 몽땅 바꿔야 한다."

- 사이토 다카시, 『50부터는 인생관을 바꿔야 산다』

"운동 경기의 전반과 후반 사이에는 쉬는 시간, 하프타임이 있다. 어떤 이는 전반의 전적에 집착하며 탄식의 시간을 보낼 것이고 어떤 사람은 곧 펼쳐질 후반전에서 역전을 기록할 작전타임의 기회로 삼을 것이다. 오십, 지금은 작전타임 중이다."

- 이주희, 『조금 알고 적당히 모르는 오십이 되었다』

"환경이 더 좋아지기를 기다린다면 평생 기다려야 할지 모른다. 그래서 완벽한 기회가 오기를 기다리다가 삶을 헛되이 보낸 사람이 많은 이유가 여기에 있다."

- 스테판 폴란, 『2막』

이들은 50대부터는 이전까지의 삶과 인생관마저 바꿔야 하며, 지금이 후반부 인생을 준비하기 위한 좋은 기회이니 기다리지 말고 곧바로 무언가를 시작해야 한다고 얘기하고 있다.

서점에 가면 앞에서 언급했던 것 이외에도 많은 책을 볼 수 있다. 이 책들이 공통으로 추구하는 목표는 후반부 인생에서의 행복한 삶이다. 한 가지 주목할 것은 후반부 인생에서 행복은 지위, 명예, 돈이 아니다. 가장 큰 행복은 건강한 몸과 마음이었다.

그럼 행복한 삶은 어떻게 만들어지는가? 많은 자료와 책을 보면서 내린 결론은 "후반부 인생에서 행복해지려면 나이가 들수록 근육을 단련한다."이다. 여기서 근육은 신체적인 근육뿐만 아니라 마음(정신적) 근육과 관계(사회적) 근육, 재테크(경제적) 근육을 모두 포함한다. 그리고 무엇보다 가장 든든한 근육은 습관이다. 생각하는 습관, 운동하는 습관, 경제적인 소비를 하는 습관, 독서 습관 등 좋은 습관은 후반부 인생의 행복을 불러온다.

위의 두 가지 질문들은 짧고 간단하지만 이에 대한 답을 찾아가는 과정은 전혀 쉽지 않았다. 나는 심리학자, 철학자, 상담 전문가도 아니다. 심지어 인문학을 전공하지도 않았다. 공학박사로서 하는 방법은 자료를 찾고 책 속에서 답을 찾아 나의 생각으로 정리하는 것이었다.

이 책에서 그러한 내용을 정리했고, 책 쓰기를 통해 내가 살아온 경험과 고민을 다시 돌아보는 계기로 삼았다. 또한 앞으로도 인생 문제에 관한 모든 해답은 책을 통해 얻을 수 있을 것이라는 자신감도 가지게 되었다. 너무 길어서 끝이 보이지 않을 것 같았던 터널을 지났을 때, 환하게 드러나는 밝은 빛을 보면서 느끼는 시원함을 독서에서 느끼기도 했다. 이 책을 읽는 독자들에게도 나와 같은 마음이 전달되기를 희망한다.

마지막으로 나와 같이 두 가지 질문에 대한 답을 찾고자 하는 50대와 50대를 준비하는 40대가 이 책을 읽으면 큰 도움을 얻을 수 있을 것으로 기대한다.

또한 이 책은 초등학교 시절의 자장면과 같았으면 좋겠다. 경제적으로 힘들었던 초등학교 시절에 생일, 입학식, 졸업식 등 특별한 날에 선물로 먹을 수 있었던 자장면. 그때 먹던 그 자장면은 너무 맛있었다. 40대, 50대의 인생을 살면서 힘든 시기를 보내는 사람에게 이 책이 자장면 같은 선물이었으면 좋겠다.

"아무것도 하지 않으면 아무 일도 일어나지 않는다."

지금 당장 이 책을 펼쳐 들고 읽으면서 다시 시작하려는 마음을 먹었다면, 우선 인생 설계부터 시작해보자.

# CONTENTS

〈서 문〉| 4

## 제1장 재수 없으면 200살까지 산다 | 13

01. 이미 100세 시대이다 | 15
02. 기후 위기가 초불확실성 시대를 불러왔다 | 20
03. 세상은 엄청난 속도로 변하고 있다 | 26
04. 가장 큰 위기는 변하지 않는 것이다 | 33
05. 공무원도 변화에 안전할 수 없다 | 38
06. '욜드(YOLD)족' 전성시대가 왔다 | 43
07. 드디어 제2막 인생의 출발선에 서다 | 48

## 제2장 근력 운동이 50대 건강을 책임진다 | 53

01. 운동은 나를 사랑하는 방법이다 | 55
02. 하얀색 근육을 지켜라 | 60
03. 건강을 잃으면 모든 것을 잃는다 | 65
04. 근육은 움직이게 하는 힘이다 | 70
05. 움직임으로 노화를 막을 수 있다 | 75
06. 보기 좋은 엉덩이가 건강에도 좋다 | 80
07. 근육은 장수의 비결이다 | 85

## 제3장 마음에도 근육이 필요하다 | 91

01. 마음 그릇의 크기가 행복 크기이다 | 93
02. 미세먼지가 내 마음을 삼키다 | 99
03. 독서로 마음 근육을 단련하다 | 103

04. 힘든 순간에도 웃을 수 있다 | 109
05. 이것 또한 지나가리라 | 114
06. 자존감은 가장 중요한 마음 근육이다 | 118
07. 그래도 괜찮아 | 122
08. 마음이 모든 것을 만든다 | 129

## 제4장 관계 근육은 삶을 풍요롭게 한다 | 133

01. '인(仁)'은 가장 강력한 관계 근육이다 | 135
02. 사람은 원래 외로운 동물이다 | 140
03. '쏠드(SOLD)'족은 SNS로 소통한다 | 145
04. 틀린 것이 아니라 다른 것이다 | 150
05. 공감은 관계 근육의 시작이며, 끝이다 | 155
06. 집중할 것은 긍정적인 관계이다 | 159
07. 블루존(Blue Zone)의 장수 비결은 어울림이다 | 165

## 제5장 재테크 근육으로 은퇴 준비를 하라 | 169

01. 부자는 아니라도 돈은 필요하다 | 171
02. 핑계 없는 무덤 없다 | 176
03. 재테크도 근육이 필요하다 | 181
04. 몸테크가 가장 좋은 재테크다 | 185
05. 슬기로운 소비생활 | 190
06. 은퇴 이후에는 무엇으로 먹고 살까? | 194
07. 준비해야 기회를 잡는다 | 199

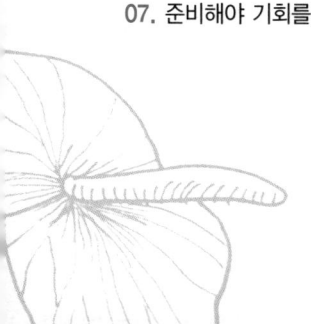

## 제6장 근육은 하루아침에 만들어지지 않는다 | 203

01. 인생에 느낌표를 찍어라! | 205
02. 일단 자리에서 일어나라 | 211
03. 목표는 쪼갤수록 좋다 | 216
04. 꾸준하게 실천하라 | 222
05. 근육 저축의 법칙, 1730 | 228
06. 점검하고 피드백하라 | 234
07. 미라클 모닝, 50대도 예외는 아니다 | 239
08. 아직 성공하지 못했을 뿐이다. 인생은 진행형이다 | 244
09. 결국, 가장 든든한 근육은 습관이다 | 249

## 제7장 근육으로 2막 인생을 사는 사람들 | 255

01. 김미경 | 257
02. 윤종신 | 261
03. 50대의 도전 | 265
04. 머슬퀸, 머슬킹 | 269
05. 늦깎이 9급 공무원 | 272

## 에필로그 : 50대는 제3막 인생을 준비하는 시기이다 | 275

〈부록〉 미세먼지가 생활을 삼키다 | 278

은퇴자의 길
김창(한양대 연구교수, 진로전문가) | 283

제 1 장

## 재수 없으면 200살까지 산다

이미 100세 시대가 왔다. 50대는 살아온 날만큼 더 살아야 한다. 재수 없으면 200살까지 살 수도 있다. 하지만 앞으로 살아갈 세상은 지금까지 살았던 것보다 예측하기 어렵다. 코로나-19와 같은 감염병, 기후 위기 등으로 초불확실성 시대가 되었기 때문이다. 그나마 기후 위기는 장기적으로 우리의 삶에 영향을 준다 해도 코로나-19는 다르다. 코로나-19로 인해 당장 내일 어떻게 될지는 아무도 모르는 상황이 되고 있다. 며칠 내에 예정되었던 대규모 행사가 코로나-19로 취소되는 경우가 발생하기도 한다.

그래도 미래는 잠시도 멈추지 않고, 우리 곁으로 오고 있다. 인공지능, 메타버스, 가상현실 등으로 대표되는 4차 산업은 이미 우리 옆에 와 있다.

우리가 앞날을 예측할 수 없다고 다가오는 미래에 대해 구경만 하고 있을 수는 없다. 불확실한 미래라고 하더라도 미리 생각하고, 그에 대해 대비를 해야 한다. 절반이나 남은 인생을 행복하게 살기 위해서라도 인생 설계를 하루라도 빨리 시작하는 것은 너무나 당연하다.

| 01 |
# 이미 100세 시대이다

"이제 재수 없으면 200살까지 산다. 사는 게 지겨워서 죽는 시대 온다."

얼핏 들으면 허황한 말처럼 들린다. 최근 발표에 의하면 사람의 수명이 80대이고, 주변 지인의 부모님들이 90세가 되기 전에 돌아가시는 것을 보면서 현실과 다르다고 생각했다. "이제 재수 없으면 200살까지 산다."라는 말은 모 강연에서 전 교육과학기술부 차관이었던 한양대학교 김창경 교수가 언급한 것이다. 나는 그 강의를 들으면서 저게 무슨 말인가 싶었다.

김창경 교수가 소개하는 200살까지 살 수 있는 비결은 바로 '크리스퍼(CRISPR)'라는 유전자 가위 기술 덕분이라고 한다. 크리스퍼는 DNA로 구성된 유전자를 편집하는 생명공학 기술이다. 생명과학자들은 크리스퍼를 이용해 신의 모든 창조물을 다시 만들 수 있다고 얘기한다. 우리가 컴퓨터에서 문서를 편집할 때 '잘라서 붙이기'를 하는 것처럼 DNA를 원하는 대로 잘라 붙이기를 할 수 있다. 필요 없는 유전자는 잘라서 버리고, 유용한 유전자를 가져다 붙일 수도 있다. 그래서 암에 걸린 세포 조직을 떼어내고 다른 세포를 가져다 붙이면 현재 불치병으로 알려진 암도 고칠 수 있다는 것이다.

넷플릭스 다큐멘터리 프로그램인〈휴먼 네이처 : 인간을 편집한다〉에서 크리스퍼에 대해 다음과 같은 얘기가 나온다.

"신약을 개발해 환자를 고칠 수 있습니다. 수학 천재를 만들거나 뛰어난 음악가, 두려움과 공포를 모르는 군인을 만들 수도 있습니다. 인류는 존재와 발달에 있어 매우 복잡한 시기로 접어들 것입니다. 이건 핵폭탄보다 더 끔찍할 수도 있습니다."

이렇듯 생명공학 기술의 발전은 사람이 재수 없으면 200살까지 살고, 사는 게 지겨워서 죽는 시대가 정말 올 수 있을 것이라는 예상을 할 수 있게 한다.

사람이 200살까지 산다는 것은 현실적으로 아직 받아들이기 어렵더라도 100세 시대가 왔다는 것은 누구도 부정할 수 없다. 2009년에 유엔(UN)은 100세까지 장수하는 사람들이 보편화한 시대를 의미하는 '호모 헌드레드(Homo Hundred)'라는 단어를 처음으로 사용했다. 최근에는 110세 이상 사는 사람들을 가리키는 '슈퍼센티네리언(super-centenarian)'이라는 용어까지 등장했다. 공식적인 기록에 의하면 슈퍼센티네리언은 세계적으로 100명도 안 된다. 기네스북에서 가장 오래 산 사람으로 기록된 프랑스 잔 칼망의 수명은 122세였다.

인간의 수명은 과거와 비교하면 많이 늘어났다. 당초에 생물학자들은 인간의 자연 수명을 38세라고 했다. 현생 인류인 호모사피엔스의 사촌 격인 네안데르탈인 37.8년이나 사람과 같은 영장류인 침팬지 39.7년과 수명이 비슷했다. 하지만 과학의 발달로 인간의 수명이 2배 이상 늘었다.

통계청의 2019년 생명표를 보면 우리나라의 평균 기대수명은 83.3세이다. 통계표를 최초로 작성하기 시작한 1970년의 62.3세에 비해서도 21년이 늘었다.

기대수명은 지금 갓 태어난 아기가 앞으로 생존할 것으로 기대되는 평균 예상 수명인데, 건강수명이라는 또 다른 지표가 있다. 건강수명은 기대수명에서 전체 인구의 평균 질병 및 장애 기간을 뺀 수명이다. 아프지 않고 건강하게 살 것으로 기대하는 수명이다. 세계보건기구(WHO)에서 발표한 우리나라의 건강수명은 2019년 기준으로 73.1세이다. 기대수명과 건강수명의 차이를 고려할 때 평균적으로 죽을 때까지 약 10년 동안 병이나 장애로 고생한다는 것을 통계는 시사하고 있다.

100세 시대는 과학 발전이 있었기에 가능했다. 과학은 인간을 죽게 내버려 두지 않는다. 의학과 생명공학 등 과학의 발전은 인간을 질병으로부터 해방하고, 살아 있는 모든 것들의 생명 연장을 실현하고 있다. 자연적인 노화 현상이나 스트레스, 음식물과 함께 섭취하는 다량의 화학물질, 오염된 공기 등은 인간의 수명을 단축한다. 그러데도 과학은 100세 시대를 가능하게 했다.

100세 시대가 되면서 사회는 점점 늙어가고 있다. 우리나라도 예외는 아니다. 오히려 다른 나라보다 더 빠른 속도로 사회가 늙어가고 있다. 유엔(UN)은 노인을 65세 이상으로 정하고 있으며, 노인 인구가 차지하는 비율이 7% 이상, 14% 이상, 20% 이상이면 각각 고령화 사회, 고령사회, 초고령사회로 분류한다. 우리나라는 2000년에 고령화 사회에 진입한 이후 2017년에 고령사회가 되었다. 이런 추세라면 2026년에 초고령사회에 진입할 것으로 OECD는 예측했다. 즉, 2026년에는 5명이 모이면 그중 1명이 65세 이상인 노인이다.

2021년 6월 홍남기 부총리 겸 기획재정부 장관은 "특단의 대응이 없으면 우리나라는 2030~2040년부터 인구 절벽에 따른 '인구 지진'이 발생할 것이다."라고 하였다. 동시에 인구 자연 감소, 지역 소멸과 함께 초고령사회를 '3가지 인구 리스크(위험요소)'라고 밝힐 정도로 사회는 빠르게 늙어가고 있다.

100세 시대에서 50대에 관해 얘기해보자. 노인 인구 못지않게 50대 인구도 사회적으로 절대 간과할 수 없다. 행정안전부의 인구통계에 의하면 2021년 6월 30일 기준 우리나라 주민등록 인구 중 50대가 859만 314명으로 전체 인구 중 16.5%를 차지하며, 그 비중이 가장 크다. 50대 이상으로 범위를 확대하면 비율이 41.2%이다. 여기에 더해 더욱 놀라운 사실은 10년 뒤에는 50대 이상의 인구가 전체 인구의 절반 이상을 차지할 것이라고 한다.

50대는 노인의 분류에 들어갈 날이 멀지 않았다. 50대 초반의 경우 길어야 15년만 지나면 노인에 해당한다. 흔히 "시간은 자기 나이만큼의 속도로 지나간다."라고 얘기한다. 그렇다면 50대에게 시간은 벌써 시속 50km 이상의 빠른 속도로 흘러가고 있다. 가는 시간은 절대 나를 기다려주지 않고, 세월은 하염없이 계속 흘러가고 있다. 그리고 앞으로의 시간은 더욱 빨리 지나갈 것이다.

50대들은 빨리 지나가는 시간을 그냥 흘려보내지 말고 지금이라도 인생 설계를 꼭 해야 한다. 인생 설계는 해도 그만이고, 안 해도 그만인 선택의 문제가 더는 아니다. 우리 곁으로 다가온 100세 시대에서 50대가 살아갈 날은 아직 절반이 남았다. 만약 김창경 교수의 말처럼 재수 없게 200살까지 사는 것이 가능하다면 앞으로 150년을 더 살아야 한다. 지금까지 살아온 기간만큼 3번을 더 살아야 하는 셈이다. 남은 인생을 아무런 준비도 없이 흘려보내기에는 너무나 아까운 시간이다.

지금 당장, 전반부의 50년 인생을 살아온 것을 밑거름 삼아 행복한 후반부 인생을 위한 인생 설계를 해보자. 아리스토텔레스는 "행복은 하나의 상태다. 행복은 행복을 직접 추구해서는 얻을 수 없다. 행복은 목적 있는 활동에 참여한 결과로서 온다."라고 말했다. 아리스토텔레스의 말처럼 인생 설계를 통해 삶의 목적을 분명하게 세우고, 그 목적을 달성하기 위해 노력하다 보면 후반부 인생에서 행복은 저절로 다가온다. 그것이야말로 이미 우리 곁으로 와 있는 100세 시대를 맞이하는 현명한 방법이다.

| 02 |

# 기후 위기가 초불확실성 시대를 불러왔다

"초불확실성의 시대, 빅 체인지(Big Change) 중심에 서다."

사람들은 누구나 미래에 대해 미리 알고, 준비하고 싶어 하는 마음이 간절하다. 이에 대한 열망을 담아 2021년 10월에는 '2021 서울 미래 콘퍼런스'가 개최되었다. 위 문구는 〈2021 서울 미래 콘퍼런스〉의 주제이며, 행사의 핵심 키워드는 '초불확실성'이었다. 미래에 관한 콘퍼런스에서 미래가 불확실하다는 것은 어딘가 어색하다. 그만큼 우리에게 닥칠 미래는 불확실성을 넘어 초불확실성의 단계로 넘어간 듯하다. 콘퍼런스에서는 우리가 처한 초불확실성 시대에 어떻게 대응해야 하는지를 논의했다.

초불확실성에 대해 조금 설명이 필요할 것 같다. 1990년대 말 경제학자 존 케네스 갈브레이스는 그의 저서 『불확실성의 시대』에서 미래를 '불확실성'이라는 단어로 처음으로 규정한 바 있다. 쉽게 말해서 앞으로 일어날 일을 정확하게 알 수 없어서 미래 예측이 확실하지 않다는 의미이다. 여기에 더해서 최근엔 '불확실성'보다 더 미래를 예측할 수 없다는 의미에서 '초불확실성'이라는 용어를 사용하고 있다.

이는 마치 짙은 안개에 덮여 있는 상황과도 같다. 10월경에 서해안 부근에서 운전하다 보면 뿌연 안개로 바로 앞의 차를 보기조차 힘든 경우가 많다. 앞에 무엇이 있는지 전혀 알 수 없어서 사고의 위험은 항상 존재하는 상황이다. 이처럼 초불확실성 시대에서는 정확한 미래 예측이 어려워서 닥쳐올 위험에 대한 사전 대응이 없으면 위기에 처할 가능성이 매우 크다.

〈2021 서울 미래 콘퍼런스〉에서는 초불확실성 시대의 주요 요인으로 팬데믹과 기후 위기를 꼽았다. 팬데믹으로 인한 변화가 단기간의 급격한 것이었다면, 기후 위기는 장기간에 걸쳐 우리의 생활을 바꾸어 놓는다.

기후 위기는 인간이 인위적으로 만들어낸 이산화탄소, 메탄 등 온실가스로 인해 지구의 온도가 높아져 인류가 위기에 처한 것이다. 본래 지구는 오랜 기간 생물체가 살기에 적당한 온도로 스스로 평형을 유지하고 있었다. 하지만 인류가 산업화를 급격하게 진행하고, 화석연료를 연소하기 시작하면서 지구의 온도 평형이 깨져 온도가 급격하게 높아지기 시작했다.

인간이 깨뜨린 지구의 온도 평형으로 극지방의 빙하가 녹고, 낮은 지대의 침수, 폭염과 한파 등 극심한 이상 기후 발생, 전염병 유행 등이 발생해 인류의 생존이 점점 위협받고 있다. 기후변화와 관련한 유엔 산하 국제협의체인 〈기후변화에 관한 정부 간 패널(IPCC)〉은 2021년 8월에 발간한 6차 보고서에서 "인간의 영향으로 대기와 해양, 육지가 온난해지는 것은 명백한 사실이다."라고 기후 위기의 주범이 인간임을 밝히고 있다. 실제 지구 표면 온도를 측정한 결과를 보면 1850~1900년과 비교하여 21세기 첫 20년(2001~2020년) 동안 0.99℃ 높아졌다. 특히 최근 10년(2011~2020

년)에는 기온 상승이 더 빨라져서 1.09℃ 증가하였다. 인간의 행위로 지구 기온이 올라가는 속도가 점점 증가하고 있는 현상을 이처럼 과학적인 측정 자료를 통해서도 확인할 수 있다.

그런데 여기서 "기온의 고작 1℃ 증가가 무엇이 그리 큰일일까?"라는 의구심을 가질 수 있다. 지구의 크기는 우리나라 남한 면적의 5,100배일 정도로 크다. 큰 덩어리인 지구의 온도를 1℃ 올리기 위해서는 엄청난 열이 필요하다. 그만큼 지구 온도의 1℃ 상승은 인간과 생태계에 미치는 영향이 대단하다. 영국 기상청은 지구 평균 기온이 0.9℃ 올라서 산업화 이전과 비교하여 2℃ 상승하면 세계 인구 10억 명이 극심한 온열 질환으로 고통을 받을 것이라고 분석했다. 이런 경우 건강한 사람도 땀으로 체온 조절을 못 해서 그늘에 있어도 6시간 안에 죽을 수 있다.

다시 본론으로 돌아와서, 〈2021 서울 미래 콘퍼런스〉에서 논의됐던 것처럼 기후 위기는 미래에 대한 불확실성을 높여준다. 기후 위기는 기후변화로부터 발생한다. 이와 관련한 다큐멘터리로 「불타는 지구」가 TV에서 방영된 적이 있어서 가슴을 졸이며 보았다. 방송을 보면서 세계 곳곳에서 발생하고 있는 기후변화의 위기를 실감할 기회를 가질 수 있었다. 2021년에 방영되었으니 그만큼 방송내용에 최신 자료를 많이 포함하고 있었다. 시간을 내서 한 번쯤 봐도 좋을 것 같다.

기후변화로 지구의 온도가 오르면서 세계 곳곳은 여러 기상재난의 위협에 처해 있다. 유럽과 중국에서 100년 만의 대홍수, 북미와 중앙아시아에서 천 년에 한 번 일어날 법한 폭염과 대화재가 발생했다. 2019년 9월 호주에서는 5개월 동안 지속한 산불로 코알라 등 5~8억 마리의 야생동

물이 죽었고, 2020년 6월 프랑스 남부의 몽펠리의 기온은 기상관측 역사상 최고치인 45.9℃를 기록했다. 이 시기에 가장 추운 도시 중 하나인 알래스카 역시 최고 기온이 32.3℃였다. 코로나-19와 같은 감염병, 미세먼지 등 대기오염도 모두 기후변화와 깊은 관련이 있다. 이러한 재앙은 지금 우리 세대가 환경파괴를 저지르는 바람에 미래 세대로 옮겨갈 가능성이 매우 크다.

다행스럽게도 세계는 기후 위기를 극복하고자 큰 노력을 하고 있다. 2015년 12월 프랑스 파리에서는 버락 오바마 전 미국 대통령의 주재로 195개 나라가 참여하여 기후변화에 관한 국제적인 협약인 〈파리기후변화 협약〉을 체결했다. 지구 평균 기온이 산업화 이전보다 1.5℃ 이상 상승하지 않도록 국제 사회가 합의한 것이다. 2018년 10월에는 〈기후변화에 관한 정부 간 패널(IPCC)〉에서 1.5℃의 목표를 달성하기 위해서는

2050년까지 탄소 중립이 필요하다고 발표했다. 탄소 중립은 이산화탄소의 배출량을 지구가 흡수하는 양보다 적게 하여 실제 이산화탄소가 대기로 배출되는 양을 '제로(0)'로 하겠다는 의지이다. 이를 위해 우리나라뿐만 아니라 세계 여러 나라에서 〈2050 탄소 중립〉을 선언하고 있다.

하지만 기후 위기로 인한 미래의 불확실성은 여전히 남아 있다. 미래에 대한 불확실성은 우리에게 두려움과 불안감을 안겨 준다. 이를 극복하기 위해 자신이 믿고 있는 종교에 의지하기도 하고, 사주와 점을 보는 일조차 있다. 노스트라다무스와 같은 예언자들의 말에 귀를 기울이는 것도 그러한 이유에서일 것이다.

기후변화로 인한 미래에 대한 불안은 일상생활에 지장을 초래하기도 한다. 최근 "미국에서는 '기후 불안'이 심리치료의 영역으로 자리 잡고 있다."라고 미국 뉴욕타임스(NYT)가 보도한 바 있다. 10개국 1만 명을 대상으로 한 설문조사에서 전체 조사 인원의 45%가 기후 불안을 겪고 있다고 응답했다. 비록 불안을 호소하는 사례가 절반이 채 되지 않았으나 이전에 비해 빠르게 증가하고 있어 심리치료 영역에 포함할 수밖에 없었다는 것이다.

기후 위기에 의한 불확실성이 굳이 아니더라도 인간은 신이 아닌 이상 미래가 어떻게 될지 정확하게 예측하는 것은 불가능하다. 그나마 미래학자들이 과거의 경향, 변화의 요인, 현재 상황 등을 고려하여 미래를 전망하고 있다. 이미 사망한 스티븐 호킹, 앨빈 토플러부터 아직 생존하고 있는 제러미 리프킨, 제이슨 솅커 등이 미래학자로 우리에게 잘 알려져 있다. 하지만 이들조차 미래가 어떻게 변할지는 정확하게 알 수 없다. 그만큼 인간에게는 미래가 불확실할 수밖에 없다.

우리의 삶에는 미래에 대한 불확실성뿐만 아니라 당장 내일 발생할 일조차 알 수 없어 후회하는 일이 발생하기도 한다. 가을이 끝나가는 10월 30일은 지금은 이 세상에 없는 한 친구의 생일이다. 그 친구는 2018년 생일이 지나고 얼마 지나지 않아 교통사고로 세상을 떠났다. 현재 세상에 남아 있는 그 친구의 자취는 페이스북이 유일하다. 그 자취도 1년에 한 번씩 올라오는 페이스북 친구들의 애도 글이 전부이다. 사망하기 며칠 전에도 술 한잔 기울이고 헤어질 때 다음 만남 일자를 잡았는데, 그 약속을 지킬 수 없게 되었다. 모두 마음의 준비를 하지 못했기 때문에 충격은 너무 컸다. '좀 더 잘해줄걸.' 하는 후회도 많이 남는다.

불확실한 미래에 대비하는 가장 좋은 방법은 미래를 창조하는 것이다. 『어린왕자』의 저자인 생텍쥐페리는 "미래에 관한 한 그대의 할 일은 예견하는 것이 아니라 그것을 가능케 하는 것이다."라고 하였다. 지금이 초불확실성 시대라 할지라도 미래를 주도적으로 준비하는 것이 가장 현명한 방법이다. 50대가 후반부 인생을 행복하게 살아가기 위해 인생 설계를 꼭 해야 하는 이유이기도 하다.

| 03 |
# 세상은 엄청난 속도로 변하고 있다

"세상에 변하지 않는 것이 단 하나 있다. 그것은 모든 것이 변하고 있다는 사실이다."

세상은 끊임없이 변한다. 우리가 사는 지구만 보아도 그러하다. 지구는 한순간도 멈추어 있지 않고, 계속 움직이고 있다. 계속 움직이는 지구는 시간을 흐르게 하여 하루, 한 달, 일 년을 만든다. 우리나라의 경우에는 사계절을 선물하고 있다. '지금'이라는 시간에 존재하는 공간, 그리고 그 안에 있는 나는 이미 지나간 시간과 비교해서 변화된 모습으로 존재하는 것은 틀림없다. 그 변화는 내가 원하는 방향일 수도 있고, 아닐 수도 있다. 또한 변화의 크기가 작아 내가 인식하지 못할 수 있다. 어쩌면 변화에 대한 두려움으로 회피하거나 관심이 없을 수도 있다.

지구가 자연적으로 만들어내는 변화 속도는 매우 빠르다. 지구는 공전하면서 태양 주변을 끊임없이 돌고 있다. 공전 속도는 태양을 한 바퀴 도는데 일 년이라는 시간이 걸리니 1초에 30km를 이동하는 셈이다. 지구는 스스로 하루에 한 바퀴를 도는 자전을 하기도 한다. 이때 속도는 1초에 약 460m이다. 세상에서 가장 빠른 단거리 육상 선수인 우사인 볼트의 기록과 비교해 보면 그 속도를 짐작할 수 있다. 우사인 볼트가 2009년 베를린 세계 육상 선수권 대회에서 세운 신기록은 100m에 9초 58이었다. 1초에 약 10m를 뛴 것이다. 지구가 변화를 만들어내는 공전 속도와 자전 속도는 이와 비교할 수 없을 정도로 빠른 셈이다.

인간 활동에 의한 변화 역시 자연적인 변화 못지않게 빠르다. 대표적인 사례가 코로나-19로 인한 변화를 꼽을 수 있다. 2020년 2월부터 감염병인 코로나-19가 세계 곳곳에 퍼져나갔다. 세계 여러 나라에서는 감염의 확산을 줄이려는 방법으로 사람들의 활동을 통제하고, 다른 나라로의 이동도 금지했다. 심지어 일부 도시에서는 출입을 통제하는 완전 봉쇄를 하는 곳까지 생겨났다. 완전 봉쇄를 위해 경찰들이 몽둥이를 들고 집 밖으로 나온 시민을 때리면서 다시 집으로 들여보내는 상황도 발생했다.

코로나-19로 사람의 활동이 제한되니 사회적으로도 많은 변화가 있었다. 사람들의 만남을 온라인 세상으로 들어가게 했다. 코로나-19 이전에는 실제 만남이 잦았다. 볼거리, 먹거리, 즐길 거리 등을 찾아다니고, 소문난 여행지와 맛집은 항상 사람들로 넘쳐났다. 각종 공연과 세미나, 전시회 등을 가더라도 사람 구경이 먼저였다.

지금은 대부분 사람이 온라인 세계에서 만난다. 이런 현상을 온택트(Ontact)라고 한다. 온라인의 온(On)과 접촉이라는 의미의 컨택트(Contact)가 합해져서 만들어진 단어이다. 온라인 수업, 온라인 회의, 온라인 과외, 온라인에서 즐기는 여행인 랜선 투어, 온라인 전시회와 공연, 심지어 제사까지 온라인으로 하고 있다. 언택트(Untact)도 코로나-19로 인한 새로운 변화이다. 물건이나 서비스 등의 제공이 모두 온라인에서 이루어진다. 언택트 세상에서 사람들은 쿠팡, G마켓, 옥션 등 인터넷 쇼핑몰처럼 비대면 서비스를 이용한다.

온라인 세상으로의 재빠른 전환은 사람들을 온라인에서 서로 연결할 수 있는 기술들을 발전시키는 계기가 되었다. 이러한 추세를 반영하듯 최근에는 4차 산업혁명이라는 용어를 주변에서 쉽게 들을 수 있다. 이 용어는 세계경제포럼 의장인 클라우스 슈밥에 의해 처음 등장했다. 세계경제포럼은 매년 스위스의 다보스라는 도시에서 개최되기 때문에 우리에게는 〈다보스 포럼〉으로 잘 알려져 있다.

2016년 6월 〈다보스 포럼〉에서 클라우스 슈밥은 "이전의 1, 2, 3차 산업혁명이 전 세계적 환경을 혁명적으로 바꿔 놓은 것처럼 4차 산업혁명이 세계 질서를 새롭게 만드는 동인이 될 것이다."라고 밝혔다. 유명한 미래학자인 앨빈 토플러는 『미래 쇼크』에서 "여러 가지 사회적 과정들의 속도가 뚜렷하게, 심지어 극적으로까지 빨라지고 있다는 점에 대해서는 역사학자나 고고학자로부터 과학자, 사회학자, 경제학자, 심리학자에 이르는 모든 분야의 사람 간에 폭넓은 의견일치가 이루어져 있다."라고 하면서 변화의 속도가 빨라지고 있음을 강조했다. 클라우스 슈밥과 앨빈 토플러의 말처럼 4차 산업혁명은 이미 변화의 물꼬를 텄고, 그 속도는 엄청날 것이다.

4차 산업혁명은 인공지능(AI), 사물 인터넷(IoT), 빅데이터, 클라우드 등 첨단 정보통신기술을 문화, 경제, 산업 등 사회 전반에 적용하고 활용한다. 그래서 4차 산업혁명은 첨단 기술들이 상호 연결되는 초연결(hyper-connectivity), 인간의 지능을 초월하는 초지능(super-intelligence)

을 특징으로 한다. 초지능인 인공지능(AI)과 빅데이터, 사물 인터넷(IoT) 등을 통한 정보가 클라우드, 블록체인 등의 방법을 통해 긴밀하게 연결된다.

아직 용어도 낯설고, 어떠한 것인지 잘 이해가 가지 않는다면 4차 산업혁명이 어렵다고 느낄 수 있다. 하지만 우리가 알든 모르든 4차 산업혁명은 기존 산업혁명보다 더 넓은 범위에서 더 빠른 속도로 우리의 사회 전반에 영향을 미칠 것은 분명하다.

온라인 대학을 운영하며 급격한 변화에 빠르게 대응하고 있는 김미경 학장도 앞으로 10년을 좌우할 미래의 7가지 핵심기술로 AI와 빅데이터, 블록체인, AR/VR, 메타버스, 클라우딩 컴퓨팅, IoT, 로봇 공학을 꼽았다.

AI(Artificial Intelligence)는 인공지능으로 사람처럼 생각하고 말을 한다. 2016년에 구글 딥마인드에서 만든 AI인 알파고와 우리나라 바둑의 대명사 격인 이세돌 9단의 바둑 대결을 기억할 것이다. 그 대결은 AI와 인간과의 첫 바둑 대결로 세상의 관심을 끌 만했다. 대결의 결과는 AI의 승리였다. 인간 번역사와 AI의 번역 대결도 있었다. 네이버 파파고, 구글 번역기, 엘솔루의 시스트라는 번역기와 인간 번역사가 즉석 번역 대결을 했고, 이번에는 인간이 승리했다. 지금은 금융, 법률, 의료, 행정 서비스 등 다양한 분야에서 AI가 개발되거나 사용되고 있다.

블록체인은 블록이라는 공간에 수많은 정보가 담겨 체인처럼 서로 연결된 구조이다. 블록 안에서 연결된 정보들은 내용을 확인할 수 있어 위조와 변조 등의 위험이 없고, 투명성과 보안성을 유지한다. 최근 재테크 분야에서 잘 알려진 비트코인이 블록체인 기술을 기반으로 만들어진 암

호화폐이다.

현실 세계와 가상세계의 경계를 무너뜨리는 VR(Virtual Reality), AR(Augmented Reality)은 각각 가상현실(VR), 증강현실(AR)이라고 한다. AR은 우리가 눈으로 보는 현실 세계에 가상의 물체를 겹쳐서 보여주는 기술이다. VR은 실제 존재하지 않으나 존재하는 것처럼 실현하는 세상이다. 대표적인 예가 내비게이션이다. 내비게이션에서 실제 도로에 속도, 주행거리, 최적 경로 등 가상의 주행 정보를 결합하여 보여주면 AR이 되고, 가상의 지도에 가상의 주행 정보를 보여주면 VR이 된다.

또 다른 세상인 메타버스(Metaverse)는 사회, 경제, 문화 활동이 현실 공간처럼 이루어지는 3차원 가상세계이다. 이 용어는 가공, 추상을 의미하는 '메타(meta)'와 현실 세계를 의미하는 '유니버스(universe)'가 합해져서 만들어졌다. 제임스 카메론 감독의 영화 〈아바타〉에서 주인공인 제이

크처럼 다른 공간에서 나의 분신이 나처럼 살 수 있다. 온라인 공간에서 또 다른 내가 존재하면서 회의에 참여하고, 물건을 사기도 하고, 강연하는 등 다양한 활동을 할 수 있다. 현재 네이버에서 제공하는 제페토가 메타버스의 대표적인 플랫폼이다.

클라우드 컴퓨팅은 수많은 데이터를 담는 가상의 공간이다. 앞에서 얘기했던 알파고가 바둑에서 승리할 수 있던 것은 학습하는 많은 양의 빅데이터를 저장할 공간이 있어서 가능했다.

IoT(Internet of Things)는 사물 인터넷 기술이다. 사람, 사물, 공간이 인터넷으로 연결되어 정보가 생성, 수집, 공유, 활용된다. IoT의 여러 기술은 이미 생활을 편리하게 하고 있다. 자동차의 시동을 원격으로 하는 것부터 외출하면서 집에 들어올 때 집 안의 조명, 온도, 공기 등을 쾌적한 상태로 미리 조절하고 있다.

로봇은 사람과 비슷한 모습과 기능을 가진 기계를 의미한다. 4차 산업혁명으로 로봇 공학은 나날이 발전하고 있다. 우리나라 카이스트에서 개발한 '휴보(HUBO)'나 홍콩 핸슨 로보틱스사의 '소피아(Sophia)' 등은 로봇공학의 현 주소를 보여준다.

4차 산업혁명과 그와 연관된 기술들은 코로나-19로 인해 우리 곁으로 한층 다가왔다. 관심이 없으면 그러한 일들이 바로 옆에서 벌어지고 있는 것조차 알 수가 없다. 조금만 눈을 돌려 주위를 보면 세상은 엄청난 속도로 변하고 있는 것을 알 수 있다. 또한 앞으로 발전하는 속도 역시 상상을 초월할 정도로 빠를 것이라고 예상하는 것은 이제 전혀 무리가 아니다.

앞에서도 얘기했던 앨빈 토플러는 『미래 쇼크』에서 "미래 쇼크는 미래가 앞당겨 도래함으로써 일어나는 현기증 나는 방향감각의 상실이다. 그것은 앞으로 닥쳐올 가장 심각한 질병이 될지도 모른다."라고 얘기했다. 급격하게 변화하는 미래로 인한 정신적 충격을 예방하고, 현명하게 대응하기 위해서는 오히려 그 변화에 편승해야 한다. 세상이 변하고 있음을 이해하고, 주도적으로 변화를 이끌어야 한다. 불확실성이 높은 미래를 마냥 앉아서 기다리지 말고 창조해 나가야 비로소 행복하게 남은 인생을 살아갈 수 있다.

| 04 |
# 가장 큰 위기는 변하지 않는 것이다

"끓는 물에 살아 있는 개구리를 넣으면, 개구리는 물의 온도가 올라가는 것도 모르고 있다 사지를 쫙 펴고 죽는다."

'만세탕'이라고 들어본 적이 있는가? 내가 어렸을 때 논과 밭에는 개구리가 많았다. 동네에 논과 밭이 많아서 시간 날 때마다 형, 동생, 친구들과 개구리를 잡아서 뒷다리를 구워서 먹기도 하고, 일부는 어른들께 드리면서 용돈을 조금씩 받곤 했다. 어른들은 그 개구리를 탕처럼 끓여서 드셨다. 그러고는 그것을 '만세탕'이라고 부르면서 몸에 좋은 보양식이라고 말씀하셨던 기억이 난다. "왜 개구리를 끓인 탕을 만세탕이라고 불러요?"라고 여쭤보니 "개구리는 죽을 때 사지를 만세 부르듯 쭉 펴고 죽기 때문에 만세탕이라고 부른단다."라고 하셨다. 그러면서 이렇게 덧붙여 말씀하셨다. "만세탕을 만들 때 주의할 것은 차가운 물에 개구리를 넣은 다음 물을 서서히 끓여야 한다. 그래야 개구리는 물이 천천히 끓는 변화를 알지 못한 채 어느 순간 뜨거운 물에 사지를 쭉 펴면서 죽는다."

변화에 대응하지 못하는 건 가장 큰 위기이다. 변화가 있음에도 알아차리지 못하면 위기가 닥친 것조차 모른다. 사실 변화 자체는 위기가 아니다. 사람과 자연뿐만 아니라 모든 것이 변하고 있는 것은 당연하다. 기후 위기, 코로나-19, 4차 산업혁명 등에 의해서도 세상은 변화하고 있다. 다만 주변의 변화를 인식하고 적절하게 대응해야 위기에 직면하지 않는다. 용기에 고인 물은 잔잔하고 평화로워 보이지만 사실은 서서히 썩어가고 있다. 물이 썩는 것을 막으려면 가끔 물을 교체하거나 물이 담긴 용기를 흔들어 주어야 한다.

자연에서도 이런 사례는 흔하게 볼 수 있다. 하천의 물은 계속 흐르지만, 깊은 호수의 물은 잔잔하게 정체된 경우가 많다. 그러한 이유로 호수에서 문제가 되는 것은 부영양화이다. 부영양화는 질소와 인처럼 영양물질이 계속 쌓여 호수의 영양이 넘치는 상태가 되는 것이다. 그러다 보니 광합성을 하는 녹조류와 적조류 같은 식물성 플랑크톤이 과도하게 번식한다. 이러한 현상이 심하면 호수 전체가 부패하고 썩어서 악취가 발생하고, 더는 생물이 살 수 없는 죽음의 호수가 된다.

나의 전문분야인 미세먼지도 대기가 풍속의 변화 없이 정체되어 있을 때 문제가 된다. 자동차, 연료의 연소 등으로 인해 대기 중으로 배출된 미세먼지는 대기가 정체되어 있으면 계속 축적된다. 바람이 세게 불면 대기 중의 미세먼지는 여기저기 흩어져서 별문제가 없다. 하지만 정체된 대기에서는 미세먼지가 축적될 뿐만 아니라 대기 중에서 화학반응을 하여 미세먼지를 다시 생성한다. 결국 미세먼지의 농도가 높아져서 호흡기나 심혈관 계통의 질환 유발 등 인체에 해로운 영향을 준다. 세계보건기구(WHO) 산하 국제암연구소(IARC)에서는 미세먼지를 1급 발암물질로 규정할 정도이며, 미세먼지가 건강에 좋지 않다는 것도 이미 잘 알려진 사실이다.

결국 자연도 변화에 대응하지 않고 정체되어 있다면 인간과 생태계에 안 좋은 영향을 주는 위기를 불러올 수 있다.

스펜서 존슨의 책 『누가 내 치즈를 옮겼을까?』에서는 짧은 우화가 변화를 인식하고 미리 준비하는 것이 중요하다는 교훈을 알려준다. 우화에서는 생쥐인 스니프와 스커리, 꼬마 인간인 헴과 허가 등장한다. 이들 넷은 미로 속을 뛰어다니며 치즈를 찾아다닌 끝에 치즈를 얻는다. 하지만 어느 한순간 치즈가 없어졌다는 것을 알게 된다. 사실 치즈는 조금씩 줄고 있었고, 시간이 지나면서 냄새도 변하고 있었다.

평소 매일 아침 일찍 창고에 도착해 냄새를 맡아보고 만져 보면서 치즈의 상태를 점검했던 스니프와 스커리는 곧바로 새로운 치즈를 찾아 나섰다. 스니프와 스커리는 치즈의 변화를 미리 알아차리고 언제든 새로운 치즈를 찾아 나설 준비를 하고 있었다. 반면 치즈의 변화를 전혀 알지 못했던 헴과 허는 "누가 내 치즈를 옮겼을까?"라고 원망하며, 치즈가 다시 나타나길 마냥 기다린다. 치즈가 나타날 기미가 없자 허는 치즈를 찾아 나서고, 결국 치즈를 찾았다. 헴은 굶주린 채 계속 치즈가 나타나기만을 기다렸다. 아마도 헴은 결국엔 굶어 죽었을 것이다.

위기를 극복하기 위해서는 위기를 바라보는 생각부터 바꿔야 한다. 영국의 비평가 겸 역사가인 토마스 칼라일은 "길을 가다가 돌이 나타나면 약자는 그것을 걸림돌이라고 하고, 강자는 그것을 디딤돌이라고 말한다."라고 했다. 길에 있는 돌을 보면서 걸림돌과 디딤돌로 인식하는 차이가 위기를 바라보는 생각을 만든다.

이렇듯 생각에 따라 위기는 기회가 될 수 있다. 위기 상황에 몰입하여 희망을 버리고 좌절하면 절대 그 상황을 이겨낼 수 없다. 이와 관련하여 "하늘이 무너져도 솟아날 구멍이 있다.", "호랑이에게 물려가도 정신만 바짝 차리면 된다."라는 우리 속담들은 너무나 유명하다. 위기의 순간에도 그것을 모면할 기회는 반드시 있기 마련이다. 미국의 전 대통령인 존 F. 케네디는 "중국인은 '위기'를 두 글자로 쓴다. 첫 글자는 위험이고, 둘째는 기회의 의미이다. 위기 속에서는 위험을 경계하되, 기회가 있음을 명심하라."라고 했다. 미국의 유명한 투자 전문가인 짐 로저스 역시 "위기는 위험한 기회이다."라고 하였다.

많은 사람이 얘기하고 다양한 속담들이 강조하는 것처럼, 미래의 변화를 예측하고 미리 준비하는 사람에게 위기는 위험한 상황이 아니라 오히려 위대한 기회가 된다. 모든 위기는 기회를 동반한다.

내가 캐나다 로키산맥을 여행할 때였다. 대규모 산불이 난 흔적처럼 여기저기 나무에 그을음이 보여서 가이드에게 물었다. 가이드의 답은 일부러 산불을 낸 흔적이라는 것이다. 산맥이 워낙 크기 때문에 자연적으로 산불이 나기도 하지만 건강한 산림을 위해 일부러 산에 불을 지른다고 한다. 인위적인 산불로 자연에 기회를 제공하는 셈이다. 세계적인 투자가 짐 로저스도 이렇게 말했다. "위기는 산불과 흡사하다. 산불 자체는 위험하다. 하지만 오래된 나무를 일거에 없애고 새로운 숲이 조성되는 놀라운 기회를 제공한다. 누구나 산불을 좋아하지도, 일어나는 것을 바라지도 않는다. 그래도 산불은 세상을 위해 숲을 재생한다."

변화를 인식하지 못하고, 사전에 대응하지 못하는 사람에게는 위기는 위험이고 몰락이 될 수도 있다. 익숙함을 버리고 변화와 도전을 시도할 때 위기를 극복할 열정이 생기는 법이다. 나도 52세에 근무지를 옮기고 새로운 변화를 시도했다. 지금껏 해와서 손에 익은 분야에서 벗어나 새로운 연구를 시작한다. 새로 시작하기에 늦은 나이라 생각하면 정말 늦은 것이다. 그런 생각 대신 열정으로 채워야 한다.

인생에서 50대는 전환기이다. 50대를 위기라고 생각하지 않고 기회로 전환하기 위해서 하루라도 빨리 인생 설계를 하고, 후반부 인생을 살 준비를 해야 한다. 한편으론 한 번뿐인 인생인데, 이런 삶도 살아 보고 저런 삶도 살아봐야 죽을 때 후회 없이 살았다는 기분이 조금이라도 들지 않을까?

세계적인 천재 물리학자인 아인슈타인은 우리에게 경고했다.

"매일 같은 일을 계속하면서 다른 결과를 기대하는 것은 미친 짓이다."

가장 큰 위기는 변하지 않는 것이다. 미래는 예상하는 것이 아니라 창조하는 것이다.

| 05 |
# 공무원도 변화에 안전할 수 없다

"나는 근무 연수가 20여 년이 다 되어가는 공무원이다. 내가 보는 다수의 공무원은 변화에 둔감하다."

'공·무·원'이라는 세 글자를 보고 있으면 제일 먼저 떠오르는 건 역시 안정적인 직업이라는 것이다. 그래서인지 현대사회에서 미래가 불확실한 세상을 반영하듯이 청년들이 공무원을 하겠다고 난리다. 공무원 학원으로 대표적인 노량진에는 시험 준비를 위한 사람들로 항상 북적인다. 심지어 직장을 다니다 그만두고 공무원 시험을 준비하기 위해 노량진으로 들어오는 사람들도 상당수 있다고 한다.

내가 대학을 졸업할 때만 해도 공무원은 그렇게 인기가 많은 직업은 아니었다. 우리나라 경제가 빠르게 성장하고 있는 시기여서 사회적으로 일자리가 많았다. 지금과 비교하면 취업하기가 상대적으로 수월했다. 그래서 공무원이 되기 위해 고시를 준비하는 일부 선후배는 있었지만, 당시 가장 선호하는 직장은 역시 대기업이었다. 대기업의 경우 연봉과 복리후생이 매우 좋아서 엄청 인기 있는 직업군이었다. 공사와 공단처럼 정부 출연 기관이 그다음이었다.

애석하게도 공무원에 대한 사회적인 인식도 별로 좋지 않았다. 금품 비리, 무사 안일, 복지부동 등은 공무원에 대한 대표적인 꼬리표였다. 급여 또한 너무 적었다. 1997년 나의 첫 직장인 SK건설(주)에서 받은 연봉은 상여금을 제외하고 2천만 원이 조금 넘었다. 당시 나의 지인은 공무원 9급으로 재직 중이었는데, 수당을 모두 포함한 월급에서 세금 떼고 실제 받는 금액은 월 80만 원 정도였다고 한다. 연봉으로 치면 1천만 원이 안 되는 금액이다. 1996년 MBC 뉴스데스크 MC의 다음 말을 보면 공무원의 박봉을 더 실감할 수 있다. "3급 이하 공무원의 급여가 새해부터 본봉 기준으로 5% 인상됩니다. 일반직 공무원의 최고 직급 최고 호봉의 경우 본봉이 191만 9천 원이며, 최하위직 최저직급인 9급 초임의 경우 36만 9천 원입니다."

공무원은 변화에 둔감한 직업 중 하나이다. 법으로 정년이 보장되었고, 법과 규정 내에서 업무를 수행해야 하니 변화를 주도하기가 쉽지 않은 것이 현실이다. 최근에는 공직 사회에 90년대생들이 신규 임용되면서 들어오고 있다. 아쉬운 것은 청년 공무원 10명 중 7명이 퇴사를 고민하고 있다고 한다. 실제로 "재직 5년 미만 공무원 퇴직자가 대폭 늘었고, 이중 임용 1년도 안 돼 공무원을 그만둔 경우가 전체의 26.5%이다."라는 공무원연금공단의 발표는 씁쓸하다. 이들은 조직 문화의 폐쇄성과 경직성을 대표적인 이직 사유로 꼽는다.

공무원의 조직과 인력을 바꾸는 것은 더욱 힘들다. 새로운 조직을 만들거나 채용, 승진, 인력 배치 등 인력 조정도 쉽지 않다. 채용 인원이나 조직 변경 등은 공식적으로 국회나 의회에서 관련 법과 조례를 승인해 주어야 가능하다.

하지만 최근에는 새로운 제도와 정책으로 변화를 많이 시도하기도 한다. 새로운 정책을 만들 때 가장 먼저 해야 할 일은 관련 법과 규정을 찾아보는 일이다. 만약 정책 추진의 근거가 없다면 법과 규정을 개정해서라도 좋은 정책을 만들기 위해 많은 시간과 노력을 쏟는다. 과거에는 법과 규정 내에서만 일하려 했다면 지금은 그런 면에서 많이 달라져 있다.

내가 서울시청에서 근무할 때 역시 그러했다. 미세먼지 개선 정책을 다루는 부서에서 근무했는데, 관련 부처인 환경부 등과 함께 8개의 법을 개정하거나 새롭게 만들면서 정책을 만들고 시행했다. 새로운 법을 만들거나 이미 있는 법을 고치는 일은 생각처럼 쉬운 일이 아니다. 시간도 오래 걸리고 절차도 매우 복잡하다. 그렇게 힘들게 정책을 기획하고 시행한 이후에는 내부 또는 외부에서 감사를 받는다. 열심히 일한 대가가 감사를 받고 행여 잘못한 부분이 있으면 시정조치를 받는 것이다. 그런데도 과거와 달리 주도적으로 사회의 변화를 유도하기 위한 정책을 만들어내고자 노력을 많이 하고 있다.

잠깐 다른 얘기를 해보려고 한다. 7인조 그룹인 BTS는 세계적으로도 너무 유명하다. 일명 방탄소년단이라고도 부른다. 나의 가족 중에서도 아내와 막내딸이 BTS의 엄청난 팬이다. BTS의 팬클럽을 '아미'라고 하는데, 이미 둘은 아미이면서 무척 열광적이다. 앨범과 번쩍거리는 응원 도구, 사진 등을 닥치는 대로 모은다. 막내딸은 집에서 이것저것 심부름하면서 받은 용돈을 BTS 관련된 물품을 사는데 모두 지출할 정도이다.

본론으로 돌아가 보자. BTS의 '피 땀 눈물'이라는 뮤직비디오는 유튜브에서 10억 회 이상의 조회 수를 기록했다. 뮤직비디오에서 BTS 7명은 자신이 파멸할 것을 알면서도 독이 든 성배를 마신다. 그 성배는 달콤한 자유와 사랑이다. 이 앨범을 만들게 된 소재는 헤르만 헤세의 소설 『데미안』이다. 소설 『데미안』의 주인공인 소년 싱클레어는 정해진 생각의 틀을 넘으려고 애를 쓴다. 그 틀은 새로 태어나기 위해서는 어쩔 수 없이 깨야 하며, 독이 든 성배를 마시는 것처럼 위험하다. 틀을 꼭 깨야 하는 이유로 "주어진 틀 안에서 늘 해오던 대로 행동한다면 편할 수는 있지만 나 자신이 내 삶의 주인은 될 수 없다."라고 한다.

즉 변화에 둔감하면 당장 편할 수 있지만 삶의 주인공으로서 인생을 주도적으로 살아가는 기쁨을 알기는 어렵다.

나는 연구직 공무원으로서는 파격적인 근무 환경의 변화를 시도했었다. 2017년 7월부터 보건환경연구원을 떠나 시청으로 근무지를 옮겼다. 국가직과 지방직을 통틀어 환경 분야의 연구직 공무원이 시청에서 근무하는 경우는 거의 찾아볼 수가 없다. 더구나 나는 서울시에 공무원으로 임용된 이후 보건환경연구원에서만 13년을 근무했었다. 시청은 연구원과 근무 분위기가 전혀 다르고, 내가 근무했던 부서는 공무원 중 바쁘기로 소문이 난 곳이다. 익숙해진 생활을 접고 힘들다는 시청으로 근무지를 변경하는 결정은 쉽지 않았다. 가보지 않은 길을 가야 하고, 새롭게 시작하는 것에 대한 두려움과 불안함이 엄습했다. 어찌 되었건 시청에서 4년 6개월을 고군분투하다 지금은 다시 연구원으로 복귀하였다. 4년 6개월이라는 기간은 너무 힘든 시간이었지만 나의 인생에서 값진 경험이며,

그 경험이 소중한 자산이 될 것으로 확신한다.

이러한 변화는 극히 일부 공무원 또는 나에게만 국한되는 경우일 수 있다. 내가 시청에서 처음 근무할 때에는 시청에 환경 분야 연구직의 자리가 아예 없었다. 파견이나 지원 근무가 그나마 있었을 뿐이다. 그런데 내가 처음으로 자리를 만들었고, 중앙부처에서도 그런 시스템을 점차 따라 했다.

어찌 되었건 중요한 것은 공무원도 변화를 주도해야 한다는 것이 나의 생각이다. 조직이나 제도 등 주변 여건이 변하지 않으면 자신이 변하면 된다. 내가 먼저 변화를 시도하고, 틀을 깨기 위한 노력을 하면서 그 과정을 글로 남길 생각이다. 혹시 같은 고민을 하는 공무원이 있다면 관심을 가지고 계속 지켜봐 주기를 바란다.

앞에서 말했던 BTS 뮤직비디오의 마지막 장면은 니체의 다음 말로 끝이 나는데, 나에게 많은 용기를 주기에 적절하다.

"춤추는 별을 낳으려면 혼돈을 지녀야 한다."

| 06 |
# '욜드(YOLD)족' 전성시대가 왔다

"2021년이 욜드(Yold) 세대의 서곡을 울리는 해가 될 것이며, 욜드족의 전성시대가 도래할 것이다."

욜드족은 많이 알려지지 않아서 생소할지 모르겠다. 영국에서 발행되는 주간지인 이코노미스트의 「2020년 세계경제 대전망」이라는 보고서에서 처음으로 나온 용어이다. 욜드는 젊은(young) 노인(old)이라는 의미가 있는 합성어로 젊게 살고 싶은 세대를 일컫는다. 나이로 보면 만 65세에서 75세 사이이다.

욜드족은 이전 세대와 비교하여 더 건강하고, 학력이 높으며, 재산도 많아서 새로운 계층으로 주목받고 있다. 실제 욜드족은 금융, 유통, 서비스 분야 등 여러 방면에서 욜드 경제(Yold Economy)의 주역으로 주목받고 있다. 또한 은퇴 이후에도 사회적, 경제적 활동을 계속할 것으로 주목하고 있다.

65세에서 75세이면 UN에서 분류하는 기준으로는 노인이다. 하지만 그 나이 또래를 실제로 노인이라고 부르기에는 너무나 젊다. 이러한 분위기에 따라 2017년 일본 노년학회는 노인의 기준을 새롭게 분류했다. 분류에 따르면 65세에서 74세는 준고령자, 75세에서 89세는 고령자, 90세 이상은 초고령자이다. 우리나라에서도 노인에 대한 기준연령을 65세에서 70세로 높이자는 주장이 나오고 있다.

나에게 욜드족이라고 하면 가장 먼저 떠오르는 연예인으로 배우 김보연이 있다. 아마 50대라면 이 배우에 대해 잘 알고 있을 것으로 생각한다. 김보연 배우는 2022년 기준으로 만 66세이다. 정말 나이가 믿기지 않는 배우이다. 여전히 아름다운 미모를 유지하며, 배우 활동을 활발하게 하고 있다. 그뿐만 아니라 꾸준한 건강관리로 비키니 수영복을 입고, 하이힐을 패션으로 소화할 정도이다. 감히 김보연 배우를 노인이라고 부르기에 민망할 정도이다.

내가 2019년 유람선 여행을 할 기회가 있었다. 이때 일본 욜드족의 놀이 문화를 엿볼 수 있었다. 내가 탄 크루즈는 일본 회사에서 운영하였던 터라 일본인 승객이 많았다. 그중 대다수는 연세가 드신 분들이었다. 크루즈에는 다양한 연령층에 맞게 놀거리, 즐길 거리 등 프로그램이 매우 많았다. 유람선 여행을 가장 잘 즐기는 분들은 역시 일본의 욜드족이었다. 머리가 백발인 멋진 신사와 예쁜 숙녀분들로 구성된 욜드족들은 유람선의 각종 즐길 거리 프로그램을 적극적으로 활용하고 있었다. 그중 볼룸댄스가 가장 인기 있는 프로그램이었는데, 프로그램에 참여하는 분들은 남성과 여성의 구분 없이 함께 즐기고 계셨다. 서로 가르쳐 주고 배우면서 행복하고 열정적인 그분들의 모습은 너무 인상적이었다.

사회적으로 욜드족은 인구수와 경제적인 면에서도 향후 주축 세력이 될 것으로 전망되고 있다. 우선 욜드족의 인구는 점점 늘고 있다. 우리나라의 경우만 하더라도 2020년에 사상 처음으로 600만 명을 돌파했고, 2030년에는 천만 명을 넘어설 것으로 예상하고 있다. 이런 추세로 가면 2040년에는 대한민국 인구 4명 중 1명이 욜드족일 것이라고 한다.

욜드족 관련 산업 규모도 점점 커지고 있다. 경희대 〈고령진화융합센터〉의 예측에 의하면 2030년 욜드족과 관련한 산업 규모는 168조 원이다. 2022년 기준 우리나라의 예산이 604조인 것을 생각하면 예산의 약 28%이다. 정말 엄청난 규모라고 할 수 있다. 영국의 주간지인 이코노미스트의 전망에서도 "욜드족은 소비재와 서비스 및 금융시장을 뒤흔들 수 있다." 라고 얘기할 정도이다.

욜드족의 전성시대를 맞아 그 이전 세대도 매우 활발하게 활동하고 있다. 욜드족보다 젊은 세대로 '오팔(OPAL · Old People with Active Lives) 세대'라는 신조어까지 등장했다. 오팔 세대는 젊은 세대에 뒤지지 않는 넘치는 활력으로 최근 소비층으로 부각하고 있다. 연령대는 50 · 60세대다. 우리나라의 베이비붐 세대의 대표격인 58년생을 뜻하기도 한다고 한다. 50대는 오팔 세대에 속하며, 욜드족의 전성기를 준비해야 하는 시기이다.

내가 활동하고 있는 배드민턴 동호회에도 오팔 세대가 많다. 주로 1958년에 태어나신 개띠 형님과 누님들이다. 이분들은 우리나라 나이로 2022년 기준, 65세이다. 엊그제 동호회에서 간단하게나마 환갑잔치를 해드렸는데, 벌써 시간이 이렇게나 흘렀다. 어쨌든 배드민턴의 경우 셔틀콕의 순간 최고 속도가 시속 493km 정도로 구기 종목 중에서 가장 빠르다. 이 정도의 속도면 KTX 고속열차보다 빠르다. 또한 배드민턴은 코트 규격이 가로 6.1m, 세로 13.4m여서 쉼 없이 움직여야 상대편 코트로 셔틀콕을 넘길 수 있다. 순간적인 판단도 빨라야 점수를 얻기가 쉽다. 이렇듯 쉽지 않은 운동임에도 그분들은 항상 열심히 운동하신다. 매일 아침, 그 형님과 누님들을 통해서 오팔 세대의 저력을 보고 있다.

욜드족을 위한 과학기술도 점차 다양해지고 있다. 고령자들의 삶의 질을 높이는 기술인 '에이징 테크(aging tech.)'라는 용어가 등장할 정도이다. 고령자들의 취향에 맞추어 건강, 주거, 금융, 이동 서비스 등이 급격하게 변화하고 있다. 4차 산업혁명과 IT 기술의 발달은 이러한 사회적 변화를 더욱 부추기고 있다.

에이징 테크가 필요한 이유에 대하여 웃지 못할 일화가 있다. 어느 60대 아주머니는 유명한 햄버거 가게에서 키오스크를 사용하는 방법을 몰라서 주문도 못 하고 그냥 발길을 돌려야만 했다. 우리는 쉽게 사용할 수 있는 키오스크가 연세 드신 분들에게는 어려운 모양이다. 나 역시 선택할 것이 많은 키오스크의 경우에는 오히려 사람에게 주문하는 것이 훨씬 편할 때가 있다.

에이징 테크는 키오스크처럼 고령자들이 조작하기 힘든 것도 불편하지 않게 사용할 수 있도록 한다. 예를 들면, 별도의 기계 조작 없이 점원에게 대화로 주문하는 것처럼 채팅봇에 말을 하면서 주문하는 기술이다. 만약 그 햄버거 가게에서 에이징 테크를 도입했다면 그 60대 아주머니는 맛있는 햄버거도 먹을 수 있고, 아마도 단골손님이 되었을지도 모른다. 인공지능(AI) 돌봄과 디지털 돌봄, 스마트 돌봄 등도 에이징 테크의 한 분야이다. 정부에서도 에이징 테크를 활용한 사업을 시행하고 있다. 보건복지부의 노인과 장애인 응급안전안심 서비스와 국립재활원의 돌봄 로봇 중

개 연구 사업 등이 대표적이다.

50대는 욜드족의 전성시대를 준비해야 하는 정말 중요한 시기이다. 50대 인생 설계가 중요한 이유이다. 준비하지 못하면 욜드족으로 진입했을 때 불행한 노후를 보낼 수 있다. 50대 초반에 인생 설계를 하고, 꾸준히 실천할 때 행복한 욜드족 시기를 즐길 수 있다.

"노년은 엔드(end)가 아니라 앤드(and)이다."라고 흔히 말한다. 노년은 끝나는 시기가 아니라 지금까지 살아온 것에 더해서 다른 무언가를 새롭게 시작해도 늦지 않는다. 50대에 노년을 어떻게 준비하는지가 다가올 노년에 앤드(and) 또는 엔드(end)가 될지 결정하는 이정표가 된다.

이처럼 남은 인생을 행복한 욜드족으로 살기 위해서는 50대가 정말 중요한 시기라는 것을 명심하자.

| 07 |

# 드디어 제2막 인생의 출발선에 서다

"인생을 마라톤에 비유하면 50대는 반환점을 도는 시기이다."

인생은 마라톤과 같다. 마라톤은 42.195km라는 긴 여정을 가야 해서 호흡 조절이 꼭 필요하다. 구간별 호흡과 뛰는 방법에 대한 전략도 필요하다. 인생도 짧은 시간이 아니다. 마라톤과 마찬가지로 구간을 나누어 호흡을 가다듬고, 구간마다 집중해야 할 무엇인가를 찾아야 한다. 다만 마라톤은 다시 뛸 수 있지만 인생은 다시 살 수 없다. 그렇기에 인생은 마라톤을 완주하는 것보다 더욱 신중해야 한다.

마라톤에서 완주 못지않게 중요한 것은 반환점이다. 마라톤은 반환점을 잘 돌아야만 완주로 인정된다. 마라톤 코스의 절반 지점인 21km 부근에는 반드시 반환점이 있기 마련이다. 출발 지점에서 반환점까지 잘 달려왔으면 반환점에서 잘 돌아서 도착지점까지 가야 한다. 반환점은 마라톤의 후반부에 대한 시작점이다.

마라톤에서 행여 반환점을 잘못 돌게 되면 낭패를 볼 수 있다. 실제 2017년에 이탈리아 베네치아에서 열린 마라톤 대회에서는 황당한 사건이 벌어졌다. 경찰의 안내 잘못으로 1위 그룹의 선수들이 반환점을 잘못 돌아 2위 그룹에 우승을 내주었다. 마라톤 대회의 주최 측은 반환점을 잘못 돈 1위 그룹 선수들에게 마라톤 경기에서 반칙인 '롱턴(Wrong turn)' 판정을 했다. 이에 따라 실격하지 않기 위해 선두 그룹 선수들은 가던 길을 돌아와서 반환점을 다시 돌아야 했다. 안내하는 경찰의 실수로 벌어진 일이지만 마라톤에 참가한 선수들이 반환점을 잘못 돈 것에 대한 책임을 져야 했다. 인생에서도 반환점을 잘 돌아야 한다. 반환점에서 어떻게 하는지는 전적으로 자신의 몫이다. 다른 사람이 대신 반환점을 돌아주는 것도 아니고, 나의 잘못에 대한 책임을 져주지도 않는다.

50대는 마라톤의 반환점을 돌자마자 시작되고, 제2막 인생을 살아가고 있다. 나는 인생을 3개 구간으로 나누어 제1막, 제2막, 제3막으로 구분하였다. 부모로부터 완전히 독립하지 못한 상태인 20대 이전은 제외하고, 인생 제1막은 20~40대, 인생 제2막은 50대, 인생 제3막은 60세 이후이다. 일반적으로 제3막은 은퇴 이후라고 구분해도 무방하다.

각 구간의 특징을 살펴보면, 제1막은 주로 취업, 결혼, 육아 등으로 나 자신을 돌아볼 여유가 없었다. 내 인생이 아니라 남을 위한 인생이었다 해도 잘못된 말은 아니었다. 제2막은 이제 서서히 나를 찾아갈 시기이다. 사회적으로도 안정적인 위치에 있으며, 가정에서도 아이들은 이미 다 커서 결혼까지 했을 수도 있다. 이 시기부터 다른 사람보다 나에게 집중해도 큰 무리가 없을 시기이다. 제3막은 은퇴 이후의 삶이다. 만약 월급을 받는 직장인이었다면 매월 고정적으로 들어오던 수입이 사라지고, 출근할 곳도 없다. 시간은 그만큼 여유가 생긴다.

마라톤에 비유하면 반환점까지가 제1막이고, 반환점 이후부터 제2막과 제3막이 펼쳐진다. 반환점에서는 두 가지를 생각할 수 있다. 첫 번째는 "겨우 반환점이네. 앞으로 더 어떻게 살지?" 두 번째는 "드디어 반환점이네. 이제 다시 시작해야지." 이 두 가지의 생각 차이는 엄청나다. 첫 번째 생각은 삶에 대한 열정이 별로 없는 반면 두 번째 생각은 새로운 인생을 잘 준비하여 시작하려는 패기를 엿볼 수 있다. 반환점에 서 있는 당신은 어떤 생각으로 후반부 인생을 준비할 것인가? 당연히 전자보다 후자의 생각이 더 낫다는 것에 대해 많은 사람이 동감할 것이다.

나 역시 반환점에서 후자의 생각을 하고 있다. 그도 그럴 것이 제2막인 50대의 10년 동안 하루 3시간을 무언가에 투자한다면 전문가가 될 수 있는 충분한 시간이다. 365일에 3시간을 곱하고 10년 동안 꾸준히 한다면 10,950시간이 된다. 생소한 분야라도 그 시간이면 전문가의 수준이 된다. 그것이 바로 1만 시간의 법칙이다. 무슨 일이든 1만 시간을 꾸준히 하면 그 일에 대해 전혀 몰랐던 사람도 전문가가 될 수 있다.

제3막의 경우에도 새로운 일에 도전하기에 충분한 시간이다. 우리나라의 경우 법적으로 보장된 정년은 60세이다. 평균수명을 80세라고 가정하면 정년 후 남은 기간은 20년이다. 정년 이후에는 출퇴근할 필요가 없고 직장에서의 업무 시간도 이젠 여유시간이 된다. 출퇴근 시간과 업무 시간을 더해서 하루에 여유시간을 11시간으로 가정하여 계산하면 약 8만 시간이 된다. 8만 시간을 2019년 기준 우리나라 근로자의 연평균 근로시간인 1,967시간으로 환산하면 약 40년이 나온다. 은퇴 이후 40년이라는 여유시간이 있는데 새로운 것에 도전하지 않을 이유가 없다. 그 도전을 위한 준비 시간이 50대, 제2막 인생이다.

　100세 시대라는 얘기는 이제 싫증 날 정도로 많이 듣고 있다. 그러면서도 정작 미래에 대한 아무런 준비도 없이 흐르는 시간만 탓하는 사람들을 종종 보게 된다. 반면 매 순간 최선을 다해 살아가는 사람들이 있다. 현재를 즐기면서 매 순간에 집중하는 것은 매우 중요하다. 여기에 한 가지 더해야 하는 것은 목적지이다. 망망대해에서 목적지 없는 배는 표류하기 마련이다. 바다의 움직임에 맞추어 매 순간 집중해서 가다 보면 목적지에 도달한다.

　내가 대학교에 입학하던 해에 보았던 영화 〈죽은 시인의 사회〉는 여전히 기억 속에 생생하다. 이 영화는 한창 힘든 고등학교 시절을 보내고 대학에 입학해서 단체 관람이 아닌 개별 관람으로 본 첫 영화였다. 영화는 미국 입시 명문고 웰튼 아카데미를 배경으로 한다. 이 학교에서는 공부와 성적이 학생들 인생의 전부이며, 아이비리그에 입학하기 위해 매우 엄격한 교칙을 정하고 있었다.

어느 날 이 학교에 키팅이라는 영어 교사가 부임한다. 키팅 선생은 책을 찢기도 하고, 자신에 대한 호칭을 "오 캡틴, 마이 캡틴."이라고 부르게 하는 등 학생들이 보기에는 괴짜 선생님이었다. 하지만 학생들은 점차 키팅 선생에 의해 공부와 대학 이외에 자신의 정체성을 찾는 기회를 얻는다. 그러다 영화의 마지막 장면에서는 키팅 선생이 학생들에게 주옥같은 명언을 남긴다. "카르페디엠(Carpe diem).", 영화에서는 "현재를 즐겨라."라는 의미로 해석하고 있다. 원래 이 말은 로마의 시인 호라티우스의 "현재를 잡아라. 될 수 있으면 내일이란 말은 최소한만 믿어라."의 일부이다.

50대는 제2막 인생에 서서 현재를 즐길 뿐만 아니라 제3막 인생을 준비하는 시기이다.

50대는 중요한 인생의 전환점이다. 또한 제3막을 준비해야 하는 매우 중요한 순간이다. 급속한 노화와 은퇴 등을 피할 수 없는 나이이기에 50대를 위기의 시기라고 말하는 사람도 있다. 나는 50대는 위기가 아닌 전환의 시기라고 감히 말하고 싶다. 학창 시절에 배웠던 것을 떠올리면 소설의 구성요소는 발단, 전개, 위기, 절정, 결말이다. 소설이 인생의 축소판임을 생각하면 50대는 소설의 구성요소 중 위기 단계에 해당할 수 있겠으나 이를 기회의 시기로 전환하면 된다. 모두 자기 하기 나름이다. 오히려 변화와 도전으로 절정기를 맞이하기 위한 좋은 기회가 온 것이다.

인생의 전환점에서 마라톤의 롱턴처럼 자칫 시간을 낭비하는 실수를 더는 하지 말고, 제3막 인생을 충실하게 준비하는 시기로 활용해야 한다. 제2막 인생은 시작되었다.

제
2
장

# 근력 운동이 50대 건강을 책임진다

50대는 급속한 노화로 서서히 건강에 신경을 써야 하는 시기이다. 40대까지는 자신의 건강에 대해 맹신하는 경우가 많다. 하지만 50대에 접어들면 이제는 신체적으로 약화하고 있는 자신을 둘러봐야 할 때이다.

근육은 50대 이후의 건강 열쇠이다. 몸의 균형을 잡아주고, 움직임의 원동력이며, 장수의 비결이 바로 근육이다. 50대 이후는 노화로 인해 매년 근육이 급격하게 감소하고 있다. 근육감소는 질병으로 인식될 정도로 심각한 문제이다. 근육을 단련하는 것이 절대적으로 필요한 이유이다.

50대 이후 근육을 단련하기 위한 꾸준한 근력 운동은 더는 선택의 문제가 아니라 생명과 직결되므로 반드시 실천해야 한다.

| 01 |
## 운동은 나를 사랑하는 방법이다

"오늘 밤 주인공은 나야 나! 나야 나!"

몇 년 전에 한 TV 프로그램에서 〈PRODUCE 101〉의 노래 「나야 나」가 엄청난 인기를 끌었다. 정말 신나는 곡이었지만 나에게는 노래의 분위기보다 가사가 마음에 와닿았다. 위 문장은 그 노래의 가사 일부분으로 내가 가장 좋아하는 부분이다. 오늘 밤, 더 나아가 매 순간 내가 인생이라는 무대의 주인공인 것처럼 능동적이고 적극적으로 살겠다는 메시지가 마음을 사로잡았다.

노래의 가사처럼 내 인생의 주인공은 바로 '나'라는 생각은 너무 감동적이다. 만약 우리가 남의 눈을 의식한다면 주인공이 될 수 없다. 내 인생인데 내 삶을 살지 못하고 다른 사람의 눈에 비친 삶을 사는 것이다. 또한 남의 눈을 의식하다 보니 다른 사람과 비교를 자주 하게 된다.

일반적으로 자신과 남을 비교할수록 자존감은 낮아진다. 비교의 대상은 자신보다 나은 사람인 경우가 대부분이다. 비교하면 할수록 자신이 초라해짐을 느끼게 되는 이유이다. 그러면 나의 행복과는 거리가 멀어지는 것은 너무나 당연하다. 또한 비교를 한다는 것 자체가 남의 시선을 의식하는 것이다. 내 삶을 행복하게 가꾸어갈 생각만으로도 충분하다. 그 공간에 다른 사람의 시선을 채워놓을 필요는 없다. 충분히 만족할 만한 상태에 이르렀어도 왠지 부족함을 계속 느끼는 것은 남의 시선을 지나치게 의식하기 때문이다. 이렇듯 내 삶이 항상 만족스럽지 못하다면 결코 행복할 리 없다.

인생은 한 편의 드라마와 같다. 화려하든 평범하든 내 인생 드라마의 주인공은 바로 나이다. 내가 쓰는 드라마를 재미있는 성공작으로 만들기 위해서는 우선 나를 믿고 사랑해야 한다. 특히 요즘 같은 불확실성 시대에는 나에 대한 믿음과 사랑이 더욱 절실하다. 나를 사랑하는 방법은 여러 가지가 있다. 나는 나를 사랑하는 가장 훌륭한 방법은 운동이라고 강력하게 주장한다. 운동은 우리 몸의 건강뿐만 아니라 마음 건강까지 유지해준다. 운동을 꾸준히 하면 면역력이 강화되어 오래 살 수 있다.

일본의 소설가인 엔도 슈사쿠는 『나를 사랑하는 법』이라는 책에서 나를 사랑하는 5가지 방법을 제시한다. 첫째, 웃으면 행복해진다. 둘째, 스스로 자신감을 가진다. 셋째, 감정을 다스려 마음을 지켜낸다. 넷째, 남과 지혜롭게 공존한다. 다섯째, 다른 사람을 사랑한다. 엔도 슈사쿠가 제시한 이 5가지 방법들은 결국 건강이 뒷받침되어야 가능하다. 건강해야 웃을 수 있고, 자신에게 자신감을 가지며, 감정을 다스릴 수 있다. 그리고 타인을 사랑하며 함께 살아갈 수 있다.

세계 최대 아이스크림 기업인 베스킨라빈스의 유일한 상속자에서 환경운동가로 변신하여 장수의 비결을 꾸준히 연구해온 존 로빈스도 그의 저서 『100세 혁명』에서 운동의 효과에 대해 다음과 같이 얘기하고 있다.

"당신의 심장과 뼈를 보호해주며, 나이가 들어도 변함없이 신체를 건강하고 날씬하게 유지해줄 알약이 있다면 어떨까? 그 약이 신체뿐 아니라 뇌에도 좋고, 더 잘 자고, 기분도 좋아지고, 기억력도 향상되고, 수명도 길어지면서 암에 걸릴 확률도 낮출 수 있다면? 그 약은 바로 '운동'이다."

엔도 슈사쿠나 존 로빈스의 사례를 굳이 얘기하지 않더라도 운동이 건강에 좋다는 것은 누구나 알고 있는 사실이다. 안타깝게도 운동의 효과를 아는 것과 달리 실제 행동은 다르게 나타나는 경우가 많다. 나의 주변에서는 꾸준한 운동으로 건강 관리하는 사람들이 많아서 규칙적으로 운동을 하지 않는 사람이 생각보다 많다는 통계에 조금 놀랐다. 2019년에 문화체육관광부의 보고서인 「국민생활체육조사」에서는 생활체육 참여율이 평균 66.6%이었다. 조사한 시기가 코로나-19로 사회적 거리두기를 시행하기 이전임을 생각하면 생각보다 낮은 수치이다. 생활체육 참여율이 부족한 원인은 시간 부족(50.2%)이 가장 많았고, 건강상의 문제(15.5%), 관심 부족(12.8%)이 다음인 것으로 나타났다.

다행스럽게도 50대의 참여율은 70.8%로 모든 연령대에서 가장 높았다. 하지만 이 통계에 의하면 50대 10명 중 3명이 여전히 규칙적인 체육 활동을 하지 않는 것은 유감이다. 여기서 규칙적인 운동은 1년간 일주일에 1회 이상(1회 운동 시 30분 이상)이다. 나의 기준에는 운동 횟수가 그리 많지도 않다.

코로나-19가 유행한 이후 생활체육 기반이 와르르 무너져 내렸으니 지금은 생활체육 참여율이 현저하게 낮아졌을 것으로 짐작된다. 코로나-19

유행 이후로 주요 생활체육의 기반인 초중고 학교의 체육관이 폐쇄되고, 공공기관에서 운영하는 체육관마저 일부만 개방하고 있다. 다행히 사설 체육관은 감염수칙을 지켜가면서 운영할 수 있어서 그나마 생활체육이 유지되고 있는 것 같다.

나는 2006년부터 지금까지 새벽 운동을 꾸준히 하고 있다. 업무로 귀가가 늦은 다음 날, 술 마신 이후, 스트레스로 머리가 깨질 것 같은 날조차 쉬지 않고 거의 매일 운동했다. 그러면서 운동은 습관이 되었고, 스트레스를 해소하는 최고의 방법이 되었다.

내가 50세가 되던 해인 2000년 삶의 의미를 찾지 못할 정도로 힘들었던 때는 코로나-19로 운동을 못 하던 시기였다. 당시에 평소보다 더 힘들었던 이유가 운동하지 못했기 때문이라는 생각은 지금도 변함이 없다. 운동하면서 마음의 상처와 스트레스까지 모두 치유받을 수 있는데, 그렇지 못

했기 때문에 계속 축적되면서 더욱 힘들었다. 아마도 당시에 운동을 계속 했더라면 그렇게까지 처절하게 힘들지 않았을 것으로 확신한다.

그런 면에서 나에게도 운동은 자신을 지키고 사랑하는 최고의 방법이며, 나아가 생명의 은인과도 같다.

나이가 들수록 건강에 더욱 신경을 써야 한다. 나이가 들면 건강 신호등에 적색 신호가 들어오는 것은 자연적인 현상이다. 50대 이후 노화가 급격하게 진행되면서 적색 신호등은 더욱 자주 들어올 수 있다.

그런 의미에서 아무 노력도 하지 않으면서 죽기 전까지 아프지 않고 건강했으면 하는 것은 어쩌면 사람의 지나친 욕심일지 모른다. 나이를 먹을수록 운동을 반드시 해야 한다. 50대 이후에는 급격한 노화의 진행으로 건강이 나빠지는 시기이므로 더욱 운동을 게을리하면 안 된다. 계속 운동해온 사람은 지속하고, 하지 않던 사람은 이제라도 시작해야 한다. 그래야만 병원 신세를 덜 지면서 건강하게 오래 사는 것이 가능해진다.

| 02 |
## 하얀색 근육을 지켜라

"나는 나잇살이 많아져서 그런지 계속 살이 찌는 것 같아."

주변에서 이런 말을 많이 한다. 이 말은 40대일 때도 들었지만, 50대가 되니 더욱 자주 듣게 된다. 실제로 많은 사람이 40대, 50대가 되면서 자신의 20대, 30대와 비교하여 몸무게가 많이 늘어나는 것을 경험한다. 그 이유는 기초대사량과 활동량이 점점 줄어들어서일 수도 있고, 귀찮아서 운동을 게을리해서 일 수도 있다. 노화가 진행될수록 기초대사량이 떨어지므로 노화도 하나의 원인이다. 나이를 한 살 먹을 때마다 기초대사량은 약 1%씩 감소한다고 한다. 그럼 나잇살 때문에 정말 살이 찌는 것이 맞는 것인가? 어쨌든 나잇살의 원인은 위에서 얘기한 것 이외에도 음주, 활동량, 영양 상태 등 사람마다 다를 것이다.

나도 30대와 비교해서 3kg 정도 살이 붙었다. 30대와 40대에 일관성 있게 몸무게를 유지해오고 있었는데 50대가 되면서 몸무게가 늘었다. 코로나-19에 의한 영향도 있을 것이고, 잦은 음주 습관이 원인일 수도 있다. 최근 건강검진 결과, 체중이 비만 위험 수준이지만 근육의 양은 정상범위에서 약간 높은 수준이었다. 아마도 꾸준히 운동해오고 있었기 때문에 그나마 이 정도 체중을 유지하는 것이 아닐까 생각한다.

나이가 들면서 자연스러운 현상 중 하나는 근육의 양은 줄어들고, 몸 무게는 늘어난다. 근육량은 30세 이후부터 점차 감소하기 시작해서 50대부터는 매년 1~2% 줄어든다. 80세 이상이 되면 근육량은 한창 근육이 많았을 때와 비교해서 약 50% 정도가 감소한다. 특히 우리 몸에서 가장 큰 근육인 엉덩이와 허벅지 근육이 많이 줄어든다. 주변에 연세가 많은 어르신을 보면 엉덩이와 허벅지가 허약한 분들을 흔하게 볼 수 있다. 그분들의 젊었을 때의 모습은 그렇지 않았던 것으로 기억한다. 나이가 들면서 엉덩이와 허벅지가 점차 약화하고 빈약해졌음을 눈으로 직접 확인할 수 있을 정도이다.

근육량이 감소하면 줄어든 양만큼 지방으로 대신하는 경우가 많다. 우리 몸에 근육이 많으면 보기 좋지만, 지방이 많으면 둔해 보이면서 살이 찐 것처럼 보인다. 근육량이 많은 체형은 건강한 모습이지만 지방의 양이 많은 몸은 그냥 뚱뚱해 보인다. 흔히 얘기하는 나잇살은 우리 몸에서 근육이 빠지고 그 자리를 지방이 채우면서 발생하는 현상이다.

지방은 흰색과 갈색으로 2가지 색깔이 있다. 흰색 지방은 에너지를 저장하는 반면, 갈색지방은 에너지를 태우는 역할을 한다. 나이가 들면서 갈색지방이 줄어드는데 에너지를 태우는 양이 적기 때문에 음식물이 우리 몸에 들어오면 그대로 축적이 된다. 축적되는 양이 늘어날수록 체중도 증가하는 것이다. 하지만 연구 결과에 의하면 운동은 갈색지방을 만든다. 운동할 때 에너지를 태우면서 지방이 줄고 근육이 느는 이유는 갈색지방이 늘어나기 때문으로 볼 수 있다.

그래서 나잇살이 붙었다는 얘기는 좋은 말이 아니다. 자신의 몸을 관리하는 노력이 그만큼 부족했다는 의미이기도 하다. 운동으로 근육량뿐만 아니라 갈색지방을 늘렸다면 나잇살을 줄일 수 있었을 것이다.

나잇살 대신 탄력 있고 건강한 체형을 유지하기 위해서는 근육을 지켜야 한다. 근육량은 신진대사량과 비례한다. 근육을 단련하면 신진대사량을 늘려 체중 증가를 방지할 수 있다. 여기서 유념할 것은 근육 중 하얀색 근육을 늘리는 것이다. 우리 몸 근육은 두 가지 색깔을 가지고 있다. 적색으로 보이는 근육을 적색근, 연한 분홍색으로 보이는 근육을 백색근이라고 부른다.

적색근은 근육에 혈액 공급이 잘 이루어지는 모세혈관이 많아서 붉게 보인다. 우리 몸에서의 역할은 주로 몸의 자세를 유지하고, 지속적인 활동과 운동을 오랫동안 할 수 있게 한다. 대신 근육 수축 속도가 느려서 큰 힘을 낼 수 없다. 마라톤이나 장거리 달리기처럼 지구력과 관련한 근육이 적색근이다. 백색근은 모세혈관이 상대적으로 적어서 연한 분홍색으로 보인다. 적색근과 비교하면 백색으로 보인다고 하여 백색근이라고 이름을 지었다. 백색근은 근육 수축 속도가 빨라 짧은 시간에 큰 힘을 낼 수 있지만, 모세혈관이 적어 영양공급이 잘되지 않아 쉽게 피로해진다. 단거리 달리기나 역도처럼 갑작스럽게 힘을 강하게 줄 때는 백색근이 작용한다.

그럼 나이가 들수록 꼭 단련해야 하는 것은 어떤 색깔의 근육일까? 정답은 백색근이다. 백색근은 50대 전후로 빠르게 줄어든다. 특히 한국인의 경우에는 원래 적색근보다 백색근의 비율이 낮다는 보고가 있다. 술을 자주 마실 때도 백색근이 더 쉽게 망가진다.

백색근이 부족하면 위험한 상황에 부닥칠 수도 있다. 넘어질 때 순간적인 힘을 내지 못해서 순발력이 떨어지고 균형을 잃어 '아차' 하는 순간 낙상과 골절상이 발생할 가능성이 크다. 즉 우리 몸을 보호하고 근육을 균형 있게 유지하기 위해서는 백색근을 잘 지켜야 한다.

하지만 근육도 균형을 유지하는 것이 중요하다. 50대 이후부터 백색근이 중요하다고 근력 운동만 해서는 안 된다. 적색근도 발달시키기 위해 유산소 운동도 병행해야 한다. 나의 전공인 환경 분야를 보더라도 환경오염 문제는 인간의 활동으로 자연과 생태계의 균형이 깨지면서 발생한다. 마찬가지로 우리 몸 근육도 적색근과 백색근이 서로 균형을 이루지 못하고 한 곳으로 치우치면 문제가 발생할 수 있다.

50대 이후에는 우리 몸 근육에 존재하는 적색근과 백색근의 균형이 깨질 가능성이 크다. 특히 백색근의 손실이 더 크기 때문에 백색근이 주로 모여 있는 하체 운동에 집중해야 한다. 다만 근육의 색깔은 유전적으로 결정되기 때문에 백색근을 키우는 운동만 너무 집중하면 사람에 따라 쉽게 균형이 깨질 수 있다.

100m 달리기 세계 기록 보유자인 우사인볼트와 42.195km를 끊임없이 달려야 하는 이봉주 선수의 근육 색깔은 선천적으로 다르다. 우사인볼트는 백색근, 이봉주는 적색근이 강하다. 운동이나 훈련을 통해 선천적인 근육의 색깔은 변하지 않는다. 100m 단거리 달리기 선수가 42.195km 마라톤에서 금메달 따는 건 불가능하다. 즉 백색근을 지키되 그것에 대한 스트레스를 너무 받지 말고, 좋아하는 운동을 즐기면서 근육 색깔의 균형

을 이루는 것이 가장 중요하다.

  나는 15년 이상 지속하고 있는 배드민턴 운동으로 허벅지와 종아리 근육 등이 다른 사람과 비교하여 크고 튼실하다는 애기를 종종 듣는다. 그 애기를 들을 때마다 나의 백색근은 '아직 괜찮은가 보다.'라는 위안을 얻는다. 다만 근육 색깔의 균형을 맞추기 위해 배드민턴이라는 유산소 운동과 함께 집 주변의 피트니스 센터에서 1년 회원권을 끊어 1주일에 3일 정도 근력 운동을 병행하고 있다.

  자신의 건강은 자신이 챙겨야 한다. 누구도 대신 나의 건강을 책임질 수 없다. 귀찮다고 집에만 있지 말고 일어나서 움직여라. 50대는 근육을 단련하기 위한 운동을 해라. 운동할 때 될 수 있는 대로 백색근에 집중해서 운동하면 더욱 좋다.

| 03 |
# 건강을 잃으면 모든 것을 잃는다

"재물을 잃으면 조금 잃는 것이요, 명예를 잃으면 많이 잃는 것이요, 건강을 잃으면 전부를 잃는 것이다."

이 말은 우리나라의 유명한 격언이다. 건강이 다른 무엇보다 가장 중요하다는 것을 얘기하고 있다. 건강의 중요성을 일깨우는 일화가 있어 소개한다. 어느 대기업 CEO의 강의 중 일부이다. 대기업 CEO는 재산이 1,000억 원쯤 있다. 1,000억 원이라는 돈에 뒤에 있는 숫자부터 하나씩 의미를 부여했다. 오른쪽부터 첫 번째 0은 명예, 두 번째 0은 지위, 세 번째 0은 돈이며, 가장 왼쪽에 있는 1은 건강이라고 했다. CEO는 돈, 지위, 명예, 건강을 모두 가지고 있다. 1,000억 원이면 이미 돈도 충분히 가지고 있는 셈이다. 만약 세 개의 0 중 어느 하나를 지운다고 한들 재산은 여전히 많이 남아 있다. 하지만 마지막 남은 1은 다르다. 1을 지우면 가진 재산은 곧바로 0원이 된다. 즉 건강을 잃으면 모든 재산이 사라진다. 돈, 지위, 명예도 건강하지 않다면 아무 소용이 없다. 건강이 그만큼 중요하다는 의미이다.

나이가 들수록 건강 신호등에 적색 신호가 들어오는 것은 자연적인 현상이다. 그런 의미에서 죽기 전까지 아프지 않고 건강했으면 하는 것은 사람의 욕심일지 모른다. 그렇다고 건강하게 살다 죽는 것이 전혀 불가능한 것은 아니다. 관건은 건강관리를 어떻게 하느냐이다.

건강은 맹신해서도 안 되고 꾸준히 관리해야 할 대상이다. 건강할 때 건강을 지켜야 한다. 건강해야 맛있는 음식을 먹을 수 있고, 여행도 다니며, 사랑하는 사람들을 만날 수도 있다. 건강을 잃으면 재산, 권력, 명예 등 모든 것은 의미가 없어진다.

애플의 창업자 고(古) 스티브 잡스는 췌장암으로 56세의 젊은 나이에 세상을 떠났다. 당시 재산은 70억 달러, 우리 돈으로 환산하면 8조 2천억 원으로 추정된다. 정말 어마어마한 재산이다. 하지만 죽으면 그만이다. 그 돈을 무덤에 넣고 갈 수도 없다. 무덤 속의 돈은 땅속에서 썩어 없어지는 종잇조각에 불과하다. 2021년에 세상을 떠난 고(古) 이건희 삼성전자 회장 역시 26조 원에 이르는 상속 재산을 물려줬다. 하지만 그도 죽기 7년 전인 2014년부터 림프암, 폐렴 등 각종 질환으로 계속 병상에 있으면서 고생스러운 삶을 살았다. 그 역시 죽은 후에 재산은 아무런 의미가 없다.

50대는 인생에서 전환점인 것처럼 건강관리에서도 매우 중요한 분기점이다. 육체적으로 가장 지치는 시기이면서 정신적으로도 가장 무기력하고 외로운 나이이다. 무기력증과 외로움은 건강에 매우 해로운 영향을 준다.

육체적으로도 노화가 지속하면서 질병에 걸리기 쉬워진다. 50세가 되기 전까지는 건강에 별로 신경 쓰지 않아도 큰 질병 없이 잘 살 수 있었다. 50대 이후부터는 서서히 노화가 진행되고, 그로 인해 면역력이 점차 줄어든다. 면역력 감소는 크고 작은 질환을 유발한다. 암이나 협심증, 뇌경색 등 심혈관 질환의 발생 빈도도 늘어난다. 특히 여성의 경우 본격적으로 갱년기가 시작된다. 여성 갱년기는 건강에 심각한 영향을 줄 수 있다. 여성 호르몬의 분비가 줄어들어 모든 질환 발생률이 급격하게 증가하기 때문이다. 대표적인 질환으로 골다공증, 당뇨병, 우울증, 심혈관 질환 등이 있다. 갱년기는 남성에게도 예외가 아니다. 남성 갱년기는 여성 갱년기처럼 뚜렷한 변화는 없지만, 정신적으로 너무 아픈 경험을 하게 될 가능성이 매우 크다.

나이가 젊었을 때는 가볍게 생각했던 질병이 50대가 지나면서 위험한 징조로 나타나기도 한다. 50대 이후에는 남성과 여성 모두 호르몬의 분비가 줄어들면서 체지방이 증가한다. 이에 따라 고혈압, 당뇨병, 뇌졸중 등 만성질환에 걸릴 위험이 커진다. 50세 이상 성인 4명 중 1명이 동시에 두 개 이상의 만성질환을 앓고 있다는 연구 결과는 이런 사실을 반영한다.

만성질환을 동시에 앓는 개수가 증가할수록 삶의 질도 더 낮아진다. 한 연구에 의하면 삶의 질을 평가하는 질문에서 건강한 삶의 점수를 1이라고 할 때, 하나의 질환에 걸렸으면 삶의 질은 0.90였다. 두 개, 세 개, 네 개 이상의 질환에 걸렸을 때 삶의 질은 각각 0.87, 0.81, 0.71로 점차 낮아졌다. 특히 남성보다 여성이, 그리고 생활이 어려운 사람의 경우 두 개 이상의 만성질환에 걸릴 위험성이 더 높고 삶의 질도 더 낮았다.

나는 어렸을 때 보약을 엄청 많이 먹었다. 하루라도 보약을 안 먹은 날이 없을 정도이다. 몸이 아주 허약했기 때문에 부모님이 몸에 좋다는 동식물을 이용해서 약을 만들어 주셨다. 아마도 어렸을 때 잔병치레는 많았지만, 부모님의 사랑과 보약 덕분에 지금까지 건강하게 잘 살아온 것 같다. 부모님께 감사를 드린다. 보약의 맛은 주로 쓰다. 보약에 질려서 쓴맛을 싫어할 만도 한데, 나는 여전히 생미나리, 나물 등 쓴맛이 참 좋다. 질릴 만도 한데, 쓴 음식이 좋다. 어쩌면 보약의 맛을 못 잊어서 쓴맛을 좋아하는 것 같다.

어려서부터 보약을 많이 먹은 덕분이기도 하겠지만 내가 여전히 건강한 이유는 아무래도 꾸준한 운동이다. 대학생 때 합기도 도장을 다니면서 처음으로 운동을 시작했고, 지금은 배드민턴을 꾸준히 하고 있다. 운동을 시작하면서 시름시름 앓던 잔병치레를 전혀 하지 않게 되었고, 식욕도 늘어 어떤 음식이든 복스럽게 잘 먹는다는 얘기를 자주 듣는다.

운동은 면역력을 키워줘서 아프지 않고 건강하게 잘 살아가는 원동력이 되었다. 면역력은 우리 몸을 질병으로부터 잘 지키는 수호신의 역할을 한다. 의사의 아버지라고 불리는 히포크라테스가 "면역력은 최고의 의사이며, 최상의 치료제이다."라고 할 정도로 면역력은 건강에 정말 중요하다.

9988124! 혹시 들어본 적이 있는가? 숫자로 열거된 것이 비밀번호나 암호라고 생각할 수 있다. 9988124는 99세까지 팔팔(88)하게 살다가 1일 또는 2일 앓고 사(4)망하는 것을 말한다. 사전에 등재된 단어는 아니지만 요즘 사람들이 꿈꾸는 인생의 모습임은 분명하다. 모든 사람은 병들어 시름시름 앓다 죽는 것보다 죽기 바로 전까지 건강하게 오래 살다 죽기를 원한다. 저렇게 살 수만 있다면 정말 상상만 해도 꿈과 같은 일이다. 우리나라의 기대수명은 83.1세, 건강수명은 73.1세이다. 이 두 가지 지표를 보면

우리는 죽기 전에 10년 동안 병으로 고생할 가능성이 매우 크다.

다행스러운 것은 두 수명 지표 모두 우리가 어떻게 하느냐에 따라 연장할 수 있다. 건강수명은 더욱 그러하다. 수명 연장을 위해서는 평소에 건강에 신경 써야 한다. 건강관리는 인생 전반에 걸쳐 필수이다. 건강하게 오래 살아야 행복한 삶이다. 이미 대다수 사람은 경제적으로 부유한 것도 중요하지만 더 중요한 가치를 행복하고 건강한 삶에 두고 있다. 수명 연장을 위해서는 평소에 건강에 신경 써야 한다. 건강관리는 인생 전반에 걸쳐 필수이다.

건강을 잃으면 다른 어떠한 것도 소용없다. 그만큼 건강이 나머지 절반 인생에서 가장 중요하다는 것을 명심하자.

| 04 |
# 근육은 움직이게 하는 힘이다

"살아가는 힘은 움직임에서 비롯한다. 움직임은 사람의 행복에도 긍정적인 영향을 준다."

위 문구는 내가 살면서 느낀 것을 적은 것이다. 움직임은 살아가는 힘이다. 생명체는 가만히 있으면 죽는다. 살아 있는 모든 것은 움직인다. 움직임은 살아있다는 증거이다. 가만히 있는 것처럼 보이는 거대한 나무조차 보이지 않는 움직임이 있다. 움직임이 없다면 죽은 것이나 다름없다.

움직임은 행복과도 관련이 깊다. 움직이다 보면 행복감이 밀려온다. 활발하게 활동하면서 움직이는 사람들이 인생을 더 행복하고 만족스럽게 살아간다. 건강 심리학자이면서 스탠퍼드 대학교 심리학 강사인 켈리 맥고니걸 박사는 『움직임의 힘』에서 행복을 위해서 움직이라고 강력하게 주장하고 있다.

"움직여라. 당신을 행복하게 하는 움직임이라면 뭐든 좋다. 종류나 양, 방식은 상관없다. 당신의 몸에서 움직일 수 있는 부분은 감사한 마음으로 다 움직여라."

연세대학교 스포츠응용산업학과 전용관 교수 연구팀의 연구 결과도 역시 움직임과 행복과의 관계를 설명하고 있다. 신체 활동을 주 1회 이상 실행하는 청소년들은 전혀 하지 않은 그룹에 비해 행복하다는 응답이 41~53% 더 높았고, 스트레스가 없다고 응답한 확률도 26~33%가 더 높았다. 청소년을 대상으로 한 연구이지만 움직임이 행복한 감정을 높인다는 사실은 켈리 맥고니걸 박사가 책에서 주장한 내용과 다르지 않다.

몸을 움직이면 육체적으로 숙면, 고혈압 예방, 원활한 신진대사 등에 영향을 주며, 정신적으로도 행복하게 해서 건강에 유익하다. 자전거, 등산 등으로 운동한 날 밤에 나른한 몸으로 푹 잠든 경험을 해본 적이 있을 것이다. 그만큼 많이 움직일수록 숙면에 도움이 된다. 나는 밤에 베개에 머리를 가져다 대면 바로 잠이 들어서 다음 날 아침이 되어서야 일어난다. 이는 새벽 운동의 효과일 것으로 생각한다.

움직이면 고혈압 예방에도 좋다. 우리나라 사람들에게 가장 흔한 질병 중 하나가 고혈압이다. 질병관리청에서 2020년에 발표한 자료에 의하면 50대의 고혈압 유병률은 34.7%(남자 40.2%, 여자 29.1%)이다. 65세가 넘어가면 64.3%(남자 59.0%, 여자 68.3%)로 절반이 넘는다. 고혈압의 원인은 유전적인 것 이외에도 짠 음식 섭취, 흡연, 음주 등 다양하나 움직임과 연관성이 깊다. 신체 활동이 적은 사람일수록 고혈압 발생 확률이 높다. 연구 결과에 의하면 활동적인 사람의 고혈압 발생률이 그렇지 않은 사람보다 20~50%가 낮다. 박원하 성균관대 의대 재활의학과 교수 역시 "규칙적인 신체 활동이야말로 만성병 환자의 삶의 질을 향상할 뿐 아니라 질환 발생을 줄이는 최선의 예방책이다."라고 했다.

근육은 우리 몸에서 뼈와 피부 사이에 자리하고 있다. 우리 몸은 뼈, 근육, 지방으로 구성되어 있으며, 근육과 지방이 뼈를 둘러싸고 있다. 근육은 단단한 느낌을 주지만 지방은 물렁물렁한 느낌을 준다. 뼈를 제외한 근육과 지방이 살이다. 우리가 흔히 "살이 많이 쪘다."라고 얘기할 때는 지방이 많은 상태를 의미한다. 자신의 몸을 만졌을 때 물컹한 느낌이 더 많으면 지방이 많은 상태이다. 물컹한 몸을 만지는 느낌은 가히 좋지는 않다. 단단한 몸을 만들기 위해서라도 지방은 줄이고 근육을 늘려야 한다.

우리 몸에서 근육을 늘려야 하는 이유는 단단한 몸을 만들기 위해서 뿐만 아니라 근육이 중요한 역할을 하기 때문이다. 근육의 종류는 골격근육, 심장근육, 내장근육이 있다. 우리가 흔히 근육이라고 얘기하는 것은 골격근육을 의미한다. 골격근육은 뼈를 보호하고, 몸의 균형을 잡아주며, 신체 활동을 하게 한다. 골격근육이 없으면 제대로 걸을 수 없고, 가다가 쓰러지기 일쑤이다. 이외에 심장근육은 심장을 움직여 수축하고 이완하는 역할을 하며, 내장근육은 심장근육과 소화기관이나 내장기관의 운동에 관여한다. 이들 근육은 각각 하는 역할이 다르지만, 공통점은 움직이게 하는 힘을 준다는 점이다.

만약 근육이 부족하면 움직임이 둔해진다. 갑자기 심한 운동을 하면 근육이 부족한 부위에 통증이 발생한다. 몸에 통증이 있으면 움직이기가 귀찮다. 계속 움직이면 아파서 자리에 가만히 있으면서 눕고 싶어지기도 한다. 누워 있을 때조차 통증이 있으면 육체적으로도 힘들지만, 정신적으로도 짜증이 나기 마련이다. 토요일이나 일요일에 갑자기 등산한다든지 자전거를 무리하게 타면 여지없이 다음날 많이 사용한 근육에 통증이 밀

려온다. 평소 잘 사용하지 않았던 부위에 근육이 부족했기 때문이다. 이럴 때 통증을 사라지게 하는 좋은 방법은 계속 통증이 있는 부위를 운동하여 근육을 보충해 주는 것이다. 통증은 근육이 부족하다고 몸이 보내는 신호이다.

근육을 단련하면 통증 부위는 줄어든다. 내가 배드민턴 운동을 하면서 달라진 것은 등산 후 근육통에 시달리지 않는 것이다. 회사에서 체육대회를 하면 대부분 등산을 많이 한다. 배드민턴을 시작하기 전 운동을 거의 하지 않을 때는 등산한 다음 날부터 며칠 동안 허벅지와 허리 등 온몸이 뻐근하고 쑤시기 때문에 만사가 귀찮았다. 배드민턴을 하면서부터 등산 후에 통증으로 전혀 고생하지 않는다. 정말 신기하게 느껴질 정도이다.

근육은 사람을 움직이게 하는 힘이다. 살아가면서 움직임은 육체적, 정신적으로 매우 중요한 신체 활동이다. 50대 이후 노화로 인해 근육이 급격하게 감소하게 되는데, 이를 관리하지 않고 그대로 둔다면 위험한 상황에 부닥칠 수 있다. 세계보건기구(WHO)에서 근감소증을 질병으로 분류한 것처럼 근육 관리에 각별한 관심을 가져야 할 때이다. 근육 부족으로 제대로 걸을 수 없고, 힘이 없어서 낙상 사고로 인한 골절, 뇌출혈 등으로 위험에 처하는 상황을 면해야 한다. 근육을 단련해 우리가 마음먹은 대로 몸을 움직이는 것이 얼마나 행복한지를 가슴 깊이 새겨야 한다.

그런 의미에서 건강해지려면 자리에서 지금 당장 일어나라. 와사보생(臥死步生)이라는 말이 있다. 누우면 죽고 걸으면 산다는 뜻이다. 일단 움직임을 시작해야 살 수 있다. 그리고 이렇게 중요한 움직임의 원동력은 바로 근육이다.

| 05 |
# 움직임으로 노화를 막을 수 있다

이영애, 고소영, 고현정은 대표적인 여자 연예인이다. 내가 20대, 30대일 때 TV나 영화에서 끊임없이 볼 수 있는 연예인이었다. 지금은 모두 결혼도 했고, 연예계 활동을 많이 하지는 않는다. 이들의 공통점은 50대이지만 전혀 그렇게 보이지 않는다는 점이다. 누가 이들을 50대라고 할 것인가?

하지만 고창석, 김상호, 정석용을 보면 어떠한가? 그들은 1970년생 동갑으로 2022년 기준으로 53세이다. 얼핏 보면 60대는 되어 보인다. 인상이 포근하고 좋기는 하지만 자신의 나이보다 많아 보인다는 얘기를 들으면 기분은 좋지 않을 것 같다.

사람은 누구나 동안 얼굴을 가지고 싶어 한다. 자신의 실제 나이보다 젊게 보이는 것이 좋은가 보다. 남자의 경우 희끗희끗해진 머리를 염색하거나 밝은색의 옷을 입어 젊게 보이고 싶어 한다. 여성의 경우에는 나이가 들면서 얼굴 잔주름에 더욱 신경을 쓴다. 아내만 보아도 그렇다. 사진을 찍을 때 여러 장 찍어서 좋은 사진을 골라낸다. 좋은 사진이란 아내의 얼굴에 잔주름이 적은 사진이다. 나의 눈에는 보이지 않지만, 얼굴 잔주름이 적은 사진을 귀신같이 찾아낸다. 다른 가족의 모습은 큰 의미가 없다. 나는 어려서부터 동안이라는 얘기를 들을 기회가 많지 않았다. 오히려 나이보다 더 들어 보인다는 말을 들으니 기분은 그다지 좋지 않았다. 다행스럽게도 40대, 50대 들어서야 동안이라는 말을 듣게 되니 사실 너무 좋았다. 왜 사람들이 동안을 좋아하는지 알 것 같았다.

동안과 관련하여 최근 반가운 소식이 있다. 동안의 비결이 '텔로미어'라는 물질로 밝혀졌다. 텔로미어는 염색체 끝에 있으며, 단백질 보호 덮개로 감싼 DNA이다. 텔로미어의 길이가 길어질수록 노화 현상을 늦출 수 있다. 노화 현상을 늦추면서 동안을 유지하려면 텔로미어의 길이를 관리하면 된다.

염색체는 우리 몸을 구성하는 세포의 성장, 생존, 생식 등에 필요한 모든 정보를 가지고 있다. 모든 사람에게는 염색체가 있고, 그 끝에 반드시 텔로미어가 존재한다. 텔로미어의 길이는 세포가 분열할 때마다 짧아지며, 텔로미어가 다 닳으면 세포는 분열을 멈춘다. 세포가 분열을 멈출 때 수명을 다하는 것이다. 그와 반대로 텔로미어를 잘 관리하면 노화 속도를 늦출 수 있고, 오래 살 수 있다.

텔로미어를 지키는 좋은 방법은 스트레스를 잘 관리하는 것이다. 텔로미어의 길이는 선천적이기도 하지만 후천적인 요인에 의해 결정된다. 유전이 80%, 후천적인 요인이 20% 좌우한다고 알려져 있다. 후천적인 요인은 우리가 어떻게 하느냐에 따라 달라지기 때문에 중요한 인자이다.

최근 '힐링'이라는 단어가 유행이다. 그 유행에는 힐링을 통해 스트레스를 관리하려는 사람들의 열망이 담겨있다. 스트레스 없이 건강하고 행복하게 오래 살고 싶은 것이다. 힐링만 잘해도 텔로미어의 길이를 늘리고, 건강하게 오래 살 수 있다.

살아가면서 스트레스를 피할 수 있는 방법은 전혀 없다. 크든지 작든지 스트레스는 모두에게 찾아오는 법이다. 스트레스로부터 고통을 받지 않으려면 스트레스에 현명하게 대응해야 한다. 적당한 스트레스는 오히려 삶의 의욕을 불러오기도 한다.

내가 생각하기에 스트레스를 조절하는 가장 쉽고 효과적인 방법은 몸을 움직이는 것이다. 특히 규칙적으로 하는 운동은 스트레스 해소에 가장 좋다. 운동이라는 거창한 이름을 붙이지 않더라도 꾸준히 몸을 움직이면 스트레스 해소에 도움이 된다. 움직임과 운동을 싫어하는 사람도 지치고 우울할 때 산책 후 따뜻한 물에 샤워하면 기분이 좋아지는 경험이 있었을 것이다.

나도 몸과 마음이 지치고 힘들 때일수록 많이 움직이려고 노력한다. 몸을 움직이면 행복 호르몬인 도파민, 세로토닌, 엔도르핀이 생성된다. 이러한 호르몬의 작용으로 스트레스에 의한 불안감과 초조함 등 부정적인 감정도 몸을 움직이면서 날려 버릴 수 있다.

나는 2017년 7월에 보건환경연구원에서 서울시청으로 근무지를 옮겼다. 미세먼지 문제가 사회적으로 큰 화두가 되었을 때, 이를 해결하기 위해 미세먼지 분야의 전문가를 시청에서 요청하여 가게 되었다. 처음에는 하는 업무와 근무 분위기 등 모든 것이 낯설어 생활하기 너무 힘들었다. 더구나 출퇴근 시간도 20분에서 1시간 20분으로 무려 1시간이 더 추가되었다. 편하게 승용차를 이용하다 버스와 전철을 갈아타는 불편도 감수해야 했다.

 설상가상으로 2018년과 2019년은 일반 시민부터 정치인까지 미세먼지에 관한 관심을 최고로 가지고 있던 때였다. 그러다 보니 날마다 일을 하는데도 할 일은 계속 쌓여만 갔다. 일에 치여 못 살겠다는 말이 절로 나올 정도였다. 업무 시간에는 회의를 주로 하고 본연의 업무는 퇴근 이후에 남아서 하거나 휴일에 하기 일쑤였다. 급하게 만들어야 하는 문서들로 등줄기에 땀이 줄줄 흘러내린 적도 한두 번이 아니었다. 그만큼 업무 스트레스가 엄청 심했다.

 이때 절대 빠뜨리지 않고 했던 것이 운동이었다. 새벽부터 보고서를 만들어야 하는 날을 제외하고 출근하기 전에 반드시 운동하려고 노력했다. 움직여야 했다. 일종의 살기 위한 몸부림이었다. 그렇지 않으면 새벽에 출근해서 늦은 밤에 퇴근할 때까지 의자에 꼼짝없이 앉아 있어야만 했다. 몸을 움직여 땀을 흘리고, 샤워 후에 출근할 때 그 순간만큼은 정말 행복했다. 지난 시간을 돌이켜보면 운동으로 몸을 꾸준히 움직이지 않았다면 당시의 극심한 스트레스를 이겨내지 못했을 것이다.

 50대는 노화가 급속하게 진행되는 나이이다. 뇌 건강 역시 노화로 인해 나빠진다. 나빠진 뇌는 스트레스에 취약할 수밖에 없다. 뇌를 위해 할 수 있는 가장 좋은 일도 역시 몸을 움직이는 것이다. 스웨덴의 유명한 정신과 전문의로 운동과 뇌의 관계를 연구한 안데르스 한센은 그의 저서『움직여라, 당신의 뇌가 젊어진다』에서 신체 활동이 뇌 건강에 미치는 영향과 운동의 긍정적 효과 등을 잘 설명하고 있다.

 살아가면서 누구나 스트레스를 받는다. 스트레스 상황을 잘 조절하는 방법을 찾는 것이 중요하다. 사람마다 그 방법이 다를 수는 있겠지만 일반적으로 가장 좋은 방법은 몸을 움직이는 것이다. 독서나 뜨개질 등으로 어떤 것에 집중하는 것도 좋은 방법이다. 그러한 활동도 결국은 움직임의 일환이다. 움직임은 스트레스 해소 방법 중 가장 최선이라고 할 수 있다. 스트레스에 잘 대응하면 노화의 원인인 텔로미어의 길이를 잘 지킬 수 있다.

결국 움직임은 노화를 늦출 수 있는 최고의 방법이다.

| 06 |
# 보기 좋은 엉덩이가 건강에도 좋다

'엉덩이 기억상실증'이라고 들어본 적 있는가? 엉덩이 근육이 약화하고 없어져서 기능을 상실하는 현상을 말한다. 현대인들이 의자에서 주로 생활하기 때문에 '의자병'이라고 부르기도 한다. 보건복지부의 통계에 따르면 우리나라 국민의 절반 이상이 하루 8시간 이상을 의자에 앉아서 생활한다고 한다. 잠자는 시간을 제외하면 깨어 있는 시간의 절반 이상을 의자에 앉아있는 셈이다.

최근 엉덩이 근육을 단련해야 한다는 열풍이 대단하다. TV, 유튜브, 인터넷, 신문, 잡지, 심지어 개인이 운영하는 블로그에도 이와 관련한 많은 영상과 글들이 올라온다. 이들 매체에서 주장하는 공통점은 건강과 직접 연결돼서 엉덩이 근육을 단련해야 한다는 것이 핵심이다. 스쿼트, 런지 등의 운동은 용어가 생소하지만 엉덩이 근육을 위해 필요한 것으로 알려지면서 많은 사람의 관심을 끌고 있다.

우리 몸의 건강 지표는 엉덩이이다. 어떠한 보약보다 근육이 풍부한 엉덩이가 건강을 지켜준다. 엉덩이는 우리 몸에서 가장 많은 부분을 차지하며, 매우 중요한 역할을 한다. 상체와 하체의 중심에 자리 잡고 있어서 몸을 지탱해 주며, 우리 몸의 거의 모든 움직임에 관여한다. 우리 몸 근육 중 엉덩이와 허벅지 근육이 약 30%를 차지한다. 그래서 엉덩이를 생명의 축이라고 표현해도 아주 틀린 말이 아니다.

엉덩이 근육이 많을수록 건강에 도움이 된다. 당뇨병 환자의 경우 엉덩이 근육이 많다면 건강이 악화할 위험이 확실하게 줄어든다. 근육이 당을 소비하는 역할을 하기 때문이다. 2015년 캐나다 토론토 재활연구소의 발표에 의하면, 엉덩이 근육을 강화하면 당뇨병이 발생할 확률이 90% 낮아지고, 심장병과 암이 발생할 확률이 20%로 낮아진다.

반면 엉덩이 근육 감소는 건강에 좋지 않다. 엉덩이 근육은 몸 전체의 균형을 잡아주는데, 근육이 감소하면 몸의 균형이 망가진다. 그에 따라 기와 혈액 등이 잘 순환하지 않고, 노폐물이 우리 몸 이곳저곳에 쌓이게 된다. 그뿐만 아니라 소화불량, 복부비만, 두통, 변비, 우울증 등 만병이 발생하는 원인이 된다. 무릎관절염, 디스크 협착증, 신신대사 불안 등 우리 몸의 다양한 이상 증상을 유발하기도 한다. 허리 건강과도 직결돼 있어 엉덩이 근육이 약하면 허리 질환으로 이어지기도 한다.

건강한 엉덩이를 만들기 위해서는 근육을 단련해야 한다. 엉덩이의 50% 이상이 근육이다. 특히 엉덩이에 있는 대둔근은 우리 몸에서 가장 큰 근육 중 하나이기 때문에 그 역할도 매우 중요하다.

엉덩이는 우리 몸 중에서 살찌는 것이 유일하게 허락된 곳이다. 만약 엉덩이에 근육과 살이 없다면 몸의 불균형을 일으키고 호르몬 배출을 막아 전반적인 운동 능력이 떨어진다. 반면에 엉덩이 근육을 단련하면 기초 대사량이 높아진다. 기초 대사량은 운동하지 않더라도 기본적으로 소모

되는 에너지이다. 만약 기초 대사량이 떨어지면 평소처럼 음식을 먹어도 살이 찌는 결과를 초래한다.

엉덩이 근육은 저축할 수 있으므로 꾸준하게 관리하여 건강하게 유지해야 한다. '과유불급(지나친 것은 미치지 못하는 것과 같다)'이라는 말이 엉덩이에는 어울리지 않는다. 특히 50대 이후에는 엉덩이 근육을 저축하는 것에 관심을 가져야 한다.

예쁜 엉덩이가 보기에도 좋다. 엉덩이 근육 단련하기 열풍에는 건강뿐만 아니라 신체의 아름다움을 위해서인 경우도 많다. 예쁜 엉덩이를 흔히 '애플힙'이라고 한다. 둥근 곡선과 볼록한 모양의 사과에 비유해서 만들어진 용어인 것 같다. 우리 몸에서 근육 감소가 가장 눈에 띄게 드러나는 부분이 바로 엉덩이이다.

엉덩이 근육이 부실하면 납작하고 평평한 모양으로 건강에 유해할 뿐만 아니라 보기에도 좋지 않다. 거울로 자신의 엉덩이를 보면 엉덩이 근육이 좋은지 부실한지를 알 수 있다. 거울에 비친 자신의 엉덩이가 지나치게 처져 있으면 건강한 엉덩이가 아니다. 또한 엎드린 자세에서 다리를 위로 들어 올린 채 엉덩이를 만졌을 때 딱딱한 근육이 만져지지 않으면 퇴화가 진행되고 있다는 징조이다.

엉덩이 근육 감소 역시 노화의 일부분으로 자연적인 현상이긴 하지만, 반드시 관리해야 한다. 나이가 들면 뼈와 함께 몸 전체를 지탱하는 제2의 기둥에 적신호가 켜진다. 바로 '근육'이다. 성인이 되면 근육량은 조금씩 줄어든다. 특히 50대부터는 매년 1~2%씩 감소한다.

이는 노화의 한 증상이지만 당연한 현상으로 여겨 가볍게 넘겨선 안 된다. 치료가 필요한 병으로 인식하고 미리 예방하는 것이 중요하다. 실제 미국에선 2016년부터 근육이 감소하는 '사코페니아(sarcopenia)'를 질병으로 분류하였다. 세계보건기구(WHO)도 2017년에 질병분류 코드를 부여했다. '사코페니아'는 '근육'이라는 뜻의 '사코(sarco)'와 '부족함'을 의미하는 '페니아(penia)'가 합성된 단어이다. 즉 정상보다 근육이 부족한 질병이다.

우리나라 역시 사코페니아에 해당하는 '근감소증'을 2021년에 한국표준질병사인분류(KCD) 8차 개정안에서 질병으로 포함했다. 정상보다 근육량이 적은 것은 이제 정식 질환이다. 노화로 인해 자연적으로 근육세포가 줄어들 때, 활동량이 부족하면 이런 질병에 걸리게 된다.

이제는 엉덩이 근육에 신경을 써야 할 때이다. 앞에서도 계속 움직이면서 신체 활동을 하는 것이 얼마나 중요한지는 이미 언급했다. 자주 움직이는 힘은 엉덩이에서 나온다. 엉덩이가 무겁고 쳐지면 몸을 쉽게 움직일 수가 없다. 몸을 움직이기 위해 자리에서 일어나야 하는데 그조차 힘들다.

크고 강한 엉덩이 근육을 만들기 위해 체육관에 굳이 가지 않더라도 집에서 인터넷을 보면서 간단하게 할 수 있는 스쿼트, 런지 등의 운동을 하는 것도 좋다. 집에서 하는 운동 프로그램을 이용하는 것도 좋은 방법이다. 실생활에서는 계단 오르기, 걷기, 팔 굽혀 펴기 등만 잘해도 엉덩이 근육 단련에 도움이 된다.

다시 명심하자. 나이가 들수록 저축해야 할 것은 돈도 역시 중요하지만, 엉덩이 근육에 더욱 신경을 써야 한다.

다케우치 마사노리는 그의 책 『중년 건강 엉덩이 근육이 좌우한다』에서 '엉덩이 근육을 단련하는 것이 건강을 지키고 장수하는 지름길'이라고 주장한다. 근육이 발달한 엉덩이는 보기에도 좋고, 50대의 건강을 책임진다.

| 07 |
# 근육은 장수의 비결이다

현재 내가 다니는 피트니스 클럽에는 연세 드신 백발의 여자 회원님이 계신다. 매일 아침 이른 시간에 운동하시는 것도 대단하지만 주로 하시는 것이 힘든 근력 운동인 것도 놀랍다. 얼핏 생각하면 연세 드신 분들에게는 힘이 없어서 근력 운동이 위험하다고 생각할 수 있다. 하지만 이분을 보면 근력 운동을 해야만 한다고 생각할 수밖에 없다. 몸이 탄탄하고 무척 건강해 보인다. 근육의 양과 질도 웬만한 젊은 사람보다 좋아 보인다.

첫 직장인 (주)SK건설에서도 이렇게 근력 운동을 열심히 하시던 분이 또 계셨다. 나는 당시 점심으로 주문한 도시락을 빠르게 먹고, 사내 체력 단련장에서 운동했다. 체력 단련장에는 당시 퇴직을 얼마 남겨 놓지 않은 분이 계셨다. 그분 역시 항상 점심시간에 같이 운동하는 분이었다. 점심시간에는 사람이 적어서 운동하는 사람들은 서로 잘 알 수 있었다. 그분은 60세가 다 되어 가는 나이에도 근육이 보통 사람의 최소 2배는 되는 것 같았다. 많은 나이에도 불구하고 근육 덕분인지 젊어 보이고, 활기가 넘쳐서 사내 강사뿐만 아니라 SK그룹에서 훌륭한 멘토에게 수여하는 상을 받기도 하셨다. 아마도 이분은 지금까지 건강하게 살고 계실 것으로 확신한다.

무병장수는 인류의 꿈이었다. 어른들께 드리는 "만수무강하세요."라는 인사말도 "건강하게 오래 사시길 기원합니다."라는 의미를 포함하고 있다. 인류가 오래 살고자 했던 노력은 역사적으로도 찾아볼 수 있다. 고대 인도인은 호랑이의 고환을 먹었고, 히브리인과 시리아인은 젊은이의 피를 마시거나 목욕했다고 전해진다. 15세기 교황 이노센티우스 8세는 죽기 직전에 세 소년의 피를 수혈했다고 한다. 이보다 잘 알려진 것으로 진시황과 불로초에 대한 이야기는 너무 유명하다. 중국의 춘추전국시대를 통일한 진시황은 천하를 영원히 가지려는 욕망으로 불로불사의 방법을 찾았다. 자신의 신하인 서복에게 불로초를 찾아오라고 명하였지만, 결국 불로초를 찾지 못하고 49세의 젊은 나이로 생을 마감한다. 이처럼 과거에는 불로초처럼 장수에 도움이 되는 음식 섭취 등 사람들의 입으로만 전해져 내려오는 방법으로 불로장생을 꿈꾸었다.

최근에는 의학 기술과 생명공학의 발전이 인간의 생명을 2배 이상 연장했다. 흔히 "과학은 사람을 죽게 내버려 두지 않는다."라는 말을 한다. 만약 임종을 앞둔 사람이라도 호흡기 착용, 심폐소생술, 혈액 투석, 항암 치료 등 연명치료를 하면 계속 살아 있게 할 수 있다. 2018년 2월에 존엄사법으로 불리는 '연명의료결정법'이 시행되면서 우리나라에서도 연명치료를 거부할 수 있게 되었다. 생명만 붙어있는 채 살아 있는 대신 죽음을 선택할 수 있는 권리를 부여한 것이다. 이처럼 의학 기술이 장수하는 방법의 하나이긴 하지만 그러한 삶이 행복한 삶과는 거리가 먼 것 같다.

장수의 비결로 다양한 방법이 논의되고 있지만 역시 근육의 양을 늘리는 것이 단연코 으뜸이다. 근육량은 기초 대사량과 밀접한 관련이 있다. 나이가 들면서 근육의 힘과 근육의 양이 줄어든다. 이에 따라 기초 대사량도 떨어진다. 기초 대사량이란 생명을 유지하기 위한 최소한의 에너지의 양이다. 음식물 소화, 호흡, 혈액 순환, 두뇌활동 등 아무런 신체 활동이 없더라도 몸에서 저절로 에너지를 소모하게 되는데, 이 모든 것에 기초 대사량이 관여한다.

기초 대사량이 떨어지면 우리 몸에 안 좋은 영향을 준다. 우선 음식을 먹어도 소화가 잘 안 돼서 체중은 점점 불어난다. 체중 증가로 비만 단계까지 가면 성인병에 걸릴 가능성이 증가한다. 대표적으로 당뇨병이 있다. 당뇨병에 걸릴 확률은 비만인이 정상인보다 4.5~8배 높다. 다른 성인병으로 동맥경화, 협심증, 심근경색, 심부전 등 심혈관계 질환이 있다.

연구에 의하면, 비만인이 고혈압에 걸릴 확률은 일반인보다 약 3배라고 한다. 특히 남자의 경우 체중이 10% 증가하면 혈압이 평균 6.6mmHg 상승한다고 한다. 높은 혈압은 혈관 선상을 해치는 주범이다. 나이보다 섬세게 관리해야 할 중요한 기관이 바로 혈관이다. 우리 몸에서 혈관은 약 12만 km이다. 앞에서 인생을 마라톤에 비유했는데, 마라톤을 2,800번 완주하는 거리이다. 이외에도 경부 고속도로를 140번 왕복하고, 지구를 3바퀴 돌 수 있는 거리이다. 혈관 내에서 혈액이 잘 순환되어야 아프지 않고, 건강하게 살 수 있다. 혈액 순환이 잘 안 되면 손발 저림, 시림, 기억력 감퇴, 무기력증 등으로 고생한다. 두뇌활동이 느려져서 심하면 무언가 자주 깜빡하는 건망증으로 악화할 수 있다.

다양한 통계와 연구에서 알 수 있듯이, 근육의 양을 늘리면 기초 대사량이 높아지고, 혈관을 건강하게 유지할 수 있으며, 건강한 삶을 살 수 있다.

최근에는 의학계에서 '건강 장수'의 열쇠로 '근육'을 주목하고 있다. 서울대 의대 박상철 교수는 "세계적으로 장수하는 사람의 특징 중 하나는 끊임없이 움직여 근력을 유지하는 것이다."라고 했다. 다른 주장으로 가톨릭관동대 국제성모병원 황희진 교수는 "건강한 노화를 단번에 해결할 방법은 없다. 기능적 능력을 유지하려면 단단한 근육과 뼈를 평소에 꾸준히 키우는 게 핵심이다."라고 했다.

운동을 통해 근육을 단련하는 것도 중요하지만, 그렇지 못한 경우라면 자주 움직이는 것도 오래 사는 비결 중 하나이다. 신체 활동이 노화를 늦추고 사망률을 낮춘다는 사실은 이미 잘 알려져 있다. 미국 하버드대의 연구 결과는 과학적으로 이 사실을 잘 증명하고 있다. 하버드대 연구팀은 "신체 활동은 항산화제와 항염증제의 분비를 돕고, 세포와 DNA를 복구하여 당뇨, 비만, 암, 골다공증, 알츠하이머, 우울증 위험을 낮출 수 있다."라는 사실을 확인했다. 항산화제는 세포의 노화를 막고, 항염증제는 염증을 발생하지 않게 억제하는 역할을 한다. 우리 몸에서 염증이 발생하는 것만 줄여도 생명을 연장할 수 있다. 염증은 상처나 감염 등에 의한 외부의 자극을 우리 몸이 방어하면서 나타나는 현상이다. 염증이 심한 경우 암으로 악화할 수도 있다. 하버드대의 연구에서처럼 "하루에 10분 또는 20분 정도의 신체 활동만으로도 사망 위험을 상당히 낮출 수 있다."라는 주장은 상당히 설득력이 있다.

50대는 신체 활동, 특히 꾸준한 운동을 통해 근육을 늘리는 것이 매우

중요하다. 50대부터는 노화로 인해 근육 감소가 빨라진다. 근육이 감소하는 양만큼 수명이 단축된다는 의미이기도 하다. 수명을 연장하려면 근육의 양을 늘려야 한다는 것은 명확한 사실이다.

부드러운 근육이 강한 근육이다. 뭉쳐서 단단한 근육은 혈액 순환을 막아 통증을 발생시킨다. 통증은 스트레스 근육이므로 행복감을 떨어뜨리고 해결하지 않으면 수명을 단축한다. 많이 움직이고 꾸준하게 운동해서 근육의 질도 부드럽게 해야 한다.

이제까지 달리기, 등산, 걷기 등 유산소 운동을 주로 했다면 50대 이후부터는 근력 운동을 병행할 때이다. 어쩌면 근력 운동에 더 집중할 때이다. 건강하게 오래 살기 위한 비법이 바로 근육이기 때문이다.

제 3 장

# 마음에도 근육이 필요하다

건강에 대한 우려와 가족 관계 등에서 점점 주변으로 밀려나는 자신의 위치, 은퇴에 대한 불안감 등으로 50대의 낮아진 자존감은 마음을 매우 약하게 한다. 마음이 아프면 사소한 일에도 화가 나고, 주체할 수 없을 만큼 힘이 든다. 건강이 나빠지는 것은 얘기하지 않아도 될 정도이다. 마음이 너무 아파 견딜 수 없어서 잠시 쉬어가고 싶다고 생각할 때도 많다.

마음이 건강하면 힘든 일이 있어도 쉽게 이겨내고 빨리 극복할 수 있다. 마음 그릇을 키우고, 커다란 그릇 안에서 마음 근육을 단련하는 것이 행복으로 가는 지름길이다.

"모든 것은 마음이 결정한다."라는 말을 힘들 때마다 큰소리로 외쳐보자.

| 01 |
# 마음 그릇의 크기가 행복 크기이다

　행복의 크기를 알 방법이 있을까? 길이와 무게 등을 재려면 자와 저울을 이용하면 된다. 자나 저울은 사람들끼리 미리 약속으로 정해놓은 측정 도구이다. 만약 자를 이용하여 30cm의 길이를 측정한다면 내가 재도 30cm이고, 다른 사람이 잰 길이도 30cm이다. 무게도 저울을 이용하면 누가 재도 같은 측정값이 나온다.
　행복의 크기는 이와 다르다. 자나 저울처럼 행복의 크기를 잴 수 있는 도구는 세상에 존재하지 않는다. 행복의 크기는 오로지 자신에게 달려 있다. 자기에게 다가 온 상황을 어떻게 받아들이느냐가 행복의 크기를 알 수 있는 유일한 방법이다. 다시 말하면 자신의 마음 크기에 따라 행복의 크기가 결정된다. 마음의 크기가 작아서 별것 아닌 일도 힘들어하는 사람은 행복할 리 없다. 반면에 남들이 보기에 힘든 상황에 부닥칠지라도 커다란 마음으로 긍정적으로 대응하면 그 과정과 결과에서 행복을 찾을 수 있다. 이처럼 마음을 담는 그릇의 크기가 행복의 크기를 결정한다.
　사람은 누구나 마음을 가지고 있다. 하지만 마음을 담을 수 있는 그릇의 크기는 사람마다 다르다. 누군가는 간장 종지만 한 크기의 마음 그릇을 가지고 있지만, 누군가의 마음 그릇은 호수처럼 넓고 크다. 그 크기에 따라 세상을 보는 생각이 달라진다. 출근길에 지나가는 사람이 내 구두를 실수로 밟았을 때 누군가는 '오늘 재수 더럽게 없네.'라고 생각하겠지만, 다른 누군가는 '구두를 닦을 때가 되었구나.'라고 생각할 것이다. 전자는 그 상황에 대해 기분 나빠하며 스트레스를 받으니 불행하지만, 후자는 대수롭지 않게 넘기면서 깨끗해질 구두를 생각하며 행복한 상상을 할 수도 있다.

옛날에 큰 스님 한 분이 젊은 스님을 제자로 받아들였는데, 이 제자는 모든 일에 대해 항상 불평불만이 넘쳐났다. 이를 보다 못한 큰 스님이 어느 날 아침, 제자에게 소금을 한 줌 가져와서 작은 물그릇에 녹여서 마시게 하였다. 제자가 물을 마시자 큰 스님은 "맛이 어떠냐?"고 물었고, 제자는 "매우 짭니다."라고 답을 했다. 큰 스님은 다시 소금 한 줌을 가져와 근처 호숫가로 가서 소금을 호숫물에 넣고 젓었다. 그리고는 호수의 물을 한 컵 떠서 제자에게 마시게 하고 "맛이 어떠냐?"하고 다시 물었다. 제자는 "짜지도 않고 시원합니다."라고 대답했다. 그것을 보면서 큰 스님이 제자에게 이른다. "인생의 고통은 순수한 소금과 같다. 짠맛의 정도는 고통을 담는 그릇에 따라 달라지니 지금 네가 고통 속에 있다면 물 잔이 되지 말고 스스로 호수가 되어라."

소금 한 줌의 양은 같다. 다만 그 소금을 작은 물그릇에 넣는 것과 호수에 넣었을 때의 물맛은 전혀 다르다. 작은 그릇의 소금은 매우 짤 것이며, 호수의 소금은 전혀 아무런 맛도 나지 않을 것이다. 이렇듯 우리가 아무리 힘들고 어려운 상황에 있더라도 마음 그릇을 키우면 아무것도 아닐 수 있다. 마음 그릇이 호수와 같이 크면 고통은 매우 적은 부분에 불과하다.

마음 그릇은 크기도 중요하지만 무엇을 담는가도 중요하다. 그릇에 물을 담으면 물그릇이 되고, 물건을 담으면 물건 보관함이 되며, 만약 쓰레기를 담으면 쓰레기통이 된다. 아무리 마음 그릇이 크더라도 부정적인 마음과 욕심으로 가득 채워져 있다면 행복이 들어갈 공간은 별로 없다.

절반 이상 남은 삶을 행복하게 살려면 우리 마음에 행복이 들어갈 여지를 남겨 놓아야 한다. 행복하기 위한 생각들로 마음을 채워가야 한다. 긍정적인 생각과 목표를 달성하면서 느끼는 성취감, 건강하게 살아 있음에 대한 감사함, 주변에 존재하는 것에 대한 소중함 등을 마음에 채우면 행복해진다. 마음 그릇이 크지 않더라도 행복함을 주는 것들로 가득 채운다면 마음으로부터 행복은 저절로 솟아난다. 어떠한 것으로 채우느냐에 따라 마음 그릇의 크기도 결정된다.

마음 그릇이 크면 행복을 자주 느낄 수 있다. 마음 그릇이 크면 작은 일에도 흔들리지 않는다. 사소한 것에도 스트레스를 받고 마음에 상처를 받는다면 절대 행복할 리 없다. 스트레스는 건강을 해치는 가장 큰 요인이다. 마음의 크기가 크면 스트레스를 받는 횟수도 줄어들고 그만큼 건강과 행복을 느낄 수 있다.

40대까지의 행복은 어쩌면 다양한 분야에서 느낄 수 있는 감정이었다. 대학 입학, 취업, 결혼, 아이들 출산, 승진, 내 집 마련 등 삶의 변화를 줄 만한 굵직한 일들로 인해 행복했다. 또한 사소한 일상에도 웃음을 짓고,

아이의 미소 하나만으로도 행복했다. 집을 조금 넓혀가면서 내 집을 갖게 되는 순간에도 행복했다. 가족과 내 주변에서 일어나는 일들이 모두 소소한 행복으로 다가왔다.

하지만 50대 이후는 웃음이 많이 줄어든다. 그만큼 행복할 거리를 찾기 힘든 것이 원인일 수도 있다. 40대까지 내가 아닌 다른 사람들 속에 있는 나로 살았기 때문에 주변에서 벌어지는 일들에서 행복을 찾을 수 있었다. 50대는 다르다. 주변에서 행복을 주던 대부분의 사람과 일은 이제 없거나 행복을 주는 횟수나 양이 현저하게 줄어든다. 오히려 외로움으로 힘들지 않으면 다행이다. 이제는 나로부터 행복을 찾아야 한다. 그래서 50대부터는 건강과 더불어 마음의 안정이 아마도 행복과 대체할 수 있는 단어가 아닐까 생각한다. 건강도 마음의 안정이 있어야 가능하다.

잠깐 행복에 관해 얘기를 해보려고 한다. 행복은 기쁨의 크기보다 얼마나 자주 느끼는지가 중요하다. 연세대 심리학과 서은국 교수는 『행복의 기원』에서 "한 번의 커다란 기쁨보다 작은 기쁨을 여러 번 느끼는 것이 더 좋다. 시간은 기쁜 일도 슬픈 일도 생각한 것보다 빨리 지운다. 대학생들의 행복감을 2년 동안 추적해보니 대학생들이 일상에서 겪는 좋은 일들과 나쁜 일들이 행복에 미치는 영향은 약 3개월이었다."라고 얘기한다. 일부 실험적인 예이지만 행복의 유효기간이 짧다는 건 분명하다. 하버드 대학교 심리학과 댄 길버트 교수도 행복과 불행의 유효기간을 3개월이라고 하였다. 50억 원의 복권이 당첨되는 기쁨과 친구의 죽음이 주는 슬픔 모두 3개월이 지나면 일상으로 되돌아간다는 것이다.

그래서 행복해지려면 행복한 상황을 자주 만들어야 한다. 일상에 대한 감사와 작은 것에 대한 감동, 나를 사랑하는 자존감 등 행복을 내 마음에서 만들고, 그 횟수를 늘려가야 한다.

50대가 행복해지려면 마음 그릇의 크기가 매우 중요하다.

마음 그릇의 크기는 체구와 상관없다. 나는 키는 작다. 하지만 체구는 작지 않다. 넓은 어깨와 근육이 많은 엉덩이, 허벅지 등은 작은 키를 보완하고 있다. 스스로 이런 표현을 하기가 민망하긴 하다. 나는 단골 한의원에서 침을 맞을 때마다 몸에 근육이 많다는 얘기를 자주 듣곤 한다.

어쨌든 체구와 별개로 마음 그릇의 크기는 어떤지 모르겠다. 내가 생각할 때는 지금은 마음 그릇의 크기가 큰 것 같다. 최근 실패와 힘든 상황을 겪으면서 마음이 매우 단단해졌다. 그리고 꾸준히 그 그릇의 크기를 키우기 위해 노력하는 중이다. 지금 이렇게 책을 쓰고 있고, 계속 독서를 하는 등 읽고 쓰고 많은 것을 보고 듣고 체험하고 있다. 사람과의 관계도 점점 넓혀가고 있다. 만나서 편하게 얘기할 수 있는 사람, 일상을 나눌 수 있는 사람, 취미를 같이 하는 사람 등은 마음의 평안을 가져온다. 나무는 그늘이 넓어야 많은 사람이 쉬어갈 수 있듯이 사람도 마음의 그릇이 커야 많은 사람을 평안하게 할 수 있다. 그러면서 나 자신도 평안해진다.

50대부터 행복해지려면 나 자신부터 변해야 한다. 마음에서 행복을 찾으면 삶도 행복해진다. 마음 그릇을 키우면 그 안에 담기는 행복의 양과 행복을 느끼는 횟수가 많아진다. 큰 배는 작은 파도에 휩쓸리지 않는 법이다. 사소한 것으로 걱정하며, 후회하고, 계속 생각하면서 나의 행복을 갉아먹는 일은 없어야겠다.

마음 그릇의 크기는 50%는 타고 나지만 나머지 50%는 키울 수 있다. 그

나머지 50%가 선천적인 50%를 훨씬 능가하는 예도 종종 있다. 행복한 마음도 자신이 만들 수 있다.

이제부터라도 마음 그릇의 크기를 키우는 것에 집중할 때이다.

| 02 |

# 미세먼지가 내 마음을 삼키다

"미세먼지가 마술을 부린다. 선명하던 하늘을 잿빛으로 물들이고, 또렷하게 보이던 잠실 롯데타워를 삼켜 버려서 보이지 않게 한다. 이와 마찬가지로 사람들의 생활과 마음을 삼킨다."

나는 미세먼지 전문가로 박사학위를 받았고, 관련 연구도 약 11년 했으며, 미세먼지 정책 부서에서도 4년 반을 근무했다. 지금은 다른 분야에서 근무하고 있지만, 여전히 미세먼지 얘기가 편하다. 그래서 미세먼지에 관한 얘기를 잠깐 해보려 한다.

미세먼지는 일반적으로 미세먼지(PM-10)와 초미세먼지(PM-2.5)로 구분한다. 구분의 기준은 먼지의 크기인데, 크기가 10 마이크로미터(㎛)보다 작은 먼지를 미세먼지, 2.5 마이크로미터(㎛)보다 작은 먼지를 초미세먼지라고 부른다. 마이크로미터는 길이를 나타내는 단위로 1m보다 백만분의 1만큼 작은 길이이다. 크기에 대한 감이 잘 안 오는 사람들을 위해 이해하기 쉽게 비유를 해보자. 사람 머리카락의 굵기는 일반적으로 50~70 마이크로미터(㎛)이다. 사람 머리카락과 비교했을 때 미세먼지는 약 1/6, 초미세먼지는 1/20~1/30 정도의 크기이다. 그만큼 크기가 작아서 일반적으로 우리 눈에는 잘 보이지 않는다. 전자현미경처럼 특수한 장비를 이용해야 미세먼지의 모양을 관찰할 수 있다.

미세먼지는 2013년에 세계보건기구(WHO) 산하에 있는 국제암연구소(IARC)에서 발암물질로 규정했다. 이때부터 우리나라 언론에서 미세먼지의 위험성에 대해 집중적으로 보도하고, 사람들의 관심은 점점 커져만 갔다. 2018년과 2019년에는 미세먼지가 국가적인 문제로 주목받아 다양한 정책들이 쏟아져 나왔고, 한 해에 미세먼지와 관련된 법이 8개나 제정되거나 개정되었다. 한 개의 법이 만들어지고 개정되는데 많은 시간과 노력이 필요하다는 것을 생각하면, 국회에서도 미세먼지 문제에 얼마나 큰 관심이 있었는지 짐작할 수 있다.

앞에서도 말했듯이 나는 미세먼지 전문가이다. 숯불로 고기를 직접 굽는 음식점에서 배출되는 초미세먼지에 관한 연구로 박사학위를 받았다. 연구직 공무원으로 근무하면서 대기오염 문제를 연구했다. 그중에서 미세먼지가 주된 연구 주제였다. 연구 결과를 국내·외 학술지에 논문으로 게재하고, 학술대회, 심포지엄, 세미나 등에서 발표도 많이 했다.

서울시청의 미세먼지 관련 정책부서에서 근무할 때는 미세먼지 전문가의 자격으로 근무하면서 고농도 미세먼지에 대한 대응이 주요 업무였다. 그래서인지 시청에서 근무하는 동안 미세먼지 농도가 높은 시기에는 몸과 마음이 황폐해졌다. 업무 특성상 미세먼지 농도가 높으면 비상 근무 때문에 약속을 취소한 예도 많다. 그 이후에도 약속을 마음껏 잡을 수 없는 것은 너무나 당연하다. 내가 흔히 하는 표현이 있다. "미세먼지가 생활을 삼킨다." 심지어 이 제목으로 수필을 썼다. 그 수필은 2021년 공무원 노동 문학상 수필부문에서 우수상을 받기도 했다. 수상작은 책의 부록에 실어 놓았으니 읽어보면 좋겠다.

　미세먼지가 삼킨 일상에 대한 스트레스는 마음 근육을 약화하기에 충분했다. 주로 고농도 미세먼지가 발생할 때, 스트레스가 심해진다. 나는 고농도가 발생할지를 5일 이후까지 예측할 수 있다. 5일 동안의 자료를 보면서 고농도가 발생할 것을 아는 순간부터 스트레스가 밀려온다. 고농도 미세먼지 현상은 나의 의지와 상관없이 발생할 수 있어서 예측하는 순간부터 실제 발생하는 시기까지 계속 긴장의 연속이다. 나에게는 고농도에 대응하는 업무도 힘들지만, 평범한 일상이 사라져 버리는 것에 대한 스트레스가 더욱 심했다. 또한, 미세먼지는 그 자체로도 우리 몸에서 면역력을 떨어뜨리고, 우울증 발생 확률을 높이는 등 마음을 약화한다.

　미세먼지는 주로 인간의 활동으로 발생한다. 국내에서 발생한 미세먼지가 문제가 되기도 하지만 국외에서 유입되는 먼지도 상당한 양을 차지한다. 서풍 계열의 바람이 불고, 우리나라에서는 바람이 한 점 없이 대기가 정체될 때 고농도 현상이 발생한다. 인간의 활동으로 미세먼지가 발생하지만, 기상 요인에 의해 더욱 심해지기 때문에 사람의 힘으로 통제하기 어려운 상황도 종종 있다. 그래서 미세먼지를 담당하는 공무원은 미세먼지 농도가 높아지는 시기에는 개인 생활을 거의 포기하는 경우가 대다수다.

　나는 미세먼지가 몸과 마음을 힘들게 할 때 맹자의 '천강대임'이라는 문

구를 떠올린다. 천강대임은 "하늘이 어떤 사람에게 임무를 수행할 수 있는지를 확인하기 위해 그 사람의 마음과 뜻을 고통스럽게 하고(苦其心志), 그 사람의 뼈와 근육을 수고롭게 하며(勞其筋骨), 그 사람의 몸과 피부를 굶주리게 한다(餓其體膚). 마지막으로 그 사람의 신세를 궁핍하게 한다(空乏其身)." 아마도 미세먼지 문제가 하늘과 관련되기 때문에 이 말에 위로를 받으면서 힘든 상황을 이겨내었나 보다.

고농도 미세먼지 문제처럼 살면서 우리의 의지대로 되지 않는 일들이 종종 발생한다. 어쩔 수 없는 상황에 대한 스트레스를 이겨내는 방법은 마음 근육을 단련하는 것이다. 미세먼지가 삼킨 마음도 결국 마음 근육이 이겨낼 힘을 준다.

| 03 |

# 독서로 마음 근육을 단련하다

"책 속에 길이 있다."

우리가 너무 많이 들어왔던 유명한 스웨덴의 격언이다. 우리 자녀나 주변 사람들에게 책을 읽으라고 권유할 때 자주 사용하는 말이다. 하지만, 나는 이해가 가지 않았다.

"정말 책 속에 길이 있을까?" 대체 책이 뭐기에 다양한 사람의 삶과 희로애락을 다 알고 길을 제시해 준다는 말인가? 최근 인터넷이 발달하면서 궁금한 정보나 지식은 네이버나 구글, 다음 등 인터넷 검색창에서 찾아볼 수 있다. 아마도 많은 사람들이 인터넷이 있는데 왜 굳이 책을 읽어야 하는지에 대한 의미를 찾기 힘들 것이다.

나도 최소한 2019년까지 그러했다. 당시만 해도 책을 일 년에 한 권을 읽을까 말까 했다. 40대 중반에 아들러의 심리학에 심취하여 관련한 책을 모두 찾아서 읽었던 경험을 제외하고, 책을 거의 읽지 않는 사람 중 하나였다. 나의 독서 경험은 초등학교까지 부모님이 사 주신 계몽사 전집이 거의 전부이다. 중학교, 고등학교에 다니면서 공부한다는 핑계로 책과는 자연히 멀어졌다. 사회생활을 하면서도 책은 가까이하기 어려운 존재였다. 바쁘다는 것이 가장 큰 핑곗거리였다.

그렇다면 자문했던 질문, "책 속에 정말 길이 있을까?"에 대한 답을 얻었을까? 답을 얻었다. 나의 답은 "책 속에 길이 있다."이었다. 책 속에는 정말 인생의 답이 있었다. 답을 찾기 위한 노력으로 독서를 할 생각조차 하지 않아서 전혀 몰랐다.

나는 세상에 책이 그렇게나 많다는 것에 대해 놀랐다. 이미 많은 작가에 의해 거의 모든 분야의 책이 세상에 탄생했다. 또한, 인생의 모든 문제에 대한 답이 그 책들에 담겨있었다. 서점과 도서관에는 인간의 문제를 다루는 인문 서적들이 너무 많다. 그동안 도서관에 가면 수험서나 전공 서적만 볼뿐 그 옆에는 수많은 인생 문제를 다룬 책들이 있었다는 것조차 나는 전혀 모르고 있었다. 한두 권씩 읽어 가면서 독서의 양을 늘리다 보니 모든 인생 문제에 대한 답이 책에 있었다는 것을 점점 깨닫게 되었다.

나는 책을 읽는 순간이 너무 행복했다. 신기하게도 책은 나의 힘든 상황을 이미 알고 있었고, 답도 제시해 주고 있었다. 나에게 복잡할 것만 같았던 문제에 대해 해결 방향도 모두 알려 주고 있었다. 어떤 책을 읽어야 할지 몰라서 찾지 못할 뿐 이미 세상에 나와 있는 책에는 모든 문제에 대한 답이 있었다. 한편으로는 책은 그동안 메말랐던 감정에 불씨를 지피고, 감동의 눈물도 흘리게 했다.

내가 살면서 가장 힘들었던 시기가 2020년이었다. 이제 좀 컸다고 부모의 말을 듣지 않는 아이들, 나에게 닥친 우연한 교통사고, 승진 실패와 그에 따른 수많은 오해와 구설수 등으로 엄청난 스트레스에 시달려야 했다. 그러한 일들이 혼자의 힘으로 해결할 수 있으면 좋겠지만 나의 의지로는 어쩔 수가 없는 상황들이었다. 무언가 외부에서 짓누르는 커다란 힘에 의지가 꺾이고, 안 좋은 일들은 운명처럼 한꺼번에 몰아닥쳤다. 아침에 일어나기가 싫었고, 스트레스 때문인지 가끔 심장이 너무 심하게 뛰었다. 머리에는 뾰루지 같은 작은 염증이 곳곳에 생겨나고, 가끔 머리에서 김이 모락모락 올라올 때도 있었으며, 머리를 만졌을 때 엄청 뜨거운 기운을 느낀 적도 많았다. 2020년 한 해를 그렇게 보냈다. '이러다 정말 죽을지도 모르겠다.'라는 생각이 들었다.

이때 나를 일으켜 세운 것은 바로 책이었다. 아무것도 하지 못한 채 힘들었던 2020년 한 해를 보내고, 2021년 첫날, 새벽에 혼자 깨어 조용히 자신을 둘러보았다. 내가 이렇게 약한 사람이었나? 무엇이 나를 이렇게 힘들게 하나? 어떻게 이 상황을 극복할 수 있을까? 여러 물음을 나에게 던져 보았다.

결국 나를 힘들게 하는 것은 마음이라는 생각이 들었다. 마음을 안정시키기 위해서 딱 두 가지만 꾸준히 하자고 결심했다. 그 간절한 마음으로 시작한 것이 독서와 매일 감사일기 쓰기였다. 당시에는 어떻게든 힘든 상황을 벗어나고 싶었다. 정말 살고 싶었다. 만약 당시의 상황을 지속하였다면 잘못된 일이 날 수도 있겠다는 생각까지 들었다. 그렇기에 독서는 나의 생명의 은인과도 같다. 감사일기처럼 글쓰기도 마찬가지다.

독서에 몰입하는 순간에는 행복감이 밀려온다. 책을 싫어하는 사람에게는 오히려 독서가 지루할 수 있다. 어떤 사람에게는 시력이 나빠져서 책에 적힌 글자가 보이지 않을 수 있다. 또 다른 사람에게는 페이지를 넘기면 분명 이전 페이지를 읽었는데 어떤 내용이었는지 전혀 생각나지 않을 수도 있다. 이는 모두 독서에 집중하지 않아서 발생하는 경우인 것 같다. 하지만 독서에 한 번 몰입해보라. 지금까지와는 전혀 다른 경험을 할 수 있다. 이는 과학적으로도 설명되고 있다.

독서에 몰입하면 행복해진다. 몰입 상태가 뇌에 행복을 준다는 것은 과학적으로 알려져 있다. 몰입할 때 행복의 신경전달물질로 알려진 도파민 분비가 활성화되기 때문이다. 도파민은 신경전달물질인데, 도파민이 분비될 때 뇌의 집중과 주의를 불러온다. 그로 인해서 쾌감을 유발하며, 삶의 의욕을 불러일으키고, 창조성을 발휘하게 한다.

몰입은 뇌의 파문에도 영향을 준다. 우리가 하는 행동에 따라 뇌에는 파장이 달라진다. 몰입할 때에는 알파파와 세타파의 중간 정도 파장이 나온다. 알파파는 조용히 휴식을 취하고 있는 상태에서 나타나는 파장이고, 세타파는 졸거나 잠이 들기 직전의 상태에서 발생한다. 몰입하면 나타나는 파장은 우리 몸이 휴식을 취하거나 잠이 들기 전의 편안한 상태가 되게 한다.

영국의 문인이자 저널리스트인 리처드 스틸이 "독서가 정신에 미치는 효과는 운동이 신체에 미치는 효과와 같다."라고 얘기함으로써 독서의 효과를 잘 정리했다. 앞에서도 얘기했듯이 운동은 신체적으로 건강해지는 데 필요하다. 이와 마찬가지로 독서는 마음을 풍요롭게 하려면 반드시 해야 하는 중요한 일이다.

독서가 우리에게 주는 다른 선물로 책에는 감동이 있다. 내가 어렸을 때 감동하였던 책이 있다. 19세기에 러시아를 대표하는 소설가인 레프 톨스토이의 『바보 이반』이다. 이 책으로부터 받은 감동은 어른이 된 지금까지 가슴에 생생하게 남아 있다. 남들이 보기에 항상 손해만 보고 바보와도 같은 이반이지만 결국엔 꾸준함으로 성공에 이른다. 다른 사람의 손가락질에도 이반은 확고한 신념으로 바보처럼 자신의 길을 꾸준히 간다. 그러다 보면 항상 이반이 원하는 결과를 얻을 수 있었다. 나는 항상 성공하는 이반이 부러워서라기보다 남들의 시선보다 자신의 철학을 세워 성실하게 나아가는 바보 이반의 모습이 감동으로 다가왔다.

소년이었을 때 읽었던 『바보 이반』으로부터 받았던 감동을 떠올리다 문득 내가 2020년 그토록 힘들었던 근본적인 이유가 결국 '나'였다는 생각이 들었다. 다른 사람의 시선을 너무 의식해서 자기 자신이 가장 중요한 존재라는 것을 잊고 있었다. 바보 이반처럼 남을 의식하기보다 나에게 집중하여 문제를 바라보면 답을 쉽게 찾을 수도 있었다. 이처럼 비록 어렸을 때 받은 감동이지만 성인이 된 지금까지도 여전히 마음에 남는다. 책에서 얻는 인생의 지혜는 덤이다.

안타깝게도 최근에는 IT 기술과 인터넷이 발달하면서 서점에서 책을 사서 읽는 경우가 점점 줄어들고 있다. 인터넷에서는 책을 읽어주는 서비스까지 등장했고, 책의 내용을 소개하는 TV나 라디오 프로그램도 인기다. 심지어 페이스북, 유튜브, 블로그 등 사회관계망서비스(SNS)에서도 책 소개와 간추린 요약을 볼 수 있다. 굳이 서점에 가서 종이책을 구매하지 않더라도 책을 접할 기회가 많아졌다. 한편으로 생각하면, '독서까지 너무 편한 기술들로 대체되는 것은 아닐까?' 하는 생각이 들기도 하지만 그 기술들로 인해 사람들이 책과 좀 더 친밀하게 다가가는 기회를 가질 수 있을 것 같기도 하다.

나는 여전히 실제 서점이나 도서관에서 책을 사거나 빌려서 책장을 넘기며 보는 것에서 독서의 더 큰 감동을 얻고 있다. 그러면서 독서의 마무리는 글쓰기로 하고 있다. 글쓰기는 독서를 통해 얻은 생각을 정리하는 과정이다.

내가 지금 이 책을 쓰는 이유는 우선, 책을 쓰면서 나를 만나고 돌아보는 시간으로 삼고자 하였다. 『쓸수록 내가 된다』의 저자 손화신 작가처럼 갑갑하고 미칠 때 글을 쓰면서 나를 찾아가는 여행을 한다. 다음으로, 매 순간에 최선을 다하는 '나'를 사랑하는 감정, 그 감정에서 오는 감동을 누군가와 공유하고 싶어서이다. 『나는 나를 사랑해서 책을 쓰기로 했다』의 저자들도 나처럼 자신을 사랑하기에 책을 쓰게 되었다고 한다. 자신을 사랑하게 되는 벅찬 감동을 같이 공유하고 싶은 생각은 나만이 아닌가 보다.

워런 버핏의 인생 조언 중 "독서를 이기는 건 없다."가 있다. 마음 근육도 독서를 하면서 단련할 수 있다.

| 04 |
# 힘든 순간에도 웃을 수 있다

"왜 사냐건 웃지요."

김상용 시인의 「남으로 창을 내겠소」라는 짧고 아름다운 시의 한 구절이다.

세상에는 평탄한 길만 존재하지 않는다. 고속도로처럼 넓고 쭉 뻗은 길도 있지만, 오솔길처럼 구불구불하고 좁은 도로도 있다. 오히려 고속도로보다 좁은 오솔길이 더 많다. 인생도 마찬가지이다. 살면서 항상 기쁘고 즐거운 일만 있으면 좋겠지만 현실은 전혀 그렇지 않다.

인간은 감정의 동물이다. 희로애락애오욕(喜怒哀樂愛惡慾)은 인간이기에 느끼는 기본적인 감정이다. 기쁨, 노여움, 슬픔, 즐거움, 사랑, 미움, 욕심을 의미하는 이 7가지를 불교에서는 7정이라고 한다. 이렇게 다양한 감정을 느낄 수 있는 것은 삶이 항상 기쁘고 즐거운 일만 있지 않다는 것을 의미한다.

아마도 노여움, 슬픔, 미움, 욕심의 감정이 있기에 기쁨과 즐거움을 더 크게 느낄 수 있고, 사랑이라는 감정에 대한 소중함을 알 수 있을 것이다. 고속도로를 운전한 경험을 떠올려 보자. 고속도로의 기능은 차량을 빠르게 이동할 수 있도록 하는 것이다. 그런 목적을 위해서라면 도로의 높낮이도 비슷하게 하고, 쭉 뻗은 직선도로로 만들어야 할 텐데 실제로는 그렇지 않다. 고속도로에서는 가끔 오르막길과 내리막길, 좌우 회전 구간을 만날 수 있다. 그 이유는 운전할 때 지루하고 졸린 상황을 피하기 위해서이다. 인생에서도 항상 기쁘고 즐거운 일만 있다면 심심하고 지루할 것이다. 사람이 슬픈 감정을 느낄 수 있기에 기쁨과 즐거움이라는 감정이 더욱 소중하다.

세상에서 일어나는 모든 일은 항상 변화하기 마련이다. 그래서인지 "모든 일에 일희일비하지 마라."라는 말을 우리는 살아가면서 수도 없이 들어왔다. 좋은 일 이후에는 나쁜 일이 따라오기 마련이며, 나쁜 일에도 좋은 일이 포함되어 있다. 살면서 항상 힘들고 어려운 일은 번갈아 가며 경험하게 되어 있다. 중요한 것은 그 힘든 순간을 어떻게 현명하게 대처하는가이다. 힘든 순간에도 웃을 수 있는 마음의 여유를 가지고 있어야 일희일비를 하지 않을 수 있다.

나는 2020년에 승진에 실패했다. 연구직 공무원은 연구사와 연구관의 두 개 직급으로만 구성되어 있다. 퇴직하기 전까지 단 한 번만 승진하게 된다. 그래서인지 승진은 마음처럼 쉽지가 않다. 시청에서 힘들게 고생하면 승진을 할 수 있다고 생각했는데 현실은 생각처럼 되지 않았다.

당시에는 승진 실패가 나의 무능함에서 나온 것이라는 실망으로까지 생각이 미치자 너무 힘들었다. 하지만 그 시기를 지나고 나니 다른 기회를 얻은 것 같아 평안해졌다. 오히려 2020년에 승진했으면 나의 인생에서 독이 되었을지 모른다는 생각마저 하고 있다. 그동안 큰 실패 없이 계속

된 성공으로 자만심에 넘쳐 있었다. 또한 남에 대한 배려보다 나밖에 모르는 사람으로 인식되어 주변의 인심을 많이 잃었을지도 모른다.

승진 실패는 잠시 인생에서 쉼표를 찍으면서 자신을 돌아볼 수 있는 시간을 주었다. 이때 독서의 쾌감과 글쓰기의 행복도 느꼈다. 당시에는 너무 힘들었지만 돌아보니 너무 슬퍼할 일은 아니었다. 이 경험으로 새로운 기회가 찾아왔다. 이것만 보더라도 인생은 일희일비할 필요가 없다는 확신이 든다.

이와 관련한 고사성어로 '새옹지마'가 유명하다. 중국 국경에 한 노인이 살고 있었다. 어느 날 노인이 기르던 말이 오랑캐 땅으로 도망쳤다. 주변에서는 "어쩌면 좋아요. 그 좋은 말이 달아나 버렸으니."라며 아쉬움을 얘기하자 노인은 "이 일이 좋은 일이 될지 누가 알겠소?"라고 말했다. 얼마 후, 노인의 말은 오랑캐의 뛰어난 말을 데리고 돌아왔다. 그러자 이번에는 주변에서 축하의 말을 건네자 노인은 "이 일이 화가 될지 누가 알겠소?"라며 대수롭지 않게 대했다. 며칠 후 노인의 아들이 오랑캐의 말을 타다 떨어져 다리가 부러지는 슬픔이 있었지만, 1년 후 오랑캐가 쳐들어왔을 때 마을의 장정들이 오랑캐와 싸우며 모두 죽을 때 노인의 아들은 살아남았다.

좋은 일과 나쁜 일은 언제, 어떤 방법으로 우리에게 다가올지 예측할 수 없다. 항상 기뻐하거나 슬퍼할 일만 있는 것은 아니니 모든 일에 일희일비하는 것은 큰 의미가 없다.

그런데도 힘들거나 슬픈 순간에 웃는 것은 쉬운 일이 아니다. 그러한 일들이 자신에게 왔을 때 괴로워하고 힘든 것은 너무나 당연하다. 우리는 감정이 있는 사람이니까 그렇다. 힘든 감정을 너무 참으려 하지 말고, 당시 감정에 충실할 필요는 있다. 하지만 그 감정에 빠져 있는 시간을 줄여야 한다.

이는 마음 근육을 단련해야 가능하다. 앞에서도 얘기했듯이 큰 배는 작은 파도에 휩쓸리지 않는 법이다. 마음 근육을 단련하여 그릇의 크기를 키우면 작은 일에 일희일비하지 않는 평정심을 유지할 수 있다. 독일의 자기계발 분야 상담 코치로 활동하고 있는 토마스 호엔제는 『평정심, 나를 지켜내는 힘』에서 "우리는 필요 이상으로 괴로워하고, 화를 내고, 겁을 먹고, 우울해한다. 그 반응이 선택에 따라 달라진다는 사실을 의식하면 느긋한 반응을 선택할 수 있는데도 불구하고, 대부분 사람은 특정 상황에서 화를 내고, 걱정하며, 우울해하는 것이 당연하다고 생각하며 그렇게 행동한다."라고 말하고 있다. 즉 대수롭지 않은 일까지 큰일처럼 확대하여 일희일비하는 것이 일반적이지만, 자신의 감정을 통제하면 그렇지 않을 수 있다. 사람은 자신의 감정을 스스로 선택할 수 있다는 것이 다른 생물과 다른 점이다. 만약 자기 자신이 평정심을 선택하면 오히려 평안해질 수 있다.

웃음은 마음 근육을 단련하기 위한 좋은 방법이다. "행복해서 웃는 게 아니라 웃기 때문에 행복하다."라는 말이 있다. 웃음은 뇌에 긍정성을 높여서 행복감은 높이고, 슬픔의 정도를 약화한다.

어머니가 병원에서 계속 혈액암으로 투병하시면서 잠깐 외출을 허락받았을 때였다. 급하게 서울 인근에 좋은 장소를 예약하여 가족 여행을 갔었다. 가족들이 모두 모여 있는 모습이 보기에 좋으셨는지 어머니께서

환하게 웃으셨다. 비록 몸이 편찮으시고 통증으로 고통스러우셨을 텐데도 밝게 웃으시는 당신의 모습을 보면서 가족들 모두 눈시울을 붉혔다. 어머니는 그 순간에 웃음으로 가족들에게 행복을 안겨주셨다. 힘든 순간에도 웃음으로써 자신뿐만 아니라 다른 사람들에게도 행복감을 주셨다.

힘든 순간에도 웃을 수 있을 정도의 마음의 크기를 가지도록 노력하는 것은 50대 이후부터 할 일이다. 그런 다음에야 절반이나 남은 삶에서 행복의 양과 행복을 느끼는 횟수를 늘릴 수 있다.

| 05 |

# 이것 또한 지나가리라

"지나간 시간은 다시 돌아오지 않는다."

지금 이 순간은 한 번 지나고 나면 절대 돌아오지 않는 과거가 된다. 우리가 과거를 되돌리려고 해도 절대 그럴 수 없다. 과거로 돌아가는 타임머신이 지금 시대에 있을 리가 없다. 만약 타임머신이 있어서 과거로 돌아간다고 해도 그 시간에 내가 가진 감정은 지금과는 다르다. 온전히 지금이라는 시간을 다시 찾을 수 없는 것처럼 세상 모든 것도 시간의 흐름에 따라 변한다. 우리의 감정도 시간의 흐름에 따라 변하기 마련이다. 지금 가지고 있는 감정이 한 시간 후에 다른 감정이 되어 있을 것이고, 이미 과거가 되어버린 한 시간 전의 감정과 또한 다르다.

사람이 인공지능이 되지 않는 한 지나간 기억들은 머릿속에서 점차 사라진다. 만약 지나간 일들을 모두 기억하는 사람이 있다면 생각들로 머리가 넘쳐나고 더 들어갈 공간이 없어서 결국 죽게 될 것이다. 오늘 너무 슬프고 힘들었더라도 잠을 자고 일어나면 많은 생각이 정리되고, 격했던 감정은 수그러드는 경험들을 다들 했을 것이다. 좋은 일이든 나쁜 일이든 우리의 머릿속 기억은 오랫동안 지속되지 않는다.

새로운 생각과 감정들이 기억의 자리를 대신 채운다. 과거는 점점 잊혀가는 추억으로 사라져 버린다. 그러니 순간의 감정에 매몰되어 나를 던져버리는 것은 잘못된 생각이다. 그럴 때마다 잠깐 시간을 흘려보내는 것이 좋은 방법이다. 일본의 유명한 소설가인 무라카미 하루키는 이에 대해 다음과 같은 말을 남겼다.

"순간은 지나가도록 약속되어 있고, 지나간 모든 건 잊히기 마련이다. 어차피 잊힐 모든 일들을 얹고 왜 굳이 이렇게 힘들어 하면서까지 살아가야 하냐는 게 아니다. 어차피 잊힐 테니, 절망하지 말라는 것이다."

"이, 또한, 지나가리라(This, Too, Shall Pass)." 고등학교 영어 시간에 자주 봤던 문구이다. 아마도 당시 영문법 분야의 교과서 격인 성문종합영어에서 보았던 것으로 기억하고 있다. 이 말은 지혜의 상징으로 알려진 솔로몬이 한 말로 알려져 있다. 보잘것없는 목동이었던 다윗이 왕위에 오른 뒤 교만함과 절망감에 빠질까 두려워서 반지를 만들어오게 명령했다. 반지를 다 만들고, 반지에 새겨 넣을 문구를 고민하던 차에 솔로몬이 이런 문구를 제안한다. "이 또한 지나가리라." 다윗왕은 이 말이 새겨진 반지를 평생 소중하게 간직했다고 전해진다.

다시 봐도 명언이다. 아니 지금 보니 정말 훌륭한 문구이다. 지금, 이 순간 인간이 느낄 수 있는 희로애락애욕정이라는 다양한 감정도 결국 시간이 흐르면서 과거가 된다. 지금의 감정이 아닌 셈이다. 그래서 혹시 지금 너무 힘들더라도 시간이 지나면 그 또한 지나갈 것이기 때문에 너무 슬퍼할 필요는 없다. 모든 것은 시간이 가면 지나가고 잊히기 마련이다.

사람은 살면서 정말 많은 일을 경험한다. 각자 다양한 인생을 살기에 경험하는 일의 종류도 너무 다르다. 단지 몇 분 차이로 태어난 일란성 쌍둥이조차도 운명이 다르고, 삶도 다르게 살아간다. 기쁘고 즐거운 일부터 슬프고 절망스러운 일까지 우리 삶으로 다가오는 일의 양과 크기는 정말 다양하다.

'진인사대천명'이라는 말처럼 사람의 일은 오직 하늘만이 알 수 있다. 예상하지 못한 일들은 항상 발생한다. 최근 코로나-19나 기후변화처럼 불확실성이 높은 시기에는 더욱 그렇다. 당장 내일 발생할 일조차 예측할 수 없다. 그래서 지금, 이 순간에 기뻐도 너무 기뻐하지 말고, 슬퍼도 너무 슬픔에 빠져 있을 필요가 없다.

과거는 지금 나에게 큰 영향을 줄 수 없다는 사실을 명심하자. 자신의 화려했던 과거를 주변 사람에게 얘기한다면 오히려 '꼰대'라는 소리를 듣기 십상이다. 과거의 일을 후회한들 다시 그 일은 되돌릴 수 없다. 미래에 벌어질 일도 역시 아무도 알 수 없어서 나에게 큰 영향을 주지 못한다.

중요한 것은 매 순간 자신이 하는 일과 해야 할 일에 최선을 다해야 한다. 목표를 세우고, 계획한 바대로 최선을 다하다 보면 미래가 정해져 있지는 않지만, 의도한 대로 될 가능성이 매우 커진다. 현재에 집중하기 위해서는 마음의 맷집을 키우는 것이 좋다. 시간이 지나면서 나에게 발생했던 일은 쉽게 잊힌다. 다만 마음에 그 일에 대한 감정이 잔상으로 남아 오랜 시간 나를 괴롭힌다. 마음의 맷집을 키워서 웬만한 상처로는 상처를 받지 않고, 기쁨으로 자만에 빠지거나 교만하지 말아야 한다.

세상에 변하지 않는 진리는 "변하지 않는 것은 아무것도 없다."라는 것이다. 시간이 지나면서 모든 것은 변한다. 이 또한 지나갈 것이니 매 순간에 집중하고, 너무 감정에 몰입해서 가슴에 오래 남겨두면 안 된다. 50대는 마음의 맷집이 많이 약해질 때이다. 이럴수록 마음의 맷집을 키워 모든 상황을 유연하게 대처하는 것이 중요하다.

오늘의 걱정은 내일이면 지나간다.

## | 06 |
# 자존감은 가장 중요한 마음 근육이다

"우리는 인생의 무대에서 주인공이다. 내가 주인공이 될 수 있는 가장 확실한 무대는 바로 내 인생이다."

인생이라는 연극 무대에서 주인공은 바로 나 자신이다. 모든 연극에서 그러하듯이 주인공을 중심으로 주변인들의 삶이 펼쳐진다. 주인공의 주변에는 많은 사람이 스쳐 가고, 그 사람들로 인해 주인공은 울고, 웃기도 하며, 기쁘고 슬퍼하기도 한다.

많은 사람의 중심이 되는 주인공은 항상 자신을 믿고 사랑할 수밖에 없다. 무대에서 자신은 유일한 존재이다. 자신에 대한 자신감이 없으면 인생이라는 무대에서 주인공이 될 수 없다. 내 인생의 연극 무대에서는 다른 사람이 대신 주인공을 해줄 수는 없다. 내가 주인공이니 나 자신을 믿고 사랑해야 한다.

나를 사랑하는 가장 좋은 방법은 자존감을 높이는 것이다. 자존감은 자기를 존중하는 마음 즉, 자신을 사랑받을 만한 가치가 있는 소중한 사람이라고 여기는 것이다. 이는 나를 진심으로 사랑할 때 가능하다. 다른 사람의 나에 대한 평가는 더는 중요하지 않다.

다른 사람과 좋은 관계를 위해서라도 나 자신부터 나를 사랑해야 한다. 앞서 얘기했듯이 내 인생이라는 무대에서 주인공은 바로 나이다. 관객의 기준과 평가에 따라 주인공의 역할이 바뀐다면 그 무대에서 나는 절대 주인공이 아니다. 내 삶이 아닌 다른 사람의 삶을 살다 인생을 마무리하게 된다.

나 자신을 사랑하고 존중할 때 관계에서 발생한 사소한 화를 다스리는 것도 가능하다. 화는 관계를 망치고 자신의 건강까지 망친다. 화로 인한 스트레스는 코르티솔이라는 호르몬을 분비시키고, 이로 인해 수명이 단축된다. 화가 나면 일에 집중도 안 되고, 몸에 열이 나고 정신이 혼미해짐을 느낀다. 절대적으로 화는 건강에 치명적인 악영향을 준다. 링컨은 "무엇이 그 사람을 화나게 하는지 보면 그 사람이 얼마나 훌륭한 사람인지 판단할 수 있다."라고 하였다. 자존감이 있으면 큰 배처럼 작은 파도에 휩쓸리지 않는다. 넓고 긴 인생이라는 망망대해도 충분히 헤쳐나갈 수 있다.

나는 핸드폰 바탕화면에 '도리성혜(桃李成蹊)'라는 문구를 넣고 다닌다. 가끔 바탕화면을 보면서 그 말의 의미를 되짚어 보곤 한다. '도리성혜'는 사기(史記)에 나오는 '도리불언(桃李不言) 하자성혜(下自成蹊)'의 줄임말이다. 복숭아와 자두나무는 말이 없지만, 꽃이 곱고 열매의 맛이 좋다. 그래서 사람들에게 오라고 하지 않아도 찾아오는 사람이 많아 나무 밑에는 저절로 길이 생긴다는 의미이다. 미덕이 있는 사람은 자신이 자랑하고 다니지 않아도 사람들이 저절로 따르기 마련이다. 이와 마찬가지로 자신을 사랑하는 사람은 복숭아와 자두나무와 같아 다른 사람들이 나를 사랑하게 하는 강력한 힘이 있다.

반면 자존감이 낮으면 자기 자신도 너무 고통스러울 뿐만 아니라 다른 사람에 대해서도 부정적인 관계가 된다. '나'라는 존재가 하찮게 느껴질 때 자존감은 한없이 낮아진다. 자존감이 낮은 사람들은 자신의 주장이 없고, 타인의 의사에 의존적인 경우가 많다. 자신이 결정한 것이라도 주변에서 충고, 조언 또는 이견을 말하면 그 결정은 뒤죽박죽이 된다. 이것까지는 괜찮다.

  자존감 낮은 사람이 관계를 망치는 대표적인 행동은 험담을 하거나 남을 깎아내리는 말을 하는 것이다. 자존감이 낮으면 열등감과 자격지심이 그 자리를 차지한다. 항상 남을 경쟁이나 비교의 대상으로 한다. 자신보다 비교 자체가 안 될 정도로 뛰어난 사람은 무조건 찬양하고, 자신과 비슷하거나 아래로 보이는 사람은 대놓고 부시한다. 그러니 다른 사람과의 관계가 원만할 리 없다. 오히려 이런 사람은 사람과의 관계에서는 해로운 존재이다.

  자존감을 키우려면 무엇인가에 집중하는 것이 좋다. 프리드리히 니체는 『짜라투스트라는 이렇게 말했다』에서 "자신을 진정으로 사랑하기 위해서는 먼저 무엇인가에 온 힘을 쏟아야 한다. 자신의 다리로 높은 곳을 향해 걸으면 고통이 따르지만, 그것은 마음의 근육을 튼튼하게 만드는 고통이다."라고 말했다. 집중하는 대상을 나로 하고, 나의 장점에 집중하면 자존감을 높일 수 있다. 그것이 앞에서도 얘기한 마음의 근육을 단련하는 좋은 방법이기도 하다.

  남과 비교를 하지 않는 것도 자존감을 지키는 데 필요하다. 미국의 26대 대통령이면서 노벨평화상을 받은 테디 루즈벨트는 "비교는 기쁨을 훔쳐 가는 도둑이다."라고 얘기한 바 있다. 남과의 비교는 쓸모없는 감정의 소모일 뿐 절대 인생에 도움이 되지 않는다. 남과 비교하지 말고 나를 사랑하면 될 뿐이다. 나와 다른 사람은 같을 수 없다. 비교 자체가 무의미하다. 굳이 비교를 통해서 나의 존재감을 낮출 이유는 더욱 없다. 자존감이 낮아서 나를 사랑하지 않으면 성공할수록 더욱 허기진다.

시청으로 출근할 때 환승역인 을지로3가역에서 다음과 같은 시를 보았다. 김영곤 시인의 「살다 보니」라는 시이다.

> 살며 너무 위만 쳐다봤더니 고개가 아프더라.
> 실은 내 영혼의 안식처 하늘이 아닌 땅이라서
> 늘그막에 철들어 아래를 본다.
> 떨어진 동전 한 닢 없던 길 느릿느릿 걷다 보니
> 왔던 길도 갈 길도 그리 먼 길이 아니더구나.

나를 행복하게 하는 가장 중요한 마음 근육은 자존감을 키우는 것이라고 감히 말할 수 있다. 남의 눈치를 보거나 남과 비교를 위해 올려다 보기만 하니 얼마나 아프고 피곤하겠는가? 스스로 자신을 존경하면 다른 사람도 나를 존경할 수밖에 없다.

| 07 |

# 그래도 괜찮아

"잠깐 쉬어가도 괜찮다. 지금부터 인생에서는 속도가 아니라 방향이 중요하다."

50대는 지치고 힘들 때다. 지금까지 열심히 앞만 보면서 달려왔기에 잠깐 쉬는 것도 괜찮다. 잘 쉬는 것이 중요하다는 것을 우리 스스로 너무나 잘 알고 있다. 잘 쉬는 것이 건강을 유지하는 비결이라는 것도 잘 알려진 사실이다. 충분히 쉬어야 행복한 삶도 이어갈 수 있다.

하지만 휴식하면서 죄책감을 느끼는 사람들이 의외로 많다. 편하게 쉬고 있는 것이 자꾸만 불안하게 느껴진다. 휴식하고 있는 자신의 모습을 보고 있노라면 무엇인가를 해야 할 것만 같은 생각이 들어선다. 모처럼 '연휴에 푹 쉬겠다.'라는 생각으로 온종일 영화나 TV 드라마를 보았던 경험이 있을 것이다. 그때 어떤 기분이었는지 생각해 보라. 마냥 편했었나? 아니면 '내가 이래도 되나?'라는 생각에 초조했었나? 이렇게 쉬면서도 마음이 불안한 사람들은 해소할 방법을 찾아야 한다.

만약 휴식을 취하고 있으면서 불안하고 초조하다면 램프 증후군을 의심해 볼 만하다. 램프 증후군은 일어날 가능성이 거의 없거나 해결할 수 없는 일에 대해 지나치게 걱정하고 불안해하는 현대인의 병적인 증상이다. 램프 증후군은 천일야화 이야기 중 하나인 '알라딘과 요술램프'에서 유래되었다. 램프 속 지니를 불러내는 것처럼 다양한 종류의 걱정을 수시로 꺼내 생각하면서 자신을 괴롭히는 것이다.

해야 할 일들에 대한 걱정으로 쉴 때조차 불안해하기도 한다. 하지만 우리가 너무 잘 알고 있는 것처럼 걱정의 96%는 우리의 힘으로 어쩔 수 없다. 걱정하는 일이 발생할 확률도 매우 낮다. 미국 심리학자 어니 젤린스키는 "우리가 하는 걱정의 40%는 절대 현실에서 일어나지 않는 일에 대한 것이고, 30%는 이미 일어난 일에 대한 것이고, 22%는 사소한 일에 대한 것이며, 오직 4% 정도만 우리 힘으로 바꿀 수 있는 일이다."라고 하였다. 걱정한다고 세상은 전혀 변하지 않는다.

모든 것은 자신에게 달려 있다. 자신의 마음을 다스려 몸을 편안하게 해야 한다. 그렇다고 게을러지라는 의미는 아니다. 게으름과 휴식은 엄연히 다르다. 휴식은 열심히 일한 나에게 내리는 일종의 선물이다. 그리고 힘들게 땀을 흘려 달려온 것에 대한 보상으로 잠깐 쉬면서 땀을 닦고 물을 마시면서 에너지를 충전하는 시간을 갖는 것이다.

미국의 유명한 MBA 프로그램인 와튼 스쿨의 최연소 교수이자 심리학자인 아담 그랜트는 자신의 인스타그램에서 "휴식을 게으름으로 오해하지 맙시다. 휴식은 죄책감이나 수치심의 원천이 되어서는 안 됩니다. 그것은 당신에게 근성이나 추진력이 부족하다는 것을 의미하지 않습니다. 당신이 인간이라는 뜻입니다."라고 게으름과 휴식을 구분 짓기도 했다. 휴식을 편하게 즐겨라. 그래도 괜찮다.

휴일에 쉬는 방법은 다양하다. 독서, 등산, 영화 관람, 여행 등 취미를 즐기면서 쉬는 것은 좋은 방법이다. 그래서 50대 이후에는 취미가 절대적으로 필요하다. 취미를 즐길 여유가 없거나 피로감에 움직일 힘도 없을 때가 있다. 집에서 몸을 꼼짝도 하기 싫다. 이럴 때는 온종일 누워서 TV를 볼 수도 있고, 영화나 음악을 감상하기도 한다. 문제는 몸이 편하기는 하지만 시간이 지날수록 불안감이 밀려온다. 반면 힘들어도 취미를 일단 즐기기 시작하면 정신적, 육체적으로 행복감을 느낄 수 있다.

무엇인가에 몰입하는 것도 휴식을 위한 좋은 방법이다. 앞서 얘기한 취미는 몰입을 위한 좋은 도구이다. 배드민턴, 그림, 등산, 뜨개질, 공예, 독서 등 자신이 좋아하는 것을 하다 보면 잡념이 사라진다. 걱정과 불안감, 초조함도 없어진다. 업무에서 오는 스트레스도 해소된다. 오로지 한 곳에 정신을 집중하다 보면 잡념과 스트레스 대신 행복감이 찾아온다. 그것이 바로 몰입의 힘이다. 취업포털 잡코리아와 웅진씽크빅 단행본출판그룹의 설문 조사를 보면 연령대별로 '나만의 성공'에 대한 정의가 달랐다. 50대의 응답은 '좋아하는 일에 몰입하는 순간'이 52.9%로 가장 많았다. 노스캐롤라이나 대학교의 수전 울프 교수는 『삶이란 무엇인가?』라는 책을 통해 '열정을 바칠 대상을 발견하고 그것에 몰두할 때 삶의 의미를 발견할 수 있다.'라고 말했다.

나의 가장 좋아하는 취미는 배드민턴이다. 배드민턴 게임을 할 때 몰입을 할 수 있다. 배드민턴 경기에서는 상대방의 코트에 셔틀콕을 떨어뜨리면 점수를 얻는다. 셔틀콕을 상대방 코트의 빈자리로 넘겨서 상대편이 다시 우리 코트로 넘기지 못하게 해야 한다. 상대편과의 심리전과 두뇌 싸움을 해야 하고, 우리 편 파트너와도 호흡을 잘 맞추어야 게임에서 이길 수 있다. 동호회에서 게임을 하면 주로 복식을 하며, 21점을 먼저 득점하면 이기는 방식으로 경기를 한다. 파트너와 상대가 누구냐에 따라 나와 셔틀콕의 움직임이 달라져서 게임은 항상 변한다. 그만큼 경기 결과를 예측할 수가 없어서 집중하게 되고, 몰입도는 최고가 된다.

그림을 그리는 것도 나의 취미 중 하나이다. 예전에 연구원 동호회에서 잠깐 그림을 그린 적은 있지만, 아직 많이 부족하다고 느껴서 동네 작은 화실에 등록했다. 연필로 그리는 그림을 배우기로 하고 삽화를 그리기 시작했다. 화실 선생님이 처음에 가이드를 하고, 대부분 내가 직접 그림을 그린다. 마지막에는 선생님이 그림을 고쳐 주신다. 약 2시간 정도 그림을 그리는 동안 그림 이외에 다른 생각은 전혀 할 수 없다. 머리는 백지상태가 되고, 오로지 그리려는 대상물에 집중하게 된다. 당시에는 머릿속의 모든 잡념이 완전히 사라진다. 완성된 작품을 보면서 자기 자신에 대해 감동을 하는 것은 덤으로 받는 선물이다.

몸을 움직일 수 없거나 싫어하는 사람들에게는 좋은 휴식 방법으로 명상이 있다. 온종일 아무것도 하지 않은 채 축 늘어져 쉬고 있어도 피곤함을 느낀다면 뇌가 피로한 것이다. 온종일 몸은 편하게 쉬고 있는데 여러 가지 생각이 떠올라 피로는 풀리지 않고 계속 찜찜함만 남는 경험이 있을 것이다. 이유는 몸은 쉬고 있어도 뇌가 쉬고 있지 못하기 때문이다. 뇌는 24시간 동안 쉼 없이 일한다. 뇌의 무게는 우리 몸의 2%도 채 안 되지만, 뇌가 사용하는 에너지는 몸이 사용하는 에너지의 20%를 차지한다. 그 에너지 중 60~80%는 아무것도 하지 않고 있는 상태에서도 공회전하며 소비된다. 우리의 뇌는 쉼 없이 계속 에너지를 소비한다. 이러니 우리의 뇌가 피로할 수밖에 없다.

명상은 뇌의 피로를 풀어줄 수 있는 효과적인 방법이다. 흥분한 교감신경을 안정시키고 편안한 휴식을 준다. 애플의 전 CEO인 스티브 잡스도 명상을 즐겨 했다. 가장 단순한 명상은 눈을 감고 편안하게 앉아서 어떠한 생각도 하지 않는 것이다. 미국 신경정신과 전문의인 구가야 아키라는 그의 저서 『최고의 휴식』에서 휴식의 방법으로 '마인드풀니스(mindfullness)'를 추천했다. 마인드풀니스는 마음 챙김 명상이다. "방전된 배터리를 충전하는 것은 진정한 휴식이 아니다. 자신의 뇌를 바꿔서 지금, 여기에 집중하는 마음의 근력을 갖는 것이 최고 휴식의 진짜 목적이다." 지금, 이 순간 내 앞에 있는 것에 집중하는 방법이 마인드풀니스이다. 육체적인 휴식도 중요하지만, 집중하면서 뇌를 쉬게 해주어야 한다는 것이 마인드풀니스의 핵심이다.

잘 쉬기 위해서도 기술이 필요하다. 클라우디아 해먼드는 저서 『잘 쉬는 기술』에서 휴식에도 기술이 있다고 했다. 125개국 1만 8천여 명이 참여한 휴식 테스트 결과를 통해 그 방법을 제시하였다. 책에는 참여자들이 '진정한 휴식으로 생각하는 10가지 활동'이 소개되어 있다. 그 순위를 보면 1위는 독서였다. 그다음은 자연 체험, 혼자 있기, 음악 듣기, 빈둥대기, 산책, 목욕, 몽상, TV 시청, 명상 순이다. 테스트 결과를 보면 혼자서 하거나 홀로 있는 것, 지금 처한 상황에서 잠시 물러나서 있는 것 등이 진정한 휴식이 된다.

독서가 1위라는 것이 약간 놀랍다. 나의 주변인들을 보면 독서를 좋아하는 사람을 찾아보기가 힘들다. 대부분 유튜브와 TV에 빠져 있는 경우가 많다. 클라우디아 해먼드는 독서가 휴식에 주는 영향도 분석했다. 6분 정도 몰입해서 독서를 하면 스트레스가 68% 줄고, 심박 수가 낮아지며 근육의 긴장이 풀린다. 책의 종류는 그다지 중요하지 않다. 현재 자기가 처한 상황과 거리가 먼 내용일수록 좋다. 그 사실을 반영이라도 하듯 "소설을 읽는 사람이 신문·잡지만 읽는 사람보다 평균적으로 2년 오래 산다."는 보고가 있다.

세계적인 아이돌 그룹인 방탄소년단의 노래 중에 이런 가사가 있다. "잠시 행복을 느낄 네 순간이 있다면 멈춰서도 괜찮아." 나의 아내와 막내딸이 아미이다. 아미는 방탄소년단의 팬클럽 이름이다. 집에 아미가 두 명이나 있어서 방탄소년단을 잘 알고 있다. 가족들끼리 여행을 가다 보면 차에서 듣는 노래 대부분이 방탄소년단의 노래이다. 처음엔 방탄

소년단이 누구인지도 잘 몰랐는데, 이제는 7명의 이름까지 모두 알 수 있을 정도로 좋아하게 되었다. 이 가사 역시 차에서 들으며 마음에 깊게 남았다.

마음에서 하나씩 내려놓는 것도 휴식을 취하는 방법으로 좋다. 사람과의 관계, 일 등 짊어지고 있는 것을 잠시라도 내려놓으면 몸과 마음은 가벼워진다. 너무 잘 알고 있는데 잘 내려놓지 못하는 것이 문제다. 고수는 힘을 빼는 법이다. 잠시 삶에서 힘을 빼도 좋다. 관계, 일, 생각 등 모든 것을 잠시 내려놓아 보자. 내려놓으면 얻는 것은 더 많아진다.

이 말을 명심하자. "그래도 괜찮아. 그래도 돼." 그래도 힘들면 참지 말고 견디어 내자. 참으면 억울하지만 견디면 덜 억울하니까.

| 08 |
# 마음이 모든 것을 만든다

"내가 보는 것은 마음이 만든 것이다."

세상은 내가 보는 대로 보인다. 어느 날 아침 시청의 자유게시판에 재미있는 글이 올라왔다. 이 글을 더욱 재미있게 했던 댓글이 또한 인상적이었다. 같은 상황에 대해 서로 다르게 보는 내용이 생각에 너무 오래 남아서 소개하려고 한다.

〈게시글〉 제목 : 진짜 아침 출근길에 너무나 화나고 열받았네요!

오늘 아침 출근길에 지하철에서 입구 쪽 근처 좌석 앞에 서서 가고 있는데 좌석에 앉아있던 여성분이 앉아있다가 갑자기 저를 밀치고 나가는데 그때 제 핸드폰이 떨어져서 너무 화가 나더라고요!

최소한 사람을 밀치면 사과를 하고 그로 인해 핸드폰의 액정이 나가거나 고장이 나면 보상을 하는 게 상식이 아닌가요?

심지어 그 핸드폰이 지하철 입구 쪽으로 떨어져서 분명히 저를 밀친 여성분도 그걸 보셨는데 오히려 저를 한번 쏘아보고 가더라고요!

다행히 제 핸드폰의 액정이 나가거나 고장 나진 않았지만 그래도 '죄송하다고 사과 한마디 하고 가는데 과연 어려웠을까?'에 대해 의문이 들고 지금도 너무 화가 나고 열 받네요!!

〈 댓글 〉

오늘 아침 출근 전철은 유난히 복잡하다. 운 좋게 자리에 앉았으나 승객들이 많아서 앞에 서 있는 사람들과 무릎이 닿을 정도다. 내릴 곳이 가까워지자 복잡한 사람들을 뚫고 내릴 일이 보통이 아니라는 생각에 마음이 급해진다.

"저 이번에 내려요."

앞쪽에 서 있는 남자에게 표정과 몸짓으로 신호를 보냈으나, 이 남자 핸드폰을 들여다보느라 미동도 하지 않는다. 옆으로 좀 비켜줘야 교양 있게 일어설 텐데 남자는 바닥에 뿌리를 내렸는지 너무나 꿋꿋하게 서 있다. 어쩔 수 없이 창피함을 무릎쓰고 서 있는 사람들 틈을 비집고 출입문을 향해 힘겨운 발걸음을 옮긴다.

갑자기 무언가가 내 몸을 뒤로 휙 당긴다. 핸드백이 그만 사람들 틈에 걸려버렸다. 힘들어서 '조금만 비켜주세요'라는 말도 나오지 않는다. 그저 쟁기 끄는 소처럼 힘겹게 핸드백 줄을 당긴다. 어렵게 승강장에 내려선다. 다행히 핸드백 줄이 끊어지지 않고 붙어있다.

갑자기 뒤쪽에서 따가운 시선이 느껴져 고개를 돌렸더니 내 앞에 서 있던 남자가 잡아먹을 듯이 쏘아본다. 그의 발밑에 핸드폰이 떨어져 있다. 내가 뭘 어쨌길래?

같은 상황에 대하여 서로 다른 입장에서 보는 내용이 너무 재미있다. 사람마다 각자 처한 상황이 다르고, 자라온 환경에 따라 생각하는 것도 다를 수밖에 없다. 사람이 모두 같다는 것이 오히려 이상하다. 위의 사례처럼 문제는 상황이 아니라 내 마음이 어떻게 그 상황을 바라보는가가 중요하다. 이때 중요한 것은 내 마음이다. 그렇기에 다른 사람을 바꾸려고 하기보다 내가 먼저 변화하는 것이 좋다.

'일체유심조'라는 말을 아마도 많이 들어봤을 것이다. "모든 것은 오직 마음이 지어낸다."라는 의미이다. 이 말에 대해 쉽게 이해할 수 있을 것 같지만 현실은 마음대로 되지 않는 일이 많아서 "정말 이 말이 맞을까?"라는 의심이 들었다. 아마도 '마음'에 대한 이해가 부족해서 그럴 것이다. 그런 고민을 하고 있을 때 마침 법상 스님의 『날마다 해피엔딩』이라는 책을 읽고 정리한 내용을 페이스북에 올린 적이 있었다. 다음은 페이스북에 올린 글이다.

이 책에서는 세 가지 마음, 즉, 느낌, 생각, 간절한 바람이 세상을 창조한다고 말했다.

첫째, '느낌'이다. 내가 선택하는 느낌대로 세상은 창조된다. 행복한 느낌을 가지면 행복한 삶이 창조되고, 불행한 느낌을 가지면 불행한 삶이 창조된다. 실패에 대한 불안감이 있으면 실패할 확률이 높아지고, 성공할 것 같다는 확신 어린 느낌이 있으면 세상은 그를 성공으로 이끈다.

둘째, '생각'이다. 평소에 내가 가지는 생각대로 세상은 창조된다. 똑같은 현상을 보고 긍정적인 생각을 하는 사람에게는 긍정적인 삶이 창조된다. 생각은 자신의 미래와 삶을 바라보는 데에도 사용된다. 반복적인 생각은 에너지를 가진 채 자신의 삶을 창조해낸다.

셋째, '간절한 바람'이다. 무엇인가를 원하는 바람이 원하는 삶을 만들어낸다. 다만 집착하지 않고, 간절히 원해야 한다. '간절히 원하면 이루어진다.'라는 말은 이미 잘 알려져 있다.

이처럼 3가지 마음을 잘 활용할 때 일체유심조의 이치를 실천할 수 있다. 즉 행복에 대해 먼저 느끼고 생각하며, 집착 없이 순수하게 바랄 때 내가 느끼고 생각하고 바라는 것은 이루어진다.

마음을 놓치면 삶을 놓친다. 모든 것은 마음이 만들어내는 피조물이다. 행복도 마음이 만든다. 정확하게 작가가 누군지 알 수는 없지만, 고려말 나옹선사가 지었다고 전해지는 「심춘」에는 이런 상황이 잘 그려져 있다. "짚신이 다 닳도록 봄을 찾아다녔지만, 집에 와보니 매화나무에 꽃이 피고 봄이 와 있더라."

제 4 장

## 관계 근육은 삶을 풍요롭게 한다

자신의 건강이 예전 같지 않다는 생각, 어느 순간부터 집에서 가족들은 각자 방으로 찾아 들어가서 거실에 혼자 남아 있음을 느낄 때, 사회에서 후배 세대들에게 점점 밀려나고 있다는 생각이 들 때면 왠지 쓸쓸한 감정이 밀려온다.

사람은 사회적 동물이다. 사람을 통해서 위안을 얻기도 하지만 사람에 의해 마음의 상처를 입기도 한다. 마음의 상처를 주는 관계는 점점 멀리하는 것이 좋다. 대신 내 생각에 공감해 주고, 하는 일에 대한 격려를 아끼지 않는 긍정적인 관계에 집중하자. 그러기에도 시간은 부족하다.

나보다 가족이나 주변인들을 위주로 한 삶을 살아왔다면 이제는 바꾸어 보자. 나를 찾아야만 하는 시기가 되었다. 관계의 근육은 내가 찾은 삶을 풍요롭게 하는 힘이다. 다른 사람의 생각을 존중하고 이해하는 것이 관계 근육의 시작이다. 모든 사람의 생김새가 다르듯이 생각 역시 다를 수밖에 없다는 것을 인정하자.

| 01 |
# '인(仁)'은 가장 강력한 관계 근육이다

　내가 가장 좋아하는 한자는 '어질 인(仁)'이다. '인(仁)'은 사람 간의 관계를 어떻게 형성해야 하는지를 가장 잘 표현해 주는 글자라고 생각한다. 글자의 생김새를 봐도 '사람 인(人)'과 '둘 이(二)'가 모여서 이루어졌다. 사람과 사람이 따로 떨어지지 않고, 서로 기대어 있는 형상이다. 만약 글자의 모양이 어느 한쪽으로 기울어지면 전혀 다른 글자가 된다. 이 한자를 가만히 보고 있노라면 '사람과 사람이 좋은 관계로 함께 어울리며 사는 것이 참되고 어질다.'라는 삶의 지혜를 엿볼 수 있다.
　유교에서도 인(仁)의 중요함을 강조한다. 유교에서는 사람이 항상 몸에 갖추어야 할 도리로 인의예지신(仁義禮智信)을 꼽고 있다. 다섯 가지 모두 중요하지만, 나에게 중요한 순서를 선택하라고 하면, 인(仁)이 의로움(義), 예의(禮), 지혜(智), 믿음(信)보다 가장 먼저이다. 유교라고 하면 가장 먼저 떠오르는 공자도 "어진 사람만이 남을 사랑할 수 있다(仁者, 愛人)."라고 주장하면서 인(仁)의 중요성을 강조했다.
　서로 사랑하는 사회에서는 사람 간의 관계가 행복을 가져다준다. 사랑으로 서로를 배려하고, 존중할 때 관계에서 오는 행복감을 느낄 수 있

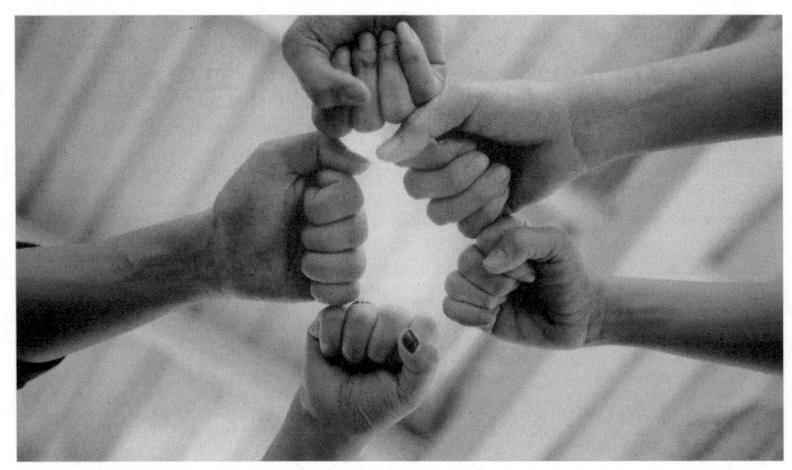

다. 사람을 통해 기뻐하기도 하고, 아픔을 치유받기도 한다. 그래서 행복한 삶을 위해서라도 남을 사랑하는 어진 사람이 되고자 노력해야 한다.

'인(仁)'은 가장 강력한 관계 근육이다. 인(仁)과 음이 같지만, 뜻은 전혀 다른 한자로 '참을 인(忍)' 자가 있다. 예부터 어른들은 "'참을 인(忍)' 자가 셋이면 살인도 면한다."라고 했다. 자기에게 손해가 있더라도 일단 참아야 한다는 의미가 강하다. 이 역시 좋은 관계를 형성하는 데 필요하다. 하지만 다른 점은 仁이 忍보다 다른 사람에 대한 공감과 배려를 더욱 강조한다. 仁은 다른 사람과의 관계에서 비롯되는 것이지만, 忍은 자신의 마음에 달려 있다. 좋은 관계를 만들기 위해서는 忍도 중요하지만, 仁이 더 강력한 힘이 있다.

어진 사람은 관계 근육이 잘 발달한 사람이라고 할 수 있다. "어진 사람에게는 대적할 자가 없다(仁者無敵)."라는 옛말도 있다. 이 말은 『맹자』의 양혜왕편에 나온다. 양나라 혜왕은 주변국들에 땅을 계속 빼앗기는 것을 수치로 여겨 주변 나라를 물리칠 방법에 대해 맹자에게 물었다. 이에 맹자는 "어진 정치를 베푼다면 이 땅의 모든 사내는 몽둥이밖에 든 것이 없어도 칼을 든 적군을 물리칠 것입니다."라면서 인(仁)이 가장 강력한 무기라는 것을 강조했다.

공자는 '강의목눌 근인(剛毅木訥 近仁)'이라고 했다. 이 말은 "어진 사람은 의지가 굳고 용기가 있으며 꾸밈이 없고 말수가 적다."라는 의미이다. 반면 '교언영색 선의인(巧言令色 鮮矣仁)'이라고 하여 현란한 말과 미끈한 용모로 다른 이들을 유혹하며 자신의 잇속을 채운다면 어진 사람과는 거리가 멀다고 했다. 교언영색은 상대방도 처음에는 기분이 좋겠지만 진심이 담겨있지 않다는 것을 알게 되면 멀리하게 된다. 본래 빈 수레가 요란한 법이다. 무언가로 가득 채워진 수레는 무겁고 듬직하다.

무겁고 듬직한 수레처럼 뚝배기도 어진 사람을 비유하기에 적합하다. 음식을 담을 때 뚝배기에 담으면 더 맛있다. 뚝배기는 일반 냄비에 비해 화려하지 않고 빨리 끓지도 않는다. 하지만 뚝배기에서는 열이 음식 재료 속까지 서서히 고르고 우직하게 전해져서 뚝배기에 담긴 음식 맛이 일품이다. 음식의 따뜻함도 오랫동안 유지된다. 자신이 다른 사람과 관계를 형성해야 한다면 뚝배기와 같은 사람이 좋지 않겠는가? 뚝배기처럼 속이 깊고 따뜻한 사람의 주위에는 사람이 몰리기 마련이다.

어진 사람은 다른 사람을 널리 사랑하고, 자신을 희생하기에 지혜롭다. 어진 사람의 지혜로 어려운 문제를 해결하는 이야기이다. 한 노인이 세 아들에게 유언했다. "내 전 재산은 소 17마리인데, 큰아들은 반, 둘째 아들은 3분의 1, 셋째 아들은 9분의 1을 갖도록 해라." 하지만 노인의 유언대로 17마리를 나누기는 힘들었다. 큰아들은 8.5마리, 둘째 아들은 5.6마리, 셋째 아들은 1.9마리로 나누어야 하니 소를 죽이지 않는 한 유언처럼 나누어 갖는 건 불가능해 보였다. 그리고 유언대로 나누려다 보니 오히려 소 한 마리가 남았다. 세 아들은 고민 끝에 마을에서 가장 어진 사람을 찾아가 도움을 구했다. 어진 사람은 얘기를 다 듣고 나서 자신의 소 한 마리를 더해서 18마리를 유언대로 나누어 주었다. 큰아들은 절반인 9마리, 둘째 아들은 3분의 1인 6마리, 셋째 아들은 9분의 1인 2마리를 나누어 주고, 1마리가 남았다. 그 나머지 1마리는 자신이 가졌다. 이렇게 나누자 세 아들은 자신이 나누려고 했던 것보다 더 많이 받고, 어진 사람은 자신의 소를 다시 찾을 수 있었다. 노인은 어진 마음을 가지고 있었기에 자신의 것을 나누고 희생함으로써 세 아들을 만족시켜 행복하게 하고 자신도 손해가 없었다. 만약 어진 마음이 없었다면 그런 지혜가 나오기 어렵다. 이러니 어질고 지혜로운 사람에게는 사람이 따르는 법이다.

 어느덧 50대가 되니 한자어 '인(仁)'이 주는 느낌이 다르다. 나는 고등학교 시절 한자를 배운 세대이다. 대입 학력고사 국어시험에 한자 문제가 포함되기 때문에 점수를 올리기 위해 한자를 열심히 외웠다. 그중 외우기 쉬웠던 한자어가 '인(仁)' 자였다. '사람 인(人)' 변에 2획이며, 총 4획이라서 쓰기에도 편했다. 흔하게 볼 수 있는 한자라서 시험에는 잘 나오지 않았다. 당시에는 시험에 잘 나오지 않는 한자는 별로 관심이 없었지만, 이 한자만큼은 이유도 없이 포근한 느낌이 들었던 기억이 난다. 그런데 50대가 되어버린 지금은 단순하게 글자로만 보이는 것이 아니라 한자의 의미가 오히려 가슴에 다가온다.

김상현의 수필, 「내가 죽으면 장례식에 누가 와줄까」에서 좋은 문구가 기억에 남는다. "사람을 발음하면 입술이 닫힌다. 사랑을 발음하면 입술이 열린다. 사람은 사랑으로 연다."라고 했던 것을 나는 이렇게 바꾸려고 한다.

"사람을 발음하면 입술이 닫힌다. 인(仁)을 발음하면 입술이 열린다. 사람은 인(仁)으로 연다."

사람과 사람 간의 관계는 인(仁)으로 연결한다. 그래서 인(仁)은 가장 강력한 관계 근육이다. 공자는 "어진 사람을 보면 그와 같아지기를 생각하고, 어질지 못한 사람을 보면 안으로 자신을 살핀다."라고 하였다. 어진 사람을 보면 스스로 같아지기를 원하는 것은 일반 사람의 공통된 생각일 것이다. 반면 어질지 못한 사람을 보았을 때는 마음과 행동에서 부끄러움이 있었는지 항상 자신을 살펴야겠다.

| 02 |
# 사람은 원래 외로운 동물이다

"장기간의 외로움은 하루 15개의 담배를 피우는 것과 같은 건강상 위험이 있다."

미국 보스턴대학교 사회복지대학 제임스 루벤 교수가 외로움의 위험성에 대해 경고한 것이다. 외로운 감정은 흡연, 비만만큼 건강에 치명적이다. 외로움은 현대인의 고질적인 악성 질환 중 하나이며, 만병의 근원이기도 하다. 외로움이 암 위험을 10% 증가시킨다는 연구 결과도 있다.

몸이 많이 지치고 피로한 50대에게 외로움은 건강에 더욱 치명적이다. 외로움을 관리하지 않고 장기간 지속하게 했을 때 사람에게 해로운 영향을 준다. 단순히 감정 상태에 머물지 않고 건강 악화와 수명 단축과 직접 연결된다.

50대가 외롭다는 건 연구에 의해서도 이미 증명되었다. 미국 캘리포니아 대학교 딜립 제스트 박사 연구팀은 "많은 사람이 20대 후반과 50대 중반, 그리고 80대 후반에 심각한 단계에 이를 정도의 외로움에 시달린다."라고 발표했다. 독일의 사회학자인 니클라스 루만 역시 "외로움이 급격하게 증가하는 시기가 30대와 50대이다."라고 하였다. 표면적으로는 80

대 이상에서 외로움이 가장 높게 나타났으나 소득수준, 건강, 고용상태, 친구의 수 등 여러 가지를 고려하면 30대와 더불어 50대에서 느끼는 외로움이 더 컸다. 그 이유로 니콜라스 루만은 50대에는 급격한 삶의 변화가 일어나기 때문이라고 밝혔다.

50대에는 확실히 지금까지와 다른 변화가 있다. 집에서는 가장으로서 역할이 많이 줄어들고 가족들은 자신의 삶을 찾아가고 있다. 직장에서는 이전보다 안정적인 위치에 있으나 조만간 은퇴를 걱정해야 한다. 건강은 지금까지와는 다르다는 것을 느끼게 된다. 심지어 세상을 달리하는 지인들을 주변에서 간혹 볼 수 있다.

그래서 50대가 느끼는 외로움은 다른 연령대에서 느끼는 감정과 완전히 다르다. 50대가 되면 노화로 인한 건강의 악화와 그 외에 다양한 이유로 고민이 많아진다. 은퇴, 자녀의 교육과 결혼, 부모 봉양, 직장, 재테크 등 신경을 써야 할 것이 한둘이 아니다. 그중 외로움은 가장 큰 고민거리이다. 고민한 만큼 명쾌한 답을 찾기도 힘들다. 외로움은 50대의 빨라진 노화 속도를 더 높이기도 한다.

외로움은 면역체계에도 좋지 않은 영향을 준다. 외로움을 느끼면 스트레스 호르몬이라는 코르티솔이 증가한다. 적당하게 분비되는 코르티솔은 혈압을 유지하며, 면역체계를 조절하는 것을 돕는다. 반면 외로울 때 코르티솔이 과다하게 분비되면 초기 면역 반응과 백혈구 생성이 억제되어 결국 면역력이 떨어진다. 미국 시카고 대학의 연구 결과는 이 사실을 뒷받침한다. 연구에 의하면, 사람은 외로움을 느낄 때 백혈구의 개수가 줄어든다. 백혈구는 적혈구, 혈소판 등과 함께 혈액을 구성하고 있는 성분이다. 면역력과 밀접하게 관련되어 있어 몸에 침입한 바이러스, 박테리아, 곰팡이 등을 파괴하고 감염된 세포를 공격한다. 만약 백혈구의 수가 줄고, 이로 인해 면역력이 떨어지면 병에 걸릴 확률이 높다. 감기에도 쉽게 걸리고 오래간다.

외로움은 사망률을 직접 높이기도 한다. 이와 관련한 연구들은 이미 많이 발표되었다. 서울성모병원 나해란 교수는 "외로움은 계속 흥분하고 각성 상태를 유지하는 것과 같은 효과이기 때문에 심혈관 질환 등의 위험을 높여서 장기적으로는 사망률이 올라갈 가능성이 상당히 있다."라고 하였다. 미국 브리검영대학교 연구팀에서도 '고독과 사회적 고립이 비만 못지않게 수명을 위협하는 요인'이라고 발표했다. 마르타 자라스카 역시 『건강하게 나이 든다는 것(Growing Young)』이라는 책에서 "외로움이 건강을 아프게 하고 수명을 단축한다."라고 했다. 이외에도 외로움과 사망률과의 관계에 대한 여러 발표가 있다.

재미있는 사실은 개미도 외로움으로 인해서 수명이 단축된다. 세계적으로 유명한 학술 잡지인 「사이언스」에서 "외로운 개미는 영양실조로 죽는다(Lonely ants die of malnutrition)."라고 발표하였다. 개미도 인간처럼 사회적 동물이므로 동료들과 교류 없이 외롭게 살아가기 힘들다는 사실이 연구로 밝혀졌다.

하지만 외로움은 누구나 느낄 수 있는 보편적인 감정이다. 언제, 어디서든 느낄 수 있어서 대수롭지 않게 생각하기도 한다. 시인 정호승은 「수선화에게」라는 시에서 사람이니까 외롭다고 했다.

울지 마라
외로우니까 사람이다.
살아간다는 것은
외로움을 견디는 일이다.

정호승 시인의 외로움에 관한 생각에 공감한다. 사람이면 외로움에서 벗어날 수 없는 이상, 외로움을 즐기는 방법을 찾는 것이 좋다. 혼자서 할 수 있는 일은 너무나 많다. 여행, 독서, 영화 감상, 글쓰기, 명상 등 여럿이 하면 좋겠지만 혼자서도 충분히 할 수 있다. 최근엔 혼자 살아가는 인생을 즐기는 사람들이 오히려 많아지고 있다. 오죽하면 TV 프로그램 중 〈나 혼자 산다〉라는 프로그램은 장수 프로그램이면서 여전히 인기를 끌고 있겠는가?

이상하게 들릴지 모르겠지만, 외로움은 사람과의 관계의 윤활유 역할을 하기도 한다. 외롭지 않으면 다른 사람을 만날 마음도 사라진다. 외로워야 다른 사람을 찾고, 그 사람과의 관계를 통해서 외로움을 치유하고 싶어 한다.

사람이니까 외로움은 피할 수 없는 감정이다. 외로운 감정을 심각하게 생각하지 않아도 된다. 다만 외로움을 오래 내버려 두면 건강을 해치고 수명을 줄인다. 외로움을 즐기는 방법을 찾고, 주변 사람들과 자주 어울리면서 외로운 시간을 줄이는 노력도 병행해야 한다.

영국 옥스포드 대학의 인류학자 로빈 던바 교수의 사회적 뇌 가설은 외로움을 벗어나는 방법으로 인간관계의 중요성을 강조한다. 가설에 의하면 "인류는 혼자가 아니라 집단생활을 하며 뇌를 발달시켰고, 발달한 뇌를 이용하여 인간관계를 형성한다."고 한다. 그와 더불어 한 가지 재미있는 숫자를 제시한다. 그의 책 『던바의 수』에서는 150이라는 숫자를 제시한다. 발이 넓은 사람이라도 한 개인이 진정한 사회적 관계를 맺을 수 있는 인원이 최대 150명이라는 것이다. 인간의 뇌는 150명 이상의 정보를 수용하지 못하기 때문이다. 그래서 150을 '던바의 수'라고도 한다.

사람은 원래 외롭지만 건강과 행복을 위해 다른 사람과 관계를 맺어가야 한다. 던바의 수와 같지 않더라도 좋다. 다른 사람과의 어울림이 외로움에 현명하게 대처하는 방법이다.

| 03 |

# '쏠드(SOLD)'족은 SNS로 소통한다

"사람은 사회적 동물이다."

너무 유명한 이 말은 아리스토텔레스가 주장했다. 사람은 혼자서 살아갈 수 없고, 다른 사람과의 관계를 형성하며 살아야 한다는 의미이다. 한 번 생각해보자. 우리는 아침에 일어나서 잠자리에 들기까지 혼자 있는 시간이 많지 않다. 대부분 시간을 다른 사람과 공유하며 살아간다. 조사에 의하면 실제로 사람이 깨어 있는 시간의 약 75%를 사람들과 어울리고 관계를 형성하면서 살아간다고 한다. 사회라는 집단 안에서 관계를 맺으며 생존해야 하는 동물이 사람이다.

관계의 중심에는 소통이 있다. 혹시 주변에 말이 잘 통하는 사람이 있는가? 나와 말이 잘 통하는 사람은 취미나 관심사 등이 같은 경우가 많다. 아니면 비슷한 업종의 일을 해서 할 얘기가 많아서일 수도 있다. 무엇이든 생각을 같이 공유하고 대화를 나눌 수 있으면 참 좋다. 그 중심에 소통이라는 훌륭한 도구가 있다. 서점에 가면 다른 사람과 소통하는 방법을 알려주는 책들이 많이 나와 있다. 그것을 보면서 '사람들은 관계를 맺고 싶어 하는 경향이 강하며, 소통이 정말 중요한 역할을 하는구나.'라는 생각을 자주 한다.

  누구와도 말이 잘 통하는 사람이 있다면 인간관계가 원만하다는 얘기를 듣는 경우가 많다. 사람마다 생각과 성격이 달라도 이상하게 말이 잘 통하는 사람이 있다. 말이 잘 통하는 사람과는 소통이 잘된다. 그래서 주변에 사람이 많이 모인다. 그런 사람은 다른 사람의 말을 잘 들어준다는 점이 눈에 띈다. 잘 들어주는 경청은 소통의 방법으로 말하기보다 더 중요하다. 경청을 잘하면 공감대 형성도 잘할 수 있다. 그래서인지 잘 들어주는 사람과 얘기를 하다 보면 말을 하는 도중에 행복함이 밀려오기도 한다. 소통을 잘하는 사람과는 관계가 좋을 수밖에 없다.

  소통은 갈등 해결을 위한 최고의 방법이기도 하다. 우리가 사는 사회에서는 각기 다른 사람들이 어우러져 살아가기 때문에 수많은 갈등이 존재한다. 같은 이익을 공유하는 이익집단도 그 종류가 다양하고, 서로 이해 충돌이 발생하는 경우가 부지기수다. 서로의 입장을 공유하면서 소통을 통해 이해관계가 얽힌 문제를 풀어야 비로소 갈등을 해결할 수 있다.

  소통의 방법은 다양하다. 코로나-19 이전에는 직접 만나고 얘기하면서 소통하는 방법을 많이 이용했다. 거리가 멀거나 시간이 없을 때는 전화 통화를 주로 했다. 2020년 이후 코로나-19가 세상을 덮치면서 소통의 방법도 많이 변화했다. 접촉을 줄이는 언택트 문화가 확산하면서 글로써 소통하는 일이 많아졌다. 메일, 카카오톡, 온라인 게시판, 채팅, SNS 등 오히려 소통하는 방법은 다양해졌다. 이러한 방법은 시간과 공간의 제약이 거의 없다.

  세대별로 소통하는 방법도 아주 다르다. 나의 부모님 세대는 주로 만

나거나 전화를 사용했다. 가끔 손으로 쓴 편지로 자신의 마음을 상대에게 전하는 방법도 있었다. 나도 예전에는 부모님 세대처럼 대화나 전화가 주요 소통방법이었지만 최근에는 글로 소통하는 경우가 많다. 카카오톡, 밴드, 페이스북 등 SNS에 글을 남기면 댓글 또는 실시간 채팅을 통해 소통한다. MZ 세대로 불리는 아이들 세대들은 이와는 또 다른 것처럼 보인다. 게임을 하면서 실시간 채팅으로 소통하는 경우를 많이 본다. 밤새 자기들끼리 대화하면서 게임을 하는 것을 보면 희한하다.

큰애는 2020년에 코로나-19가 시작될 무렵 대학에 입학했다. 감염 위험성이 커서 모임을 허용하지 않으니 당연히 입학식은 물론이고 즐겨야 하는 캠퍼스 생활도 다 무산됐다. 대면 수업을 못 하니 같은 학번의 친구들끼리 서로 만날 기회가 거의 없었다. 하루는 궁금해서 물었다. "대체 너희과 친구들은 누가 누구인지 서로 알고 있니?" "온라인 수업을 하면서 화면으로 봐서 대충은 알아요."라고 큰아이가 답한다. 어찌 보면 참 가여운 세대라는 생각이 든다. 큰애는 오히려 대학 친구들보다 고등학교 친구들과 여전히 더 친하게 지내는 것 같다. 밤새워 노트북으로 게임 하면서 실시간 채팅을 하는 친구들이 주로 고등학교 동창들이다.

어찌 되었건 세대별 또는 사람마다 소통하는 방법은 다르지만, 모두가 각 세대의 특성에 맞는 방법으로 소통하면서 관계를 맺어가는 것임은 분명하다.

50대의 소통방법은 무엇일까? 최근 50대를 '쏠드(Sold) 족'이라고 부른다. 쏠드족은 스마트(smart)와 올드(old)의 합성어이다. 주로 50대와 60대를 일컫는다. 쏠드족은 나이를 먹었어도 스마트 기기에 익숙하다. 특히

50대는 성년이 되었을 때부터 컴퓨터를 접해 왔다. 나도 대학생이 되어서 인텔 8088/8086 컴퓨터를 시작으로 80286, 80386, 펜티엄의 순으로 사양을 높여 갔다. 아마도 지금 40대만 해도 잘 모르는 컴퓨터 기종일 것이다. 핸드폰, 태블릿 PC 등 모바일 기기를 잘 다루고 언택트 문화에 익숙하다.

실제 조사결과를 보더라도 쏠드족의 언택트 생활지수는 매우 높다. 네이버, 다음, 구글 등 디지털 플랫폼으로 정보를 주로 얻고, 페이스북, 인스타그램, 블로그 등 SNS를 통해 사람을 사귄다. 예전에는 오프라인 모임으로 하던 동호회 등도 이제는 밴드, 카카오톡 등을 통해 유연하게 만들고 해체하기를 반복한다. 그러다 보니 금방 만들었다가 사라지기도 하는 모임도 부쩍 많아졌다.

세대마다 사람마다 방법은 다르더라도 소통은 가장 강력한 관계 맺기의 도구이다. 50대처럼 쏠드족의 경우 SNS로 소통하는 경우가 많으므로

밴드, 페이스북, 카카오톡 등을 아직 하지 않는다면 지금부터라도 한 번 해볼 것을 추천한다. 그렇게 함으로써 보다 폭넓은 인간 관계를 형성할 수 있다.

소통을 잘하기 위한 가장 좋은 방법은 무엇보다 공감이다. 공감은 상대방의 말을 경청하는 것에서 시작한다. 공자의 말씀 중에 "군자는 말을 잘하는 사람의 말에만 귀를 기울이지 않고 말이 서툰 사람의 말도 귀담아듣는다."라고 했다. 그만큼 경청하는 것이 중요하다는 것을 강조하고 있다. 비록 온라인 공간이라도 공감하면서 소통하는 것은 중요하다.

| 04 |
# 틀린 것이 아니라 다른 것이다

"사람 간의 관계에서는 틀린 것은 없다. 다를 뿐이다."

살면서 다른 것과 틀린 것을 혼동하여 얘기하는 것을 주의해야 한다. 인간관계에서는 대부분 틀린 것보다 다른 경우가 많다. 상대방의 말, 행동, 의견 등은 그 사람의 생각에 따라 좌우된다. 그 사람이 되어보지 않고서 어떻게 그 사람이 틀렸다고 감히 말할 수 있겠는가? 상대방의 생각이 언제나 나와 같을 수는 없다. 오히려 같은 생각을 하는 사람들이 많지 않은 것이 당연하다.

프랑스 대표 작가 모파상에 대한 이야기는 사람의 생각이 얼마나 다를 수 있는지를 보여준다. 한 노신사가 에펠탑 안에 있는 식당에서 매일 점심을 먹었다. 한 달이 지나도 매일 점심때마다 식당을 찾아오자 식당 주인이 드디어 노신사에게 물었다. "손님은 우리 식당이 그렇게 좋으신가요?" "아니요." "그러면 손님께서는 에펠탑을 참으로 좋아하시는군요?"라고 묻자 노신사는 답을 한다. "나는 에펠탑을 아주 싫어하오." "그런데 왜?" "에펠탑이 보이지 않는 식당은 여기뿐이라서 그렇소." 에펠탑은 파리 시민의 자존심이며 세계 곳곳에서 많은 사람이 에펠탑의 아름다움을 보기 위해 파리에 모여든다. 하지만 노신사는 에펠탑의 아름다움을 정말 싫어했다. 노신사는 모파상이며, 죽을 때까지 에펠탑을 싫어했다고 한다. 심지어 모파상은 에펠탑을 아름다운 파리의 미관을 망치는 흉물이라며 혹평하기까지 했다.

현대사회는 다양한 가치관을 가진 사람들로 구성되어 있다. 남과 나의 가치관이 다르다는 것은 너무나 당연하다. 사람들은 생각, 가치관, 경험, 사는 환경 등이 제각각이다. 그러니 나와 같을 수 없다. 오히려 나와 다르다는 것이 진리에 가깝다. 그 사실을 인정하는 것부터 관계가 시작된다. 어떤 사람이 나와 다르다고 해서 "저 사람은 틀렸어."라고 함부로 얘기할 수 있는 경우가 그리 많지 않다. 특히 남을 존중하고 배려하는 마음을 가질 때 "틀렸다."라는 말은 더욱 할 수 없다. 그렇게 말하는 순간 그 사람과의 관계는 멀어진다. 좋던 관계도 틀어질 가능성이 매우 크다.

인간관계에서 "틀리다."라는 표현을 사용하지 않도록 주의해야 한다. 틀린 것이 아니라 다른 것은 개인의 주관적 판단이다. 상대방의 성격과 내 성격이 같지 않다고 그 사람의 말과 행동을 틀렸다고 말할 수 없다. 회의나 토론을 할 때도 상대방의 의견에 대해 내가 동의하지 않더라도 틀렸다고 말하는 것은 잘못이다.

틀린 것을 판단하기 위해서는 누구나 인정하는 명확한 기준이 먼저 있어야 한다. 그 기준으로는 법, 규범, 사회적 통념, 도의적 기준 등이 포함될 수 있다. 가령 빨간불에 건널목을 건너는 사람의 행동은 틀렸다. 건널목에서는 빨간불에 기다리고, 파란불에 건너도록 법에 규정되어 있기 때문이다. 전철, 버스 등을 이용할 때 어르신을 봐도 자리를 양보하지 않는 행동도 역시 틀렸다. 우리 사회는 도덕적으로 어르신을 공경하는 것이 기본적인 약속으로 되어 있다. 사회에서 정한 틀을 벗어나 죄를 짓거나 도덕적으로 용인할 수 없다면 틀렸다고 표현해도 맞다. 명확한 기준도 없이 다른 사람에 대해 틀렸다고 얘기하는 것은 상대방을 존중하지 않는 것과 같다.

인간관계에서 남의 생각을 존중하는 것은 매우 중요하다. 프랑스어 중에 '똘레랑스'라는 단어가 있다. 단어가 주는 느낌은 왠지 귀엽고 똘똘하다. 영어로는 tolerance와 같은 의미이고, 우리나라에서는 '관용'이라고 해석한다. 관용은 상대방을 인정하고, 그 사람의 생각이 나와 다를 수 있음을 먼저 이해하는 것이다. 독선이나 자기 생각을 남에게 강요하는 행동과는 거리가 멀다.

관용과 반대의 의미로 '꼰대질'이라는 용어가 있다. 꼰대질은 인간관계를 약화한다. 꼰대와 꼰대질은 다르다. 꼰대라는 얘기는 누구라도 들을 수 있다. 자녀나 젊은 직장 동료, 또는 동호회 등 다양한 연령층이 모인 모임에서도 50대 이후는 꼰대라는 얘기를 듣기 십상이다. 시청의 게시판에서도 40대, 50대를 꼰대라고 지칭하는 글을 자주 볼 수 있다. 꼰대는 권위적인 어른들을 비하하는 신조어이다. 영국 BBC 방송의 페이스북에서는 오늘의 단어로 'kkondae(꼰대)'를 소개하기도 했다. 그 의미는 '자신이 항상 옳다고 믿는 나이 많은 사람'이었다. 사실 지금까지 살아오면서 자신이 옳다고 믿는 가치관은 반드시 가져야 한다고 생각한다. 그래서 나에게는 꼰대라는 단어가 부정적이지 않다. 다만 꼰대질은 피해야 한다. 자신이 옳다고 믿는 것을 자식이나 후배들에게 강요할 때 "꼰대질을 한다."라는 얘기를 듣기 십상이다. 자기의 생각이 무조건 옳다고 강요한다면 인간관계가 틀어지는 것은 너무 자명하다.

자신이 남에게 존중받고 싶으면 먼저 남을 존중해야 한다. "군자는 화이부동(和而不同)하고 소인(小人)은 동이불화(同而不和)한다."라는 말이 있다. 군자는 다름을 인정하면서도 함께 어울리고, 소인은 같음을 강요하며 끼리끼리만 어울릴 뿐 서로 화합할 줄 모른다. 한근태의『나는 심플한 관계가 좋다』에서도 "세상의 모든 비극은 자신이 아닌 남을 바꾸려는 데서 시작된다. 혹시 배우자를 변화시키는 데 성공한 사람을 보았는가?"라고 했다. 상대방의 다름을 인정하고 있는 그대로 받아들이는 것이 매우 중요한 것임을 강조한다.

다름을 인정하기 위해서는 다른 사람에 대한 존중과 함께 공감이 필요하다. 공감은 다른 사람의 감정을 이해하고, 공유하는 것이다. 감정 공유는 좋은 관계를 맺기 위한 훌륭한 방법이다. 국민에 대한 공감을 잘했던 것으로 유명한 링컨 전 미국 대통령은 여전히 존경받고 있다. 링컨은 "공감은 국민의 생각, 느낌, 행동에 대해 깊은 관심을 두고 이해하고자 하는 마음이다."라고 정의했다. 만약 링컨의 공감 능력이 없었다면 미국에서 노예해방은 없었다. 2022년의 첫날, 1월 1일은 미국의 '노예해방선언' 159주년이 되는 날이다. 자신과 생각이 다르거나 갈등을 유발할 만한 신념과 관행을 가진 사람에 대해 공감할 수 없다면 다름을 인정하지 못한다.

인생은 수학과 같지 않다. 인생은 반드시 정해진 틀에 의해 찍어내는 정답을 요구하지 않는다. 문과와 이과의 차이에 대한 재미있는 이야기가 있다. "눈이 녹으면?"이라는 질문에 대해 이과는 "물이 된다."라는 정해진 답을, 문과는 "봄이 온다.", "따뜻해진다." 등 다양한 답이 나온다. 이과는 과학적으로 눈이 녹으면 당연히 물이 되기 때문에 정답은 하나로 일관성 있게 답을 한다. 문과는 다르다. 눈이 녹으면 다양한 일들이 펼쳐진다. 봄이 오기도 하고, 따뜻해지기도 하며, 더는 스키를 탈 수도 없다. 인생은 수학을 주로 하는 이과처럼 나와 생각이 다르다고 틀리다고 말할 수 있는 것은 없다. 문과처럼 다른 답도 충분히 가능한 것이 인생이다. 절대 인생은 정답이 정해진 수학이 아니다.

인간관계에서는 틀리다는 표현을 주의해야 한다. 나와 생각이 다르다고 틀린 것은 아니다. 다른 것일 뿐이다. 그러기 위해서는 남에 대한 존중과 공감이 우선해야 한다. 나와 다른 생각과 행동도 이해하고 감정을 같이 공유할 때 인간관계는 더욱 깊어질 수 있다.

| 05 |
# 공감은 관계 근육의 시작이며, 끝이다

"평생을 돌이켜 보아도 가장 오래 남는 기억과 경험은 공감을 나누었던 순간뿐이다. 그리고 그것이 한세상을 살았던 보람을 느끼게 해주며, 끈끈한 정으로 함께 했다는 사실로 위로받게 해주는 순간이다."

세계적으로 유명한 미래학자인 제러미 러프킨이 『공감의 시대』라는 책에서 남긴 말이다. 이 책에서 제러미 리프킨은 "공감은 인류가 신으로부터 받은 특별한 선물이다."라고도 얘기했다.

공감은 인간관계의 시작이며 끝이라고 해도 과언이 아니다. 공감의 사전적 의미는 '남의 감정, 의견, 주장 등에 자기도 그렇다고 느끼는 기분'이다. 앞에서도 이미 인간관계에 있어 공감의 중요성을 얘얘기했다. 남에 대해 공감할 때 비로소 남도 나에게 공감하고 서로가 공감할 때 관계가 좋아지는 것은 너무나 당연하다. 인간관계를 연결하는 중요한 도구가 공감이다. 공감은 단단하게 연결되어 잘 끊어지지 않는다. 그래서 공감은 인간관계에서 매우 중요하다.

최근에는 4차 산업혁명이라는 용어가 더는 어색하지 않다. 우리 사회에서 4차 산업혁명은 이미 시작되었고, 한참 진행 중이다. 과학에 대해 잘 모르는 사람도 인공지능, 로봇, 사물인터넷과 같은 용어는 한 번쯤 들어봤을 것이다. 특히 인공지능과 로봇은 이제 인간이 정보를 습득하고, 기억하며, 계산하는 능력을 뛰어넘었다. 앞에서도 얘기했듯이 2016년 봄에 재미있는 바둑 대결이 있었다. 구글이 개발한 인공지능 알파고와 바둑 천재 이세돌 9단이 세기의 대결을 펼쳤다. 결과는 인공지능인 알파고의 승이었다. 예상하기 싫은 결과이긴 했으나 그 결과를 전혀 예측하기 힘든 것은 아니었다.

인공지능과 로봇 등의 4차 산업혁명과 관계된 기술은 지금도 상당한 수준이다. 미래에는 급격하게 놀라운 속도로 발전하여 지금과는 차원이 전혀 다를 것으로 예상한다. 미래의 기술 수준은 사람이 상상하는 그 이상일 수도 있다. 더구나 사람은 365일, 매시간, 매초를 자지 않고 정보를 처리하는 인공지능의 능력을 뛰어넘기는 어렵다. 그럴 뿐만 아니라 인간의 육체적 역할도 점점 로봇이 대체하고 있다.

하지만 사람에게는 인공지능과 로봇이 가질 수 없는 강력한 무기가 있다. 그 무기는 바로 감정이다. 사람은 감정이 있기에 사람다울 수 있다. 슬프면 눈물을 흘리고, 기쁘면 활짝 웃는다. 희로애락애오욕의 7가지 감정을 고스란히 가지고 있는 것은 인간만이 가진 특징이다.

공감은 7가지 감정을 다른 사람과 함께 공유할 수 있는 능력이다. 당연히 7가지 감정에 우선하여 공감이 가장 강력한 무기이다. 다른 사람이 슬플 때 같이 슬퍼하며, 위로하고, 기쁠 때 함께 손잡고 기쁨을 같이하는 것은 오직 사람만이 할 수 있다. 사람들 간의 감정의 공유야말로 사람이 아닌 이상 꿈도 꿀 수 없다. "사람은 사람 다와야 한다."라는 얘기를 종종 한다. 사람이 사람 냄새가 나기 위해서는 다른 사람에 대한 공감 능력이 절대적으로 필요하다.

현재뿐만 아니라 미래사회에서도 공감 능력을 갖춘 사람은 좋은 경쟁력을 가질 수 있다. 공감 능력이 뛰어난 사람은 사람과의 관계도 좋을 뿐만 아니라 여러 분야에서 뛰어난 정보와 기술을 융합할 수 있다. 하버드대나 MIT 등 미국의 유명 대학에서는 공학을 전공하는 학생들에게도 인문학을 중요하게 가르친다. 과학도 결국에는 인간을 중심으로 한 인문학을 바탕으로 해야 사람을 위한 기술을 탄생시킬 수 있다. 인문학을 인간의 공감 능력을 향상할 수 있는 중요한 학문으로 대학에서는 판단하고 있는 것 같다.

공감 능력과 경쟁력의 관계와 관련하여 카네기멜런대학교와 MIT 대학교 심리학자들의 연구가 흥미롭다. 성과가 좋은 팀에 관해서 연구한 결과, 하나의 과제를 잘한 팀이 다른 과제도 역시 잘했다. 그 원인이 팀원들의 지능지수가 아니라 공감 능력이라는 결론을 도출했다. 팀원들 간의 명령과 복종 대신 높은 공감 능력이 시너지 효과를 발휘해 여러 과제를 주더라도 훌륭한 성과를 낼 수 있었다는 것이다.

공감은 다른 사람이 처한 상황을 이해하면서 기분을 공유할 수 있는 능력이다. 그렇기에 다른 사람과의 적극적인 소통방법이다. 인간관계에서 이만큼 중요한 것은 없다. 소통이 인간관계의 시작이자 끝인 것처럼 공감은 더욱 그러하다. 공감은 소통을 더욱 원활하게 하는 촉매와도 같다.

미국의 경제학자인 제러미 러프킨이 그의 저서 『공감의 시대』에서 "인간이 세계를 지배하는 종이 된 것은 뛰어난 공감 능력을 갖췄기 때문이다."라고 예기한 것처럼 공감은 사람이 가진 가장 강력한 무기이다.

공감 능력을 키우기 위해서는 다양하고 새로운 경험을 많이 해야 한다. 다른 사람과 경험을 공유하는 만큼 공감의 크기도 커진다. 그리고 나 자신이 다양한 삶의 경험이 있어야 다른 사람을 이해하는 폭도 더 넓어진다. 직접 경험을 하지 못하면 독서를 통한 간접 경험도 좋다.

사람 냄새가 나야 사람이다. 사람 냄새가 진하게 나는 사람은 공감을 잘하는 사람이다. 그런 사람은 비로소 좋은 관계를 맺을 수 있다. 결국 공감은 관계 근육의 시작이며 끝이다.

| 06 |
# 집중할 것은 긍정적인 관계이다

"인간의 고민은 전부 인간관계에서 비롯된 것이다."

"행복해지려면 미움받을 용기도 있어야 한다. 그런 용기가 생겼을 때 인간관계는 한순간 달라진다."

알프레도 아들러가 그의 대표적인 작품인 『미움받을 용기』에서 한 얘기이다. 아들러는 프로이트, 융과 함께 세계 3대 심리학 거장으로 개인 심리학자로 유명하다. 내가 사람으로 인해 마음이 피곤하고 삶이 힘들었을 때 접했던 책이 『미움받을 용기』이다. 이후 아들러의 사상에 푹 빠져서 아들러가 지은 거의 모든 책을 읽게 되었다. 사실 나의 독서에 대한 열정에 불씨를 지핀 것도 아들러였다.

모든 사람이 결코 나를 좋아할 수 없다. 마찬가지로 모든 사람이 나를 미워하기는 불가능하다. 혹시 내가 미워하는 사람이 있다면 내가 그 사람에게 열등감이 있는지 곰곰이 생각해 볼 필요가 있다. 그렇지 않을 수도 있지만, 자신의 열등감이 그 사람을 미워하는 마음으로 발전할 가능성이 크다. 인생은 다른 누구와의 경쟁이 아니라 나 혼자 앞만 보고 걷는 것이다. 열등감으로, 다른 사람에 대한 비방과 시기심으로 자기 자신의 마음마저 아프게 하는 것은 어리석다. 건전한 열등감은 다른 사람에 대한 경쟁심에서가 아니라 이상적인 나의 모습에서 생겨야 한다. 내가 건전한 열등감으로 바꾸면 더는 사람 때문에 힘들어하는 일을 겪지 않아도 된다.

다른 사람에 대한 열등감을 극복하는 좋은 방법은 나에게 행복을 가져다주는 관계에 집중하는 것이다. 김재식의 저서 『좋은 사람에게만 좋은 사람이면 돼』에서는 "모든 사람에게 좋은 사람일 수 없다.", "특히 지금은 나를 돌아보는 시간이며, 내 마음대로 행복해지자."고 강조한다. "타인에게 좋은 사람이 되려고 애쓰기보다 자신을 돌보는 것이 중요하다."라고 말을 하고 있다.

대인 관계에서 힘든 이유는 결코 다른 사람의 문제가 아니다. 전적으로 나의 문제이다. 남이 자신을 어떻게 보는가에 집중하다 보면 '자기에 대한 집착'이 매우 강해진다. 자기 집착은 자기중심적인 사람으로 변하게 한다. 자기중심적인 사람은 자기에 대한 다른 사람의 반응이나 생각에 지나치게 많은 관심을 가진다.

50대 이후는 관계의 변화를 시도하는 것이 좋다. 40대까지의 인간관계는 다양하고 많으면 최고인 줄 알았다. 하루에도 몇 번씩 자주 연락하는 사람부터 잘 알지도 못하면서 연락처만 알고 있는 사람, 같이 있으면 행복한 사람부터 더는 만나고 싶지 않은 사람 등 다양한 관계를 맺으며 살아왔다. 나에게 행복을 주는 사람과 그렇지 않은 사람의 구분도 없었다. 그냥 아는 사람이 많은 인간관계가 최선이라고 생각했었다.

인간관계를 크게 두 가지 유형으로 구분할 수 있다. 첫 번째 유형은 항상 나를 인정하고 칭찬과 격려해주는 긍정적인 관계이다. 다른 유형은 어떤 이유인지 이해를 할 수 없으나 나를 깎아내리고 주위에 험담하고 다니는 부정적인 관계이다. 다행히 나에게는 첫 번째 유형의 지인이 많은 것 같다.

지금부터라도 부정적인 관계에 자신의 에너지를 쏟는 것을 피하고 긍정적인 관계에 최선을 다해 집중할 필요가 있다. 50대 이후의 인간관계에서는 꼭 참는 게 미덕은 아니다. 참는 것도 한계가 있고, 참기만 해서는 자신의 행복은 점점 멀어진다. 아들러의 말처럼 때로는 행복하기 위해서는 미움받을 용기가 필요하다. 모든 사람에게 칭찬받을 일은 없을 뿐만 아니라 그럴 필요도 없다. 그러기 위해서라도 긍정적인 관계에 집중하자.

정신의학과 전문의인 권순재의 저서 『이제 독성관계는 정리합니다』에서도 좋은 관계는 주도적으로 형성하고 독성관계는 과감하게 줄일 필요가 있다고 했다. 다음은 책의 내용을 일부 발췌하였다.

"당신을 착취하고 조종하고 위협하는 그들은 변하지 않는다. 타인의 감정을 자신의 감정보다 더 우선해 받아들였던 당신, 상대의 정신적 결핍에 마음 아파 돕고 싶었던 당신, 고통받는 건 자신임에도 과도한 책임감에 참고 견뎌온 당신, 무언가 내 잘못도 있었을 거로 생각하는 당신, 아닌 줄 알면서도 내 감정이 불편하기에 하루하루 넘겨온 당신, 그들에 대한 애정을 잃지 않고 지금의 고통과 부당함을 참고 견디다 보면 언젠가는 그들도 변할 거라는, 당신이 내심 기대해 왔던 마법 같은 일은 절대 일어나지 않을 것이다. 자격 없는 자들을 당신 마음에 허용하지 말 것이다."

그런데 지금까지의 관계가 변화하면 세상이 끝날 것으로 생각할 수 있다. 내 인생에 필요하지만 부정적인 관계임에도 불구하고 어쩔 수 없이 유지했던 관계를 정리한다면 더욱 그렇게 생각할 수밖에 없다. 왠지 내가 큰 손해를 볼 것만 같다. 또한 관계를 정리하기 힘든 이유는 그 이후에 자신이 외톨이가 되거나 다른 사람들로부터 버려질까 두렵기 때문이다.

하지만 부정적인 관계를 정리한다고 세상은 끝나지 않는다. 그 사람이 없어도 다른 새로운 관계가 맺어진다. 부정적인 관계를 끝내면 내 마음도 편해지고 새로운 관계가 생긴다. 바닷가의 백사장에서 모래를 한 움큼 떠내면 그 웅덩이에 물이 쑥 밀려 들어와 채워지는 것을 볼 수 있다. 가지고 있던 것을 비우면 새로운 것으로 채워지기 마련이다. 가지고 있던 것을 버리지 못하는 것은 더는 채워지지 않을 것에 대한 두려움과 불안감 때문일 뿐이다.

우리는 살면서 선택과 집중을 잘해야 성공적인 삶을 살 수 있다. 행복

을 위해서 인간관계에서도 선택과 집중이 필요하다. 이제는 나 자신에 집중할 때이다. 불편하고 불필요한 관계로 인해 내 감정을 소비하기에는 시간이 너무 아깝다. 나와 마음에 맞는 사람들과 행복한 시간을 보내기에도 부족한 시간이다. 지식생태학자인 유영만 한양대 교수의 『이런 사람 만나지 마세요』라는 책을 보면 귀가 막힌 사람, 모든 것을 부정적인 눈으로 삐뚤게 보는 사람, 자신의 잘못을 덮어씌우는 야비한 사람, 반성보다 문책을 즐기는 사람 등을 만나지 말라고 한다.

이런 물음을 던져 본다. "나에게 집중하지 않는다면 도대체 누구에게 집중할 것인가?" 50대는 좋은 관계를 형성해서 행복하게 살기에도 남은 시간이 별로 없다. 나를 좋아하는 한 사람에게 집중할지 아니면 나를 미워하면서 험담만 하고 다니는 사람에게 집중할지에 대한 답은 너무나 자명하다. 내가 좋아하는 사람에게 집중하자. 인간관계도 선택할 수 있다. 좋은 사람들만 챙기기에도 인생은 짧다.

그럼 좋은 사람들은 어떤 사람일까? 긍정적인 에너지를 가진 사람, 공감해 주는 사람, 나를 지지하는 사람이다. 공감은 인간이 베풀 수 있는 최대의 친절이다. 외로울 때 공감해 주는 사람이면 더욱 좋다. 유대교 교리 중이 이런 말이 있다. "10명 중 1명은 나를 미워하고 험담하며, 나도 그를 미워한다. 2명은 나를 지지하고 좋아한다. 내가 하고자 하는 일들에 대해서 응원한다. 나머지 7명은 이것도 저것도 아니다." 단 2명이라도 나를 지지하고 좋아하는 사람에게 집중하자.

나는 40대까지 인간관계가 넓고 아는 사람이 많은 것이 자랑이었고, 그것을 대단하게 생각했다. 그 관계를 돌이켜보면, 대다수는 3년이 지나도록 한 번도 연락을 안 한 사람이 많다. 일부는 얼굴도 잘 생각나지 않는다. 어떤 이는 나만 알고 있을 수도 있다. 일부는 나에게 도움만 요청하는 사람이 있을 것이고, 일부는 내가 도움받기 위한 사람도 있었다. 하지만 실제 지금도 연락하면서 허심탄회하게 얘기할 수 있는 사람은 몇 안 된다.

 가족, 친구 등을 포함하여 나 이외에 다른 사람은 내 인생을 대신 살아주지 않는다. 어쩌다 가족 또는 친구가 장기 이식 등으로 내 생명을 연장할 수는 있어도 전적으로 내 삶을 대신하지는 못한다. 내가 살아가는 인생인데, 나의 행복에 큰 영향을 주는 인간관계를 내가 선택하는 것은 당연하다. 지금부터라도 부정적인 관계는 과감하게 정리하고 긍정적인 관계에 최선을 다해 집중하자.

| 07 |

# 블루존(Blue Zone)의 장수 비결은 어울림이다

"블루존(Blue Zone)에 대해 들어본 적이 있는가?"

사람들의 변하지 않는 꿈은 오래 사는 것이다. 많은 사람이 장수의 꿈을 실현하면서 살아가는 곳이 있다. 우리는 그곳을 블루존(Blue Zone)이라고 부른다. 블루존은 주민의 평균수명이 월등하게 높고, 건강하게 장수하는 지역이다. 세계적으로 유명한 블루존(Blue Zone)은 5개가 있다. 미국 로마린다, 코스타리카 니코야, 이탈리아 사르데냐, 그리스 이카리아, 일본 오키나와가 현재 대표적인 5대 블루존으로 꼽히고 있다.

블루존 사람들의 공통된 특징은 스트레스에 강하다. 살면서 스트레스는 피할 수 없지만, 잘 대응하면 오히려 유익한 스트레스로 활용할 수 있다. 스트레스에 강한 사람은 장수할 수 있다. 스트레스는 뇌 피로를 엄청나게 증가시킨다. 모든 피로의 가장 근본적인 원인은 뇌 피로이다. 뇌가 스트레스를 너무 많이 받으면 우리 몸을 지켜주는 호르몬에 이상이 온다. 부신 피로가 생기고 결국 몸도 마음도 피로에 찌든 상태가 된다.

블루존에서는 사람들이 시간에 쫓기는 엄청난 스트레스 상황에서 살기보다 자연을 벗 삼아 느긋하게 지내기 때문에 뇌 피로에서 벗어나 있다.

또 한 가지, 블루존에 사는 사람들의 대표적인 특징은 자주 움직이고 잘 어울린다. 나이를 먹어도 끊임없이 일하면서 움직이고, 가족과 주민들이 함께 어울리면서 사는 것을 즐긴다.

운동이나 신체 활동 등 움직임이 인간의 수명을 늘려 준다는 얘기는 앞서 했다. 어울림으로 대표되는 인간관계 역시 인간의 수명과도 깊은 연관이 있다. 근육이 생명을 연장하는 것처럼 관계를 맺고 어울리는 관계 근육은 장수의 비결이다. 『건강하게 나이 든다는 것』의 저자이면서 과학 저널리스트인 마르타 자라스카는 이에 대해 이렇게 썼다.

"건강을 지키는 데 가장 중요한 건 관계다. 가족, 친구, 이웃의 든든한 지원 망이 있으면 사망 위험도가 45% 준다.", "하루에 채소와 과일을 6인분씩 먹어봤자 사망 위험도는 26%밖에 안 줄어드는데 헌신적인 애정을 바탕으로 한 결혼 관계는 49%나 낮춘다." 또 다른 연구로 미국의 한 연구는 "친구나 친척이 별로 없고, 결혼하지 않은 데다 지역사회 단체에 소속되지 않으면 7년 동안 사망할 가능성이 그렇지 않은 경우보다 세 배나 높다."라고 하였다.

행복한 인간관계는 수명을 연장하는 기능을 하지만, 그렇지 않으면 수명을 단축한다. 놀라운 점은 고립되고 혼자 사는 사람들보다 모여 사는 사람들의 텔로미어 길이가 길었다는 연구 결과도 있다. 텔로미어의 길이는 인간의 수명과 직접적인 관련이 있다고 앞에서 얘기했다. 텔로미어에 대해 궁금하면 잠깐 앞의 내용을 보고 오는 것이 좋겠다.

좋은 인간관계는 행복한 삶을 만든다. 미국 하버드대에서 724명을 75년간 장시간 조사하여 행복한 인생의 비밀을 알아낸 연구 결과를 발표했다. 아마도 이 연구가 단일 주제에 대한 최고로 긴 연구일 거라고 한다. 연구팀의 4번째 책임 연구원인 로버트 와그너 신경정신과 교수는 "우리 연구팀이 75년에 걸쳐 조사한 바 가장 확실한 것 한 가지는 바로 한 인간의 삶을 행복하고 건강하게 만드는 것은 바로 좋은 인간관계였다.", "사회적으로 고립되고 외로운 사람들일수록 살면서 행복하다고 느끼지 않을 뿐만 아니라 그렇지 않은 이들보다 수명도 짧았다."라고 밝혔다.

또한, 연구팀에 의하면 "은퇴 후에도 행복하다고 말하는 이들의 공통점은 새로운 환경이나 혹은 은퇴 후 시작한 새로운 일터에서 새로운 친구를 만들고 이들과 활발한 관계를 맺고 교류를 하는 것으로 나타났다."라고 주장했다. 이처럼 행복과 좋은 인간관계는 매우 밀접한 관련이 있다.

이미 장수마을로 알려진 블루존의 사례나 다양한 연구 결과에서도 알 수 있듯이 좋은 인간관계는 사람의 수명을 연장하고 행복한 삶을 살게 한다. 인간관계는 얼마나 많은가보다 얼마다 행복하고 긍정적인 관계인가가 중요하다. 자신에게 스트레스를 주는 인간관계보다 함께 행복함을 느낄 수 있는 관계를 형성해보자. 이처럼 좋은 인간관계는 기억력을 높인다는 연구 결과까지 있다. 자신이 믿고 의지할 수 있는 상대가 있다고 생각하는 사람은 그렇지 못한 사람보다 기억력이 훨씬 뛰어나고, 치매 예방에도 큰 도움이 된다.

좋은 인간관계가 행복을 가져온다는 사실은 알지만, 코로나-19와 같은 감염병은 사람들의 만남을 방해하고 있다. 그렇다고 인간관계가 전혀 불가능한 건 아니다. 관계 맺음은 온라인에서도 충분히 가능하다. 비록 얼굴을 보면서 만나기 힘들더라도 페이스북, 인스타그램, 카카오톡 등 SNS

를 통해서 얼마든지 소식을 전할 수 있다. 전화기를 들고 목소리를 들으면서 소통하는 것도 가능하다. 이런 것들을 통한 관계 맺음이 모두 장수의 비결임을 기억하자.

　블루존에 사는 사람들이 이를 입증하고 있다.

제 5 장

# 재테크 근육으로 은퇴 준비를 하라

50대는 은퇴를 앞둔 시기이다. 어쩌면 일부 사람에게는 은퇴가 바로 눈앞에서 벌어지고 있는 현실일 수 있다. 시기의 문제일 뿐 모든 사람은 은퇴를 피할 수 없다. 직장인이나 사업가, 운동선수 등 모든 직업에서 은퇴는 반드시 거쳐야 할 과정이다.

은퇴 이후에는 세금과 최소한의 경조사를 위해서라도 돈이 필요하다. 은퇴 이전보다 많은 돈을 벌 수는 없겠지만 기본적으로 지출할 정도의 돈은 미리 준비해 두어야 한다. 부자이면 더없이 좋다. 하지만 모든 사람이 부자일 수는 없다. 부자가 아니더라도 궁핍하지 않게 생활할 수 있도록 재테크 근육을 단련하자.

건강을 유지하는 것이 가장 큰 재테크이며, 현명한 소비생활 습관을 만드는 것이 중요하다. 재취업을 미리 준비해서 은퇴 이후에 다른 직업을 갖고 생활하는 것도 좋다. 재취업은 건강을 위해서도 좋고, 돈에 쪼들려서 초라한 삶을 살지 않아도 된다.

모든 기회는 준비한 사람만이 잡을 수 있다. 기회가 모두 지났다고 생각하지 말고 지금이라도 늦지 않았다. 재테크에 관심을 갖고 꾸준하게 열심히 공부하자.

| 01 |
## 부자는 아니라도 돈은 필요하다

 돈은 인생을 사는데 중요한 도구이다. 돈이 없으면 의식주부터 기본적인 생활을 할 수 없다. 서울시청 주변에서는 노숙자를 흔하게 볼 수 있다. 추운 겨울에도, 이른 새벽에 출근할 때나 늦은 밤에 퇴근할 때도 항상 볼 수 있다. 낮에도 적지 않은 인원이 몰려 있기도 하다. 이들이 추위와 더위에도 아랑곳하지 않고, 여기에 머물러서 먹고 자는 이유는 무엇일까? 각자 사정은 다르겠지만 일단 돈이 없기 때문이다. 이처럼 돈이 없으면 불편을 감수해야 한다. 기본적인 생활을 할 정도의 돈은 가지고 있어야 한다. 은퇴 이후에는 건강도 많이 약해지는데, 기본적인 생활조차 힘들면 행복하게 살기는 정말 어렵다.
 흔히 "숨만 쉬어도 돈이 나간다."라는 말이 있다. 사회의 구성원으로 살기 위해서라도 기본적으로 어느 정도의 돈을 가지고 있어야 한다. 가장 기본으로 돈을 지출해야 하는 곳은 세금이다. 살아있는 동안에 여러 가지 세금을 내야 한다. 소득이 있으면 소득세를, 대한민국 국적을 가진 국민으로 등록되어 있으면 주민세를 내야 한다. 집과 자동차를 가지고 있으면 재산세, 자동차세 등을 보유세로 내야 한다. 이렇듯 온종일 아무런 지출을 하지 않고, 숨을 쉬기만 해도 돈은 우리 손에서 나가고 있다. 만약 물건을 산다면 물건값에 포함된 부가가치세를 부담해야 한다.

　돈을 얼마만큼 가지고 있어야 행복할까? 사람마다 돈에 대한 행복의 척도는 다르다. 돈의 액수에 따라 행복이 결정되지는 않지만, 이 또한 사람마다 느끼는 정도가 다르다. 가령 1억 원이라는 금액에 대해 어떤 사람은 큰돈이라 생각하지만 다른 사람에게는 그렇지 않을 수 있다. 대부분 사람은 "돈은 많으면 많을수록 좋지."라고 말을 한다. 하지만 실제 돈을 벌 수 있는 능력은 사람마다 달라서 원하는 돈을 다 가질 수 없다. 부자처럼 돈이 많으면 좋겠지만 그렇지 않더라도 기본적으로 생활하고, 여가생활, 문화생활을 할 수 있을 정도의 돈은 있어야 한다.

　돈에 대한 다른 호기심으로, 얼마나 많은 돈을 가지고 있어야 부자라고 할 수 있을까? 사람마다 부자의 기준은 다르다. 상위 1%를 부자라고 해야 할 것인가? 통계청의 조사에 의하면 상위 1%의 순 자산액은 26억 원이다. 여기서 순자산은 총자산에서 부채를 제외한 금액이다. 하지만 금융자산이 10억 원 이상인 사람에게는 부자의 기준이 이와 다르다. 그들은 부자의 기준을 순 자산 100억 원 이상이라고 생각한다. 만약 당신이 부채를 제외하고 100억 원 이상의 자산을 가지고 있으면 부자라고 스스로 인정해도 무방할 것 같다. 순자산이 26억 원 또는 100억 원은 일반 사람이 평생 직장생활을 해서 돈을 벌어도 모으기 힘든 금액이다. 이래서 보통 사람이 부자가 되기 어려운 모양이다.

　50대 직장인이라면 돈을 벌 수 있는 기간이 한정되어 있다. 50대 또는 60대 초반에는 은퇴해서 자신의 자리를 후배에게 물려주어야 한다. 은퇴 이후에는 매월 고정적으로 들어오는 수입이 없어지기 때문에 경제적으로 힘든 상황을 맞을 수 있다. 자녀가 아직 성인이 되었음에도 독립하지 못했다면 자녀를 키우는 데에도 많은 돈이 들어갈 수밖에 없다. 자신의 사업을 하는 자영업자는 직장인보다 더 늦은 나이까지 경제적인 활동을 할 수 있지만, 대부분 직장인은 늦어도 60세 이전에 퇴직하게 된다. 최근에는 50대의 은퇴도 피할 수 없는 현실로 다가왔다.

그렇다면 퇴직 이후에는 얼마의 돈이 필요할까? 이 궁금증에 대한 답을 얻기 위해 노후에 필요한 자금을 조사해 보았다. 보통 사람들이 원하는 노후 생활비는 부부 기준으로 월평균 약 300만 원이었다. 국민연금공단이 전국 50세 이상을 대상으로 한 '국민 노후 보장 패널' 8차 조사에 의하면, 특별한 질병이 없다고 가정했을 때 노후에 적정한 생활비 수준으로 개인은 월 164만 5,000원, 부부는 267만 8,000원이 필요하다고 답했다. 또한 살아가는데 최소한으로 필요한 노후 생활비는 개인의 경우 116만 6,000원, 부부는 194만 7,000원이라고 답했다.

월평균 약 300만 원의 노후 생활비를 1년으로 다시 계산하면, 3,600만 원이다. 일정한 수입이 없더라도 은행에서 이자만으로 생활한다면 은행에 얼마의 돈이 있어야 할까? 은행의 예금 이율이 연 2%라고 가정하면 최소 18억 원의 현금이 은행에 예치되어 있어야 한다. 그런데 은행에 18억 원이 있는 사람은 몇 명이나 될까? 40대까지는 자녀 학원, 과외 등 교육비, 주택 구매, 부모 병간호 등으로 수입보다 지출이 많은 경우가 대부분이었다. 50대부터는 상황이 많이 변한다. 수입이 줄어드는 경우도 발생하지만, 지출도 그만큼 줄어든다. 자녀들은 이미 독립해서 경제활동을 하는 경우라면 더욱더 다행이다. 자녀에게 들어갈 상당히 많은 돈을 지출하지 않아도 되기 때문이다. 그런데도 이미 자녀 교육과 생활비 등으로 지출해서 통장에 남아 있는 돈이 별로 없는 경우가 대부분일 것이다. 오히려 부채가 은행의 저축 금액보다 더 많지 않으면 다행이다. 그렇다고 포기하고 있을 수만은 없다. 행복한 노후를 위해 필요한 돈을 미리 준비해야 은퇴 이후까지 쪼들리지 않게 생활할 수 있다.

"은퇴 이후와 노년은 부모에서 사퇴하고 '부부'와 '나'로 돌아가는 시간이다."라고 이아손의 책『은퇴하면 세상이 끝날 줄 알았다』에서 얘기하고 있다. 은퇴 이후 '부부'와 '나'로 돌아가 삶의 행복을 온전히 느끼려면 부자는 아니라도 기본적으로 생활할 만큼의 돈을 가지고 있어야 한다.

부자는 아니더라도 돈에 대한 걱정에서 어느 정도 해방되는 것이면 더욱 좋다. 은퇴 이후에 할 일은 그동안 돈을 버느라 잃어버렸던 자신을 찾는 것이다. 즉 은퇴 이후에 신경 써야 하는 것은 나의 행복에 집중하는 것이다. 그러기 위해서는 돈에서 자유로워야 한다. 흔히 "돈이 돈을 벌게 한다."라는 얘기를 자주 한다. 자산을 늘리고, 자산으로부터 나오는 주기적인 수입이 있어야 한다. 내가 쉬고 있거나 자는 동안에도 내 돈이 돈을 벌게 하는 것이 은퇴 이후의 이상적인 경제 상황이다.

하지만 모든 사람이 은퇴 이후에도 이상적인 경제 상황을 만들기는 불가능하다. 그래서 은퇴 이후에 반드시 부자가 되라는 것은 더욱 아니다. 그 대신 기본적인 생활을 하는데 부족하지 않고, 경제적으로 어려워서 힘들어하지 않을 정도의 돈은 미리 준비해야 한다.

돈에 너무 욕심을 부릴 필요도 없다. 돈은 많을수록 좋겠지만 마음먹

은 대로 나에게 쉽게 오지 않는다. 오히려 여러 가지 상황으로 돈이 부족할 수도 있다. 급속한 노화와 건강관리 소홀로 병원 신세를 질 수도 있다. 자신 또는 부모의 병원비로 많은 지출이 있거나 은퇴로 경제적인 활동을 할 수 없는 상황이면 기본적인 생활을 하지 못하는 경우가 발생할 수도 있다.

50대 이후에는 자신의 행복에 집중해야 할 시기이다. 돈에 대한 과도한 욕심을 내려놓을 때 행복에 좀 더 가까워질 수 있다. 그렇더라도 은퇴 이후에도 생활고에 시달리지 않고, 여가생활과 문화생활 등을 즐길 정도의 돈을 준비해야 한다.

돈에서 벗어나야 행복한 법이다.

| 02 |
## 핑계 없는 무덤 없다

"돈이 있어야 좋은 대학을 간다. 더는 개천에서 용이 나지 않는다."

어느 순간부터 금수저와 흙수저가 사회상을 반영하는 단어가 되어버린 듯하다. 최근에는 "돈이 있어야 좋은 대학을 간다."라는 얘기를 주변에서 너무 많이 듣는다. "개천에서는 용이 나지 않는다."라고 자신 있게 얘기하는 사람들도 흔하게 볼 수 있다. 불과 10년 전만 해도 집이 가난하더라도 자수성가할 기회가 많았다. 열심히 공부만 하면 사법고시에 합격한다거나 좋은 대학에 진학하고, 좋은 직장에 취업하는 등 성공할 수 있는 길은 있었다. 비록 흙수저라도 자신의 능력으로 부를 축적하여 자식들에게는 흙수저를 대물림하지 않을 수 있었다. 지금은 상황이 많이 달라졌다. 아이들에게 많은 돈을 투자해야 좋은 중학교, 고등학교, 대학에 진학할 수 있다. 취업에서도 '부모 찬스'라는 용어가 신문, 방송 등 매스컴을 통해서 거론될 정도로 흔한 말이 되었다.

나는 가난한 어린 시절을 보냈다. 학원을 한 번도 가본 적이 없었고, 학교 도서관과 독서실에서 새벽부터 늦은 밤까지 교과서와 참고서에만 의존하여 공부했다. 대학 진학처럼 중요한 결정도 부모님의 도움을 받을 수 없었다. 부모님은 두 분 모두 직장생활을 하셔야 가족이 겨우 먹고살 수 있었기 때문에 자식들을 돌볼 시간이 별로 없으셨다. 매일 새벽부터 밤늦게까지 항상 일만 하셨다. 그래서인지 주변에 부유한 친구들이 너무 부러웠다.

어른이 되어서도 부모님의 경제적 지원을 받기는 힘들었다. 다행스럽게도 대기업에 취업해서 연봉을 많이 받았고, 직장을 다니면서 저축한 돈으로 비록 전세이지만 살 집을 마련해서 결혼할 수 있었다. 부모님은 아이 셋을 키우시느라 모아 놓은 재산도 충분치 않았고, 당신들이 생활하시기에도 힘든 상황이었다. 더구나 자식들이 모두 수도권에서 살다 보니 무작정 상경해서 첫 서울 생활에 경제적인 어려움도 상당히 컸다.

시간이 훌쩍 지나 부모님처럼 아이 셋의 부모가 되고, 큰아이와 둘째 아이는 벌써 다 커서 대학생이 되었다. 자산은 충분하지 않지만, 서울에 5명의 가족이 살 수 있는 집이 있고, 풍족하지는 않지만 불편하지 않을 정도로 소비하며 살고 있다.

이렇게 되기까지 부동산과 주식에 관심을 많이 두고 공부를 했다. 어느 정도 운도 따라준 것 같다. 하지만 전혀 관심이 없었다면 기회가 와도 잡지 못하고, 흘려버리는 결과가 있었을 것이다. 세계적 대부호인 빌 게이츠는 『지속 가능한 부의 비결』에서 "가난하게 태어난 것은 당신의 실수가 아니다. 그러나 죽을 때도 가난한 것은 당신 실수다."라고 얘기했다. 준비된 자에게는 반드시 기회가 오기 마련이다. 기회가 왔을 때 준비되어 있지 않으면 기회를 활용할 수 없다. "핑계 없는 무덤은 없다."라는 옛말이 있다. 이런저런 핑계로 준비하지 않는다면 자신에게 주어진 기회를 선뜻 잡을 수 없다. 기회를 잡을 수 없었던 것은 온전히 자신의 준비 부족을 탓하면 된다.

  돈을 버는 기술을 재테크라고 한다. 재테크도 철저한 공부를 통해 사전에 준비해야 한다. 흔히 얘기하는 부자의 기준에 들지 못하더라도 자신의 관심과 노력 여하에 따라 돈을 벌 수 있다. 거액의 상속, 돈 많이 주는 직장, 전문직 등 돈을 벌기에 좋은 여건이면 더없이 좋겠지만 그런 행운을 잡는 사람은 많지 않다. 그렇지 못하더라도 재테크에 대해 꾸준히 공부하고 준비하면 돈을 벌 기회가 반드시 오기 마련이다. 직장인이라면 소비를 줄이고, 매월 받는 월급을 쪼개서 저축과 투자를 해야 한다. 투자는 투기와 다르다. 충분한 공부를 해야 성공적인 투자가 가능하다.

  성공적인 투자를 위해서는 선택을 잘해야 한다. 내가 대학 시절에 개포

동 아파트를 1억 원 이내면 살 수 있었던 때가 있었다. 지금은 그 아파트 단지를 포함해서 주변의 재개발도 함께 이루어져 가격이 최소 30억 원 이상이다. 당시 나는 대학생이었으니 경제적인 수입도 없고, 1억 원이라는 돈은 더욱 없었다. 하지만 경제적인 수입이 있는 사람은 다르다. 계속 관심을 갖고 공부를 했었다면 아마도 그 아파트에 투자했을 가능성이 매우 크다. 결국 미리 준비한 사람은 기회가 왔을 때 선택할 수 있는 강력한 힘을 발휘할 수 있다.

무언가를 선택하는 것을 방해하는 주요 원인은 핑계이다. 앞에서도 얘기했듯이 핑계 없는 무덤은 없는 법이다. 기회가 왔을 때 선택하려면 핑계를 만들 것이 아니라 가능한 방법을 찾아야 한다. 방법을 찾으면 모든 것을 할 수 있고, 핑계를 만들면 할 수 있는 것은 아무것도 없다.

나는 가끔 핑곗거리로 매일 할 일을 미루는 경우가 있다. 대표적으로 지하철로 출퇴근할 때 감사일기와 글을 쓰는 일이다. 매일 써야 하는 감사일기와 글을 이런저런 이유로 미루는 때가 종종 있다. 그 이유는 바쁘다는 것, 과음으로 몸이 좋지 않다는 것, 귀찮음 등이다. 감사일기와 글을 쓰는 것은 출퇴근 시간에 20분이면 충분하다. 하지 못할 이유가 없다. 굳이 하지 못할 이유를 찾는다면 핑곗거리에 불과하다. 재테크 역시 핑계거리만 만들면 할 수 없다.

50대에게 돈을 벌 수 있는 기간은 그리 많이 남지 않았다. 지금까지 돈을 벌고, 지출하는 데에만 급급했다면 지금부터라도 늦지 않았다. 재테크에 관심을 두고 꾸준히 공부해야 한다. 나도 재테크에 관해서는 전문가 수준처럼 알지 못한다. 투자 방법으로 부동산과 주식이 전부이다. 그나마 부동산은 한 번 손해를 본 경험이 있고, 주식의 수익률은 마이너스가 된 지 오래다. 모두 손해를 보고 있는 셈이다. 하지만 언젠가 수익을 낼 수 있을 거라고 확신하면서 계속 공부하고 있다.

최근에는 월세를 꼬박꼬박 챙기던 오피스텔 한 채를 손해를 보고 처분했다. 손해를 보면서까지 처분한 이유는 세금 때문이었다. 다주택자에 대한 세금이 2021년 부동산 관련 법이 개정되면서 너무 복잡해졌다. 양도세, 재산세, 종합부동산세 등 세금 공부만 해도 할 게 너무 많았다. 결국 오피스텔을 매도하는 것이 현재 상황에서 가장 유리하다는 결론을 얻었다. 지금 생각하면 정말 잘한 선택이다. 꾸준하게 관심을 가지고 준비한 덕분에 기회가 왔을 때 매도해서 세금을 엄청나게 줄일 수 있었다.

제3막 인생을 살기 위해서는 재테크에 관한 관심이 있으면서 꾸준히 공부해야 한다. 이미 재테크를 잘해서 노후 준비를 마쳤다면 유지하기 위한 공부를 하고, 아직도 못했다면 늦지 않았다. 지금이라도 시작해야만 한다. 죽을 때 돈을 가져가지 않지만, 노후를 행복하고 평안하게 살기 위해서는 돈이 필요하다. 돈의 양이 행복의 크기와 비례하지 않기에 욕심을 줄이고, 생활에 불편함이 없을 정도로 돈을 벌 수 있으면 된다.

| 03 |

# 재테크도 근육이 필요하다

"근육은 하루아침에 단련할 수 없다. 재테크 근육도 마찬가지이다."

운동을 처음 시작할 때를 생각해 보자. 무슨 운동이든 처음에는 익숙하지 않은 근육을 사용해서 그 부위에 통증이 발생하는 경우가 대부분이다. 통증 부위에 근육이 자리를 잡기 전까지 통증은 계속된다. 운동을 계속할수록 통증은 자연스럽게 사라지고, 근육이 점차 자리하게 된다.

재테크 역시 마찬가지다. 돈을 벌려면 재테크 근육을 단련해야 한다. 로또에 당첨되어 하루아침에 돈벼락을 맞기 전까지 누가 돈을 벌 기회를 가져다주지 않는다. 스스로 관심을 두고, 꾸준히 공부해야 기회가 온다. 처음에는 손해라는 통증이 올 수도 있다. 어쩌겠는가? 돈을 버는 확률이 100%인 것은 이 세상에 없다. 손해를 볼 수도 있다는 것을 생각하면서 그 손해를 줄이기 위한 꾸준한 공부가 필요하다. 결국 관심과 공부가 재테크 근육이라고 할 수 있다.

흔히 상속이나 복권 등에 대해 사람들은 불로소득이라고 얘기한다. 그래서인지 상속세, 복권과 관련한 세금은 상당한 금액이다. 하지만 부동산이나 주식, 채권, 경매 등 우리가 알고 있는 재테크 방법들은 이와 다르다. 그들 모두에 대해 열심히 공부하지 않으면 성공적인 투자를 할 수 없다. 그렇다고 자신의 생업을 뒤로하고 재테크를 우선으로 하라는 것은 아니다. 최소 하루에 자신이 투자할 수 있는 일정 시간을 투자해서 꾸준히 재테크에 관한 공부를 하면 된다. 처음에는 용어가 생소하고, 뭐가 뭔지 도무지 알 수 없더라도 공부하다 보면 점차 익숙해진다. 일단 용어와 내용이 익숙해지면 공부하는 범위가 더 넓어진다. 매일 경제신문을 읽는 것도 좋은 방법이다.

나는 부동산과 관련한 카카오톡 단체 대화방에 가입해서 주로 남이 올린 글을 보곤 한다. 그 대화방의 가입 회원은 지금 보니 580명이다. 단체 대화방에 올라온 글들을 보니 부동산에 대한 해박한 지식과 정보를 쉽게 찾아볼 수 있다. 어디서 그런 정보를 알았는지 신기할 따름이다. 최신 정보부터 법률적 지식, 향후 예측 등 중요한 내용이 많다.

단체 대화방을 보고 있노라면 부동산으로 돈을 벌기 위해서 얼마만큼 공부해야 하는지를 엿볼 수 있다. 신규 분양정보, 매매 동향, 거래량, 세금 문제까지 부동산에 관한 많은 정보를 수집하고 분석한다. 그리고 쉬는 날이면 직접 가서 본다고 한다. 이를 회원들의 입을 빌면 임장이라고 표현했다. 경매학원 등을 다니면서 공부하는 회원도 있다. 그만큼 관심을 가지고 시간이 날 때마다 자료를 찾아 공부한다.

인터넷에서 가장 많이 검색되는 단어가 '재테크'이다. 최근에는 핀테크가 신조어로 등장했다. 그만큼 재테크도 이젠 하나의 학문 분야처럼 공부를 반드시 해야 하는 분야이다. 이와 관련한 대학교 학과도 등장하고 문화센터 등의 강좌에서도 이와 관련한 강의는 인기를 끌고 있다. 하지만 꾸준한 관심으로 공부하는 사람은 많지 않다. 자신은 공부하지도 않으면서 주변에서 주식, 부동산, 경매 등 재테크를 열심히 해서 돈을 벌었다고 하면 오히려 배 아파하는 사람을 더욱 많이 볼 수 있다.

앞에서도 얘기했듯이 재테크 공부를 위해서 중요한 것은 관심이다. 아는 만큼 보이는 법이다. 무관심하면 바로 내 앞에 돈을 벌 기회가 있어도 볼 수 없다. 당시에는 아무것도 몰라서 그냥 흘려보내고 나중에 후회하는 일도 비일비재하다. 무관심하면 아무것도 보이지 않는다.

눈과 귀는 많이 보고 열심히 들으라는 의미로 인간에게 내려진 선물이다. 그 선물을 잘 활용하여 관심을 두어 보자. 관심을 가지면 변화에도 민감하다. 눈과 귀를 닫고 있으면 아무런 변화가 없다. 변화를 인식하면서 기회를 찾고, 가끔은 과감한 결단도 필요하다. 스펜서 존슨이 지은 책 『누가 내 치즈를 옮겼을까?』에서 생쥐 스니프와 스커리처럼 재테크에서도 변화를 빨리 인식하고 그것에 맞게 전략 수정도 필요하다.

재테크 근육을 단련하기 위해 시간을 엄청나게 들여 전문적으로 공부할 필요는 없다. 관심이 있으면서 자투리 시간을 이용해도 충분하다. 출퇴근 시간에 경제신문을 읽는다든지, 부동산, 주식 관련 기초 상식을 공부하고 전문가들의 의견을 듣는 건 좋은 방법이다. 처음에는 무엇이든 다양한 자료를 보는 것이 좋다. 그러다 보면 무엇이 옳은지 그른지를 판단할 수 있는 안목이 생긴다. 이것이 근육을 만들기 위한 기초체력을 쌓는 단계이다. 기초체력을 꾸준히 쌓다 보면 근육이 붙고, 일단 근육이 붙으면 그 이후에는 탄력이 붙는다. 돈이 돈을 벌 수 있는 단계로 발전할 수도 있다.

재테크 근육이 관심과 공부라고 앞서 얘기했는데, 궁극적으로는 결국 습관이다. 우리가 학창시절에 대학에 진학하기 위해서 공부를 습관화했던 것과 같이 돈을 벌기 위해서도 습관처럼 공부해야 한다. 공부 방법에 관한 자료와 공부할 내용은 이미 여기저기에 널려 있다. 나와 같이 재테크 근육을 주장하는 백승혜 작가도 『부자 근육을 키워라』에서 "재테크 지식을 쌓아서 근육으로 만들어라.", "재테크는 기술이 아니라 습관이다."라고 얘기하고 있다.

　요요 현상이 없는 단단한 재테크 근육을 만들기 위해서는 습관처럼 만들기 위한 꾸준함도 있어야 한다. 『인생에 변명하지 마라』라는 책을 쓴 총각네 야채가게 대표 이영석은 전국 40개 매장을 가진 대규모 농산물 판매기업의 대표이다. 30살에 18평 채소 가게에서 시작해서 연 매출 60억 원의 첫 성공을 거두기까지 고생은 이루 말할 수 없었다고 한다. 매일 가락시장에서 채소와 과일을 사 왔다. 이영석 대표는 이런 말을 한다.

　"모두 쉽게 이루려 하니 아무것도 이루지 못한다. 대가 없는 삶은 없다. 짐승 같은 성실함과 절실함, 지독함이 있어야 성공할 수 있다."

　재테크 근육도 하루아침에 만들어지지 않는다는 것을 명심하자.

| 04 |
# 몸테크가 가장 좋은 재테크다

"건강에 관심이 많은 연령대이자 실질적으로 건강관리가 가장 필요한 시기가 바로 50대 이후이다."

50대에게 건강관리는 필수이다. 50대 이후에는 노화가 빨리 진행되고 갱년기 등의 영향으로 건강이 쉽게 나빠질 수 있는 시기이다. 자신의 젊었던 순간을 생각하면서 건강관리를 소홀히 한다면 몸이 정말 예전 같지 않다는 것을 절실하게 느끼는 순간을 맞이할 수 있다. 앉았다가 일어나면서, 걸으면서, 갑자기 움직일 때 "아이고 삭신이야."라고 한 번쯤 내뱉어본 경험이 있을 것이다.

건강은 건강할 때 지키는 것이 최선이다. 한 번 건강 악화로 병원 신세를 지게 되는 순간부터 병원은 수시로 가게 되는 별장처럼 되기도 한다. 이곳이 아프면 다음에는 저곳이 아프고, 그러다 보니 병원을 계속 찾게 된다. 이런 경우 삶의 질은 당연히 떨어진다. 게다가 집안의 재산까지 빠르게 빠져나간다. 한 움큼 쥐고 있는 모래가 손가락 사이로 힘도 없이 스멀스멀 빠져나가듯 우리 집의 재산도 병원비로 조금씩 새어 나가는 것을 보게 된다. 심한 경우 목돈으로 확 나가는 때도 있다.

50대의 건강관리는 가계 경제적 차원에서도 정말 중요하다. 의료비용에 대한 간단한 통계만 보더라도 이를 쉽게 알 수 있다. 의료비로 사용하는 총비용의 경우 0세에서 50세까지 50년간 지출한 금액보다 51세 이후가 2.5배 더 많다. 50대 이후의 재테크에서 자신의 의료비용을 줄이는 것이 매우 중요하다는 것은 이런 통계를 보더라도 너무 명확하다.

　건강관리를 잘하면 가정의 경제적인 문제가 발생할 가능성도 그만큼 적어진다. 50대는 더욱 그러하다. 50대 남성의 경우는 아내와 자식이 있는 가정을 이루고 있고, 가장의 역할을 하고 있다. 여성은 어떠한가? 직장생활 또는 가정생활 모두 몸이 아프면 힘들어진다. 남성이든 여성이든 가장이 50대인 가정의 경우 집안의 경제적 수입을 책임지고 있다. 아파서 병원에 입원하기라도 하면 가정의 경제적인 문제가 발생할 가능성은 당연히 커질 수밖에 없다.

　우선 아프면 경제적 활동을 하기 어렵다. 가계 수입이 전혀 없거나 현저하게 줄어들어서 자신의 병원비, 부모와 자녀들에게 들어가는 돈, 기본적인 세금 등 지출을 충당하기 더욱 어려워진다. 그래서 한 가정이 경제적으로 매우 힘든 상황이 될 수 있다. 50대 가장은 아파도 아플 수 없는 상황이 발생한다.

　50대에게 자녀가 있다면 주로 대학생이나 고등학생인 경우가 많다. 만약 대학생이라면 학비 부담은 커질 수밖에 없다. 회사에서 학비 지원을 해주는 일도 있지만 그런 혜택을 받을 수 있는 사람은 그리 많지 않다. 대학 학비의 경우 2020년 기준 4년제 대학의 연간 등록금이 사립대의 경우 717만 원, 국·공립대는 408만 원이다. 2019년 기준 우리나라

가구당 평균소득과 비교하면 사립대가 약 12%, 국·공립대가 약 7%를 차지한다. 이는 등록금만을 기준으로 한 것이고, 학교에 다니면서 부수적으로 발생하는 비용도 상당히 많다. 책값, 교통비, 밥값, 용돈 등을 포함하면 그 비율은 더욱 높아진다. 고등학생의 경우는 어떠한가? 다행히 2021년부터 고등학교는 전 학년 무상교육으로 국가에서 교육비를 부담하고 있다.

하지만 사교육비의 경우에는 국가에서 책임을 져주지 않는다. 아쉽게도 사교육비가 만만치 않다. 우리나라처럼 사교육에 비용이 많이 들어가는 나라도 세계적으로 드물다. 최근 자료에 의하면 우리나라 사교육비 총액은 20조 원을 돌파했다. 고등학생의 사교육비는 가장 큰 부담이며, 평균 월 60만 원이다. 1년이면 720만 원이다. 4년제 사립대학 등록금보다 비싸다.

이러한 상황을 고려할 때 한 가정의 경제적인 문제를 줄이기 위해서는 50대가 건강해야 한다. 오죽하면 직장인들 사이에서 "막내 대학 졸업할 때까지 직장에 다녔으면 좋겠다."라는 말이 나오겠는가? 홑벌이 남성의 경우 건강이 무너지면 그 가정은 파탄에 이를 수도 있다.

50대의 재테크에서 가장 중요한 것은 몸이 건강한 것이다. 이를 일명 '몸 테크'라고 한다. 몸을 건강하게 유지하면 돈을 버는 효과가 있다. 건강은 하루아침에 좋아지지 않는다. 평소 건강할 때 꾸준히 관리해야 건강을 유지할 수 있다. 만약 오랜 기간 병으로 고생한다면 "긴 병에 효자 없다."라는 말처럼 가족과의 관계도 멀어질 수 있다.

운동은 몸 테크에서 너무 중요한 방법이다. 운동은 근육을 단련하고,

면역력을 높일 뿐만 아니라 피가 잘 흐르게 한다. 혈액 순환이 잘 되면 몸속에 쌓인 노폐물 같은 건강에 좋지 않은 물질들을 몸 밖으로 배출한다. 또한 우리 몸의 세포나 조직에 도움이 되는 '마이오카인', '사이토카인' 등의 30여 종의 물질이 만들어진다. 특히 나이 든 사람들의 경우 건강한 근력과 뼈의 강도를 유지하기 위한 가장 효과적인 방법이 운동이다.

우리 몸에 살을 저축하면 건강에 안 좋지만, 근육을 저축하면 건강을 유지할 수 있다. '근육 테크', '근육 연금', '근육 저축'이라는 말들이 공공연하게 사람들 사이에 얘기가 될 정도이며, 근육은 저축하고 꾸준히 단련해야 한다. 2018년 5월 16일 방영된 〈생로병사의 비밀〉에서는 근육 감소의 위험성을 소개한 적이 있다. 이 방송과 내가 앞에서도 언급한 것처럼 근육 감소는 질병이기 때문에 근육을 저축하는 것은 선택이 아니라 필수이다.

최근 나는 핸드폰 앱을 통해서 매일 걷기를 실천하고 있다. 앱에서는 하루에 걸을 양을 정해놓으면 하루가 지났을 때 본인이 계획한 것에 대한 성공 여부를 알려주고 있다. 나는 앱에서 만 보를 걷는 것으로 계획을 설정했고, 일주일에 2일, 3일은 달성하고 있다. 그 이외의 날들도 만 보까지는 아니지만, 최소 5천 보 이상은 걷는다. 주기적으로 목표한 양만큼 달성하면 레벨을 올려 주기도 하는데, 나는 이미 최고 레벨에 도달했다. 그리고 오늘도 꾸준히 앱을 사용하여 걷기를 실천하고 있다.

50대는 몸 테크가 곧 재테크다. 50대 이후부터 병원에 가져다주는 돈이 상당히 늘어난다. 그것만 줄여도 지출을 많이 줄일 수 있다. 건강을 유지하기 위해 매달 피트니스 클럽의 회원권을 끊어서 꾸준히 운동하는 것이 오히려 저렴하다. 운동하면서 병원에 가는 횟수를 줄인다면 그게 더 이익이다. 회원권을 끊어서 운동할 시간이나 경제적인 여력이 없다고 해도 문제가 될 것은 없다.

생활에서 흔히 할 수 있는 운동도 많다. 간단하게 집에서 할 수 있는 팔굽혀 펴기부터 최근 주변에 흔하게 있는 조그만 공터에 가더라도 간단한 운동기구는 있기 마련이다. 그런 운동기구를 이용해도 되고, 걷기는 너무 좋다. 산책하면서 여러 생각을 정리하고 건강도 유지할 수 있다. 매일 2,000보 이상만 걸어도 사망률이 20~30% 줄어든다고 한다.

| 05 |

# 슬기로운 소비생활

　소비도 슬기롭게 하는 지혜가 필요하다. 우리가 벌어들이는 수입에는 한계가 존재한다. 특히 월급을 받아 생활해야 하는 직장인의 경우는 유리지갑이라고 표현할 정도로 수입과 지출이 매월 거의 정해져 있다. 정해진 수입으로 생활하려면 소비를 줄이는 방법이 최선이다. 수입과 지출에 있어서 규모의 경제가 필요하다.
　소비를 얘기할 때 차를 가장 먼저 떠올리는 이들이 많다. 어떤 이는 차를 자존심으로 생각하는 반면, 단순한 이동 수단으로 간주하는 이들도 많다. 주위 사람들을 보더라도 제네시스처럼 비싼 국산 차나 벤츠, 아우디, 포르쉐와 같은 외제 차를 선호하는 사람들이 의외로 많다는 것이 놀라울 때가 있다. 이들의 얘기를 들어보면 경제적인 여건이 있어서 좋은 차를 구매하기도 하지만, 그렇지 않더라도 일단은 좋은 차부터 산다고 하는 이들도 종종 있다.
　나는 그다지 차에 대한 욕심이 없다. 여전히 나의 차는 쏘나타이다. 예전에도 쏘나타를 탔고, 지금도 쏘나타를 타고 있다. 다만 바뀐 것은 지금은 하이브리드 차량이다. 하이브리드 차량으로 바꾼 이유는 연비가

1리터를 주유하면 20km 이상으로 잘 나오고, 차량 내부도 조용해서이다. 그래서 매우 만족스럽게 타고 다니는 차이다. 내가 쏘나타를 고집하는 이유는 만족할 정도로 차가 잘 나가고 편하기도 할 뿐만 아니라 나의 소득수준과 지출 규모에 적합하다는 생각에서이다. 차량 구매가격, 자동차세와 보험, 수리비 등 차로 인해 지출되는 금액을 고려하면 쏘나타가 딱 맞다.

막내딸의 경제활동도 지켜보고 있노라면 재미있다. 막내는 내가 생각하기에도 쓸데없는 곳에는 돈을 잘 쓰지 않는다. 가끔 동전이 생겨서 막내에게 용돈을 주면 막내는 그 동전을 저금통에 차곡차곡 모아 놓는다. 직접 돈을 벌기도 한다. 용돈을 주기적으로 주지 않기 때문에 집에서 '앙규만 카페'라는 사업체를 운영하면서 돈을 번다. 앙규만 카페는 일종의 심부름 대행업체이다. 가령 화장실의 휴지심을 치우면서 그 대가로 용돈을 받는다. 아마도 그렇게 모은 돈이 상당한 금액에 달할 것 같다. 하지만 자신이 원하는 물건이 있으면 미리 가격을 검색하고 온라인이나 집 근처 다이소에서 가장 저렴한 가격으로 구매한다. 이렇게 소비하면서 어느 정도 돈이 모이면 내가 그 돈을 받아 삼성전자 우선주 주식을 사 준다. 명절 같은 날에는 용돈으로 현금 대신 주식을 사서 주기도 했다.

슬기로운 소비를 위해서는 굳이 사용하지 않아도 될 곳에는 돈을 낭비하지 않아야 한다. 푼돈이라도 될 수 있는 한 아껴 써야 한다. 라떼의 효과가 "푼돈이 모이면 쓸모 있는 돈이 된다."라는 의미를 지닌다. 라떼 한 잔은 금액이 많지 않다. 하지만 라떼를 매일 먹는 사람에게는 다르다. 매일 먹는 라떼를 구매하는 돈을 계속 아끼고 저축하면 나중에는 큰돈이 된다.

라떼의 효과를 설명하기 위한 좋은 예로 담배를 끊는 것이 있다. 50대까지 피워 온 담배라면 금연이 정말 쉽지 않은 일이다. 하지만 생각해 보자. 금연은 건강에도 매우 안 좋으므로 금연에 대해 굳은 마음으로 결심할 필요가 있다. 요즘에는 담배 한 갑에 5,000원 정도이니 하루에 한 갑을 피우는 사람이라면 한 달이면 15만 원이다. 15만 원으로 담배를 구매하지 않고 저축한다면 1년이면 180만 원이고, 10년이면 1,800만 원에 이른다. 이 돈은 나에게 주는 선물을 하기에도 충분한 금액이다.

소비를 적극적으로 해야 할 곳은 따로 있다. 나에 대해 투자를 하는 것이다. 책을 사거나 강연, 공연 등을 듣는 것에는 돈을 아낌없이 투자해야 한다. 그것은 낭비가 아니라 투자이다. 자신에게 주는 선물이고, 앞으로 살아갈 인생의 밑천이다. 영화, 음악, 강연, 그림, 공연 등 마음이 끌리는 것이면 돈보다 많이 우선하여서 해야 한다. 그런 것들로 인해 감동한다면 더없는 행복이다. 행복은 돈으로 살 수 없는 값진 것이다. 감동이 행복을 불러온다. 감동은 오랫동안 가슴에 여운으로 남는다. 자녀들이 어릴 때 여행, 독서, 공연, 전시회 등을 자주 찾는 이유도 감동을 남기기 위해서이다. 자녀들에게 어렸을 적 경험을 물어보면 기억하지 못하는 일들이 너무 많다는 것에 놀랄 때가 있다. 하지만 당시 받았던 감동을 오랫동안 마음에 지니고 있다는 것에 다시 놀라게 된다. 행복하려면 자신이 감동할 수 있는 것을 찾아 적극적으로 투자해라.

주변 사람에게 밥을 사는 것도 피하지 마라. 나이가 들수록 돈보다 사람을 얻는 것이 더 중요하다. 나에게 중요한 사람이라면 기꺼이 내 시간과 돈을 내야 한다.

슬기로운 소비생활은 절약만 하는 것을 의미하지 않는다. 하고 싶은 것은 해야 한다. 그러기 위해서 열심히 돈을 벌지 않았는가! 지금껏 힘들게 경제활동을 했으니 이젠 너무 하고 싶은 것까지 참아가면서 돈을 아낄 필요는 없다. 흔히 얘기하는 꼼생원은 젊었을 때로 충분하다. 주변에 밥도 사고, 하고 싶은 공연이나 강연도 보면서 마음 편하고 행복하게 사는 것이 중요하다.

행복하게 살기 위해서 돈은 하나의 도구일 뿐이다. 50대가 되면서까지 돈이 목적이 되면 오히려 불행해진다.

| 06 |
# 은퇴 이후에는 무엇으로 먹고 살까?

연금은 소득이 없는 경우를 대비하여 미리 준비하는 보장제도의 일환이다. 은퇴 이후에 우리가 받는 연금은 국민연금, 공무원연금, 사학연금, 군인연금 등 다양하다. 그런데 국민연금을 제외하고 다른 공적 연금의 경우에는 혜택을 받을 수 있는 자격이 극히 제한적이다.

그럼 은퇴 이후에는 무엇으로 먹고 살아야 할까? 이런 물음에 대해 50대부터는 심각하게 고민할 때이다. 은퇴 시기가 별로 남지 않아서 미리 준비하지 않으면 연금 수령의 기회를 얻을 수가 없다. 그렇지 않으면 다른 수입원이 있어야 한다. 연금이나 별도의 수입원도 없으면 경제적으로 어려움에 직면할 가능성이 매우 크다.

한국경제연구원의 조사에 의하면 우리나라의 노인 빈곤율은 49.6%로 OECD 국가 중 단연 1위이다. 2위가 23.1%로 미국인데, 2위와 비교해도 압도적이다. 조사 결과로 보면 퇴직 이후에 특별한 소득이 없이 노인이 된다면 두 명 중 한 명이 빈곤층으로 떨어지게 되는 셈이다. 그렇다고 노후에 든든한 연금을 준비해 놓은 사람도 그리 많지 않다.

다른 조사에 의하면 은퇴한 사람들의 가장 큰 고민거리는 경제적인 문제이다. 일부 사업을 하는 사람을 제외하면 대부분은 직장인이다. 직장인의 경우에는 주요 수입원이 회사에 노동을 제공한 대가로 매월 정기적으로 받는 월급이다. 40대까지는 직장에서 승진과 업무 실적을 위해 미친 듯이 일을 해야만 한다. 업무 실적은 근무 평가의 기준이 되고, 승진과 성과 급여 등에 영향을 미친다. 그에 따라 가정의 경제적인 상황과도 직접 연결된다. 그러다 50대가 되면 은퇴를 걱정하게 된다. 우리나라의 경우 법으로 정해진 정년은 60세이지만 그 이전에 퇴직하는 경우가 대다수다. 50대 초반이라도 지금 당장은 은퇴할 걱정이 없다고 생각할 수 있겠지만 시간은 정말 빠르게 지나간다. 계속 은퇴 이후에 절반 이상이나 남은 인생에서 먹고 사는 문제를 준비하지 않으면 머지않아 후회할 상황이 발생할 가능성이 매우 크다.

  은퇴 이후 연금도 충분하지 않고, 매월 지출하는 금액이 연금보다 많다면 무언가 수입을 만들어야 한다. 연금이나 다른 방법에서 벌어들이는 수입이 지출보다 적다면 계속된 가계 적자로 궁핍하게 살아야 하며 행복한 생활을 할 수 없다. 우리는 은퇴해서도 30년 또는 40년을 더 살아야 한다. 남은 인생의 행복을 위해서는 경제적인 상황이 뒷받침되어야 하는 것은 기본 상식이다.

  그러기 위해서는 정년이 되기 이전부터 미리 준비하는 것이 중요하다. 좀 더 빨리 준비했으면 좋았겠지만, 지금이라도 늦지 않다. 50대가 마지노선이라고 할 수 있다. 이 시기에 퇴직금을 활용해서 경제적 활동을 하는 방법이나 재취업 등을 위해 사전 준비를 적극적으로 해야 한다. 무엇을 할 것인지 미리 계획하고 조금씩 꾸준히 준비해야 한다.

만약 50대마저 은퇴 이후의 경제적인 문제를 미리 준비하지 않으면 큰 낭패를 볼 수 있다. 은퇴 후의 돈은 감성의 문제가 아니라 생존을 위해 필수이다. 20~40대는 지출보다 수입이 많은 시기라면 50대는 지출이 다소 줄어들 수도 있다. 하지만 기본적으로 들어가는 의식주 비용, 세금, 부모님 병간호비, 자녀 교육비 등은 여전히 주요한 지출항목이다. 거기에 더해 본인의 건강 상태에 따라 병원 진료비용이 추가로 들 수 있다.

은퇴 이후 준비를 위해 가장 좋은 방법은 역시 매월 고정적인 수입원을 만드는 것이다. 체력이 허용된다면 몸을 움직이면서 일을 하는 것이 건강에도 좋다. 당연히 수입을 창출하면 금상첨화이다. 그래서 재취업도 고려할 수 있다. 은퇴 이후 재취업을 하려면 50대에는 충분한 준비 시간을 확보해야 한다. 현재 50대 초반이라고 너무 방심하고 있다가는 준비 없이 은퇴를 맞이하게 된다.

재취업을 하려면 충분한 시간을 두고 미리 실력과 경력을 쌓아야 한다. 짧은 시간에 준비할 수 있는 일은 많지 않다. 지금까지 자신이 해 오던 분야가 아니어도 좋다. 자신이 좋아하는 것이면 더욱 좋다. 1만 시간의 법칙처럼 하루에 3시간씩 10년이면 무슨 일이든 전문가 수준으로 할 수 있다. 지금 직장인이라도 하루 3시간이면 자신의 본업에 영향을 미치지 않으면서 할 수 있는 시간이다. 준비할 시간이 없다는 것은 핑계에 불과하다. 술 먹는 시간을 줄이든지 다른 소모적인 시간을 줄여서 하면 된다.

최근에는 재취업과 관련한 정보를 알려 주는 곳도 많이 있다. 우선 각 지자체에는 50 플러스센터가 있다. 여기서 직접 일자리를 연결해 주기도 하고 취업을 위한 교육도 한다. 참고로 모 지자체의 50플러스 센터 홈페이지에서 재취업에 성공한 사례를 인용해 보았다.

「경기도 안양시에 사는 이정민 씨(68·가명)는 대학에서 섬유공학을 전공하고 국가공무원(기술직)에 임용돼 30여 년간 공직생활을 한 뒤 은퇴했다. 퇴직 후 본인의 능력을 발휘할 수 있는 일이면 무엇이든 해보겠다는 의지를 살려 요양보호사 자격을 취득했다. 그는 노인복지센터에서 어르신 송영(운전 등) 업무를 비롯해 치매 예방 체조, 인지 활동 및 사회적응 훈련 등 프로그램 담당 역할을 톡톡히 하고 있다.」

「서울시에 거주하는 박재현 씨(57·가명)는 회계 및 컨설팅 관련 업무로 25년간 직장생활을 해오다 퇴직했다. 재직 중 사회공헌 관련 사업을 주도했던 경험을 살려 협동조합에서 사회적 기업, 마을 기업 등을 대상으로 경영 컨설팅을 해주는 업무를 맡았다. 사실 박 씨는 퇴사 후 재취업까지 4년가량의 세월을 투자했다고 한다. 현실적으로 일반기업에 재취업하는 게 힘들다는 것을 알고 사회공헌 사업을 하는 협동조합으로 발길을 돌린 케이스이다. 그는 "보수가 많지는 않지만, 사회적 가치를 키우는 보람도 있고 이 나이에 이 정도 보수를 받는 것만도 만족스럽다."라고 했다.

두 가지 사례를 보면서 짐작했듯이 은퇴 이후 재취업을 하는 곳이 은퇴 전 직장생활과 전혀 다른 분야일 가능성이 크다. 그동안 하고 싶었던 일을 새롭게 시작할 수도 있다.

만약 은퇴 이후에도 풍족하게 생활할 정도로 경제적인 여건이 된다면 재능 기부를 추천한다. 오랜 시간 자신의 경험 또는 재능을 사회에 기부함으로써 행복감을 느낄 수 있다. 성공한 은퇴자란 사회에 환원하는 사람이라는 말이 있다. 미국의 경제 전문 일간지인 「월스트리트저널」의 한 조사 결과에 의하면 은퇴자의 59%가 가진 재산을 기부하는 것보다 자신의 기술과 재능을 필요로 하는 곳을 돕고 싶어 한다. 자신을 필요로 하는 곳에서 재능 기부도 하고 행복한 삶까지 살 수 있다.

건강, 취미, 수입 등 어떤 이유로든 은퇴 이후에는 재취업도 심각하게 생각해야 한다. 50대는 서서히 인생 제3막을 위해 준비하는 시기이다. 나의 인생 3막 이후의 삶은 누구도 책임져 주지 않는다. 그래서 은퇴 이후 취업을 준비하기 위해 미리 공부하고 배우는 것이 현명하다. 은퇴 이후에는 지금과 전혀 다른 분야에서 일할 수도 있다. 지금까지는 일하면서 행복하지 않았다면 은퇴 이후에는 하고 싶은 일을 하면서 돈을 벌 수 있는 일을 찾는 것도 좋은 방법이다. 자기가 좋아하는 취미로 돈을 벌 수 있으면 얼마나 행복할 것인가? 그게 바로 제3막 인생에서는 성공이라고 말할 수 있다.

제2막 인생인 50대가 준비의 기간이며, 은퇴 이후의 삶의 이정표가 된다.

| 07 |
# 준비해야 기회를 잡는다

 감나무 밑에서 감이 떨어지기를 기다린다면 감을 먹을 수 없다. 감을 먹고 싶다면 감을 따기 위해 고리와 감을 담을 수 있는 바구니를 칭칭 동여맨 긴 장대를 준비해야 한다. 감을 먹을 기회는 장대를 만든 사람에게 주어진다. 이처럼 기회는 준비된 사람이면 잡을 수 있다. 그렇지 못한 사람은 자신에게 기회가 왔다는 것조차 모르고 그냥 흘려보낸다.

 자신에게 온 기회를 잡기 위해서는 미리 준비해야 한다. 좋은 준비 방법은 공부이다. 무엇을 공부해야 할지 모르겠다면 서점에 가서 재테크와 관련한 책을 몇 권 사서 읽어보라. 각자의 투자 성향과 경제적 상황이 달라서 재테크에는 정해진 답은 없다. 각자 자신에 맞는 재테크 방법을 찾아야 한다.

 하지만 먼저 투자해야 돈을 벌 기회가 온다는 것에는 별다른 이견이 없다. 독서뿐만 아니라 주변에 눈과 귀를 열어 많이 듣고 많이 보아서 편협한 생각에 빠지지 않는 것도 중요하다. 자칫 투자하려다 사기를 당하는 경우도 종종 발생하기 때문이다.

 직장인이라면 월급에 대한 믿음을 버려야 한다. 월급은 마약과도 같고,

월급에 대해 맹신하면 월급의 노예가 된다. 월급을 조금이라도 더 받고 승진을 하려면 자신의 영혼과 육체를 희생해야 한다. 나와 오랜 시간 같은 팀에서 근무하셨던 분의 말을 빌리면 "월급을 맹신한 희생의 대가는 시간이 지나서 은퇴의 순간에 아무것도 남지 않는 빈손으로 다가온다."라고 한다.

여기서 오해하면 안 될 것은 직장에서 일을 열심히 하지 말라는 의미는 결코 아니다. 직장에서 좋은 성과를 내고 승진해서 명예와 부를 축적하면 더할 나위 없이 좋다. 하지만 많은 사람에게 같은 기회가 주어지는 것은 아니다. 무조건 열심히 한다고 가능한 일도 아니다.

기억해야 할 것은 너무 월급을 쫓아 직장에 매여 있으면서 중요한 것들을 잃어버리면 안 된다는 것이다. 건강, 가족, 친구처럼 소중한 것은 한 번 잃으면 다시 회복하기 힘든 법이다. 또한 이러한 것들은 내 곁에 오래 남아 행복에 이르게 하는 열쇠이다. 예일대 심리학자인 폴 블룸은 "외로움은 은퇴의 잠정적인 함정이다. 행복에 이르는 열쇠는 친구, 가족, 그리고 장기적인 프로젝트와 같은 가치 있는 목표를 열심히 찾는 것이다."라고 얘기하고 있다. 월급에 대한 맹신으로 행복에 이르는 소중한 열쇠마저 버리면 자신에게 남는 것은 외로운 감정뿐이다.

앞에서도 은퇴 이후를 대비하여 재테크를 하면서 미리 준비해야 한다고 얘기한 바 있다. 한 가지 사례를 들어보자. 서울에 집을 한 채 마련하는 꿈을 가진 사람들이 많다. 청약의 기회를 잡으려면 그야말로 장시간 준비의 기간을 가져야 한다. 청약점수 만점은 84점인데, 3인 가구는 최대 점수가 64점, 30대가 만점을 받으려면 20세가 되자마자 청약에 대해 준비를 해야 가능한 점수이다. 참고로 2021년 서울지역 청약 하한선은 62.6점이었다. 그나마 청년은 청약에 많은 혜택을 주기 때문에 나은 편이다. 그런 혜택이 없는 경우 청약통장으로 집을 청약하려면 총금액이 최소 2,000만 원이 있어야 한다. 청약통장에 한 달 10만 원씩을 부으면 최소 17년이 걸린다. 17년 동안 청약 준비를 해야 청약으로 집을 한 채 마련할 수 있다. 기본적으로 내가 살 집을 장만하기 위한 청약도 준비하지 않으면 기회를 잡을 수 없다.

나는 아이가 셋이다. 막내가 나이 사십에 태어난 늦둥이이다. 내가 정년퇴직할 때 즈음이면 막내는 대학생이 된다. 한참 돈이 많이 들어갈 때이다. 은퇴 이후에도 현금 흐름을 만들어야 하는 상황이다. 주변에서 늦둥이는 아니더라도 결혼을 늦게 해서 막내보다 자녀가 더 어린 친구도 몇

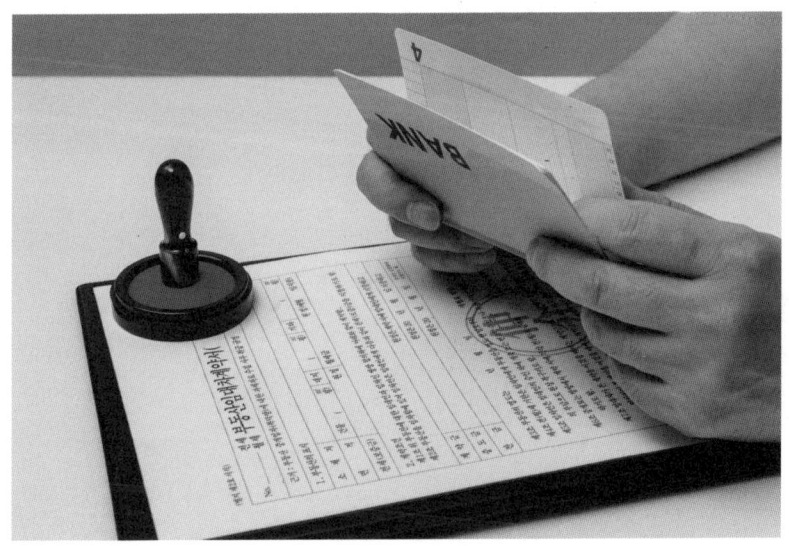

있다. 친한 고등학교 친구는 첫째 아이가 막내보다 3살가량 어리다. 아이는 한 명이지만 그 친구가 은퇴할 무렵에는 그 아이가 고등학생이다. 사회적으로 이런 문제로 인해 정년 연장이 논의되고 있긴 하지만 아직 결정된 것이 없다. 결국 감나무 밑에서 감이 떨어지기를 기다리는 것보다 재테크를 해서 현금 흐름을 만드는 게 더 빠르고 현명한 방법이다.

  이렇듯 나야말로 준비가 필요하다. 아이 셋을 키우기 위해서는 돈도 벌어야 하고, 건강도 챙겨야 한다. 그리고 은퇴 이후의 삶에 대해 고민도 해야 한다. 하지만 너무 걱정하지는 않는다. 준비가 되어 있으면 기회가 왔을 때 잡을 수 있다는 믿음이 있기 때문이다.

  나는 오늘도 독서와 글을 쓰면서 준비 시간을 갖고 있다.

## 제6장

# 근육은 하루아침에 만들어지지 않는다

근육은 꾸준히 단련할 때 만들어진다. 나의 일상처럼 장기간에 걸쳐서 근육이 우리 몸에서 자리 잡도록 해야 한다. 단기간에 근육을 만드는 방법도 있다. 하지만 약물 등 단기 처방에 의존해야 하고, 그 근육은 금방 사라져 버린다.

근육을 만들기 위해 가장 먼저 할 일은 자리에서 일어나야 한다. 지금도, 10년 후에도, 20년 후에도 소파에 누워서 TV만 볼 것인가? 자리에서 일어나야 계획을 세우고, 꾸준히 실천할 수 있다. 계획을 쪼개서 쉽게 실천하고 작은 성과들을 달성해야 한다. 성과를 달성하면서 느끼는 행복감은 다른 도전을 가능하게 한다. 행복은 크기보다 빈도가 중요한 법이다.

할 수 있다는 믿음으로 당장 시작하자. 우리는 아직 성공하지 못했을 뿐이다. 행복을 만들기 위한 가장 든든한 근육은 습관이다. 건강한 습관은 후반부 인생의 행복을 책임진다. 습관은 100세 어르신도 춤추게 한다.

| 01 |
# 인생에 느낌표를 찍어라!

"인생에 부정의 물음표를 던지지 마라."
살면서 다양한 질문을 해야 한다.
"병에서 벗어날 방법은 무엇일까?"
"사람들이 모두 행복할 수는 없나?"
"행복하면 오래 살아?"
이런 질문들은 호기심에 의한 것이기도 하지만 나의 동기를 유발하기도 한다. 반면에 하지 말아야 할 질문이 있다.
"이게 되겠어? 될까?"
"내가 이것을 할 수 있겠어?"
이런 질문들은 내가 무엇을 하려는 의지를 처음부터 꺾는다. 골프 여제 박세리는 골프 초보자가 티샷하기 전에 "느낌이 조금 이상 한데."라고 말을 하자 "이번은 100% 잘 치지 못할 거야. 처음부터 자신감이 없으면 다 끝났다."라고 언급한다.

우리 자신에게 던질 질문은 자신감을 얻게 하는 것이어야 한다. 차라리 질문 대신 느낌표로 말하는 것이 좋다.

"이건 된다! 당연히 되지!"

"나는 이것을 충분히 할 수 있어!"

이럴 때는 다소 허세를 부려 말을 함으로써 나 자신에게 긍정적인 힘을 주는 것이 좋다. 지금부터라도 부정의 물음표 대신 느낌표를 찍어 보자.

느낌표 이후에는 무슨 일이든 시작할 수 있다. 시작이 반이니 느낌표를 찍는 것은 그 반을 이미 시작한 것이다. 공효진, 조정석이 출연한 드라마 〈질투의 화신〉에서 조정석은 아나운서 시험 결과에 초조해하는 공효진에게 "자기 인생에 물음표 던지지 마. 그냥 느낌표만 던져. 물음표랑 느낌표 섞어서 던지는 건 더 나쁘고, 난 될 거다. 난 될 거다. 이번엔 꼭 될 거다. 느낌표, 알았어?"라고 얘기한다. 나는 드라마를 잘 보지 않기 때문에 이 드라마의 줄거리를 잘 모른다. 하지만 TV를 켜고 여기저기 채널을 돌리다 우연히 보게 된 장면이었는데 이 부분에 대한 잔상이 너무 깊게 남았다.

내가 선택한 것에 대한 장점과 좋은 결과를 기대하는 마음만 있으면 느낌표를 과감하게 찍을 수 있다. 새로운 일에 도전하는 것은 어렵다. 인간 행동 패턴의 메커니즘을 분석한 진화생물학자 레베카 하이스 박사가 쓴 『본능의 과학』에서는 "인간은 두려움의 본능이 있으며, 그중 변화를 두려워한다."라고 한다. 인간은 원래 변화하기 어려우니 느낌표를 먼저 찍으면 도전과 변화에 많은 도움이 된다.

무슨 도전이든 처음에는 어려울 수 있지만 익숙해지면 괜찮다. 나는 매우 부끄러움이 많은 아이였다. 소변이 마려워도 화장실 가야 한다는 말을 하기 어려워 참았던 적도 많고, 모르는 문제를 질문할 수도 없어서 며칠 동안 전전긍긍하면서 혼자 해결했던 기억도 있다. 그런 아이가 다른 사람 앞에서 발표한다는 것은 꿈에도 생각을 못 했다. 처음 발표는 대학 때 수업 시간에 어쩔 수 없이 할 수밖에 없는 상황에서 이루어졌다. 발표하러 강단에 올라가기 전까지 입에 침이 마르고 손에서는 땀이 나고 등줄기에는 폭포수처럼 흐르는 땀을 주체할 수 없었다. 뜨거운 기운이 머리 위로 솟구쳐 올랐다. 하지만 연단에 올라가 막상 발표를 시작하자 마음이 편안했다. 발표하기에 앞서 처음 한 마디를 떼는 것이 어려웠을 뿐이다. 발표 중간에는 내 얘기를 듣던 사람들이 웃어줄 때 희열을 느꼈다. 그 이후로는 오히려 강의나 발표 이런 것이 좋아졌고, 그러다 보니 할 수 있는 기회도 많아졌다.

　나의 도전은 계속되었다. 성인이 된 이후 10년마다 변화를 위한 큰 도전을 시작했다. 30대가 첫 시작이다. 27살에 시작한 첫 직장은 ㈜SK건설이었다. SK 그룹의 계열사로 지금은 ㈜SK에코플랜트로 사명을 바꿨다. 당시 SK 그룹은 국내 재계 서열로 다섯 손가락 안에 들어서 SK 그룹의 직원은 부러움의 대상이었다. 연봉도 무척 많았다. 채용 당시 연봉이 성과급을 제외하고 약 2천만 원이었으니, 아마 당시 장관 등 국무위원 정도의 급여가 아니었을까 싶다. 한마디로 꿈의 직장이었다. 입사를 위해서 서류전형, 영어시험, 적성검사, 집단 토론, 면접 등 많은 시험을 통과해야 했다. 어렵게 입사하여 해외 엔지니어링 사업본부에 배치되었다. 주로 하는 일은 외국의 대규모 석유화학단지에 있는 수처리 공정 설계와 설계한 공정의 정상 가동 여부를 점검하기 위한 시험 운전이었다. 그 덕분에 미국, 독일, 멕시코, 태국, 베트남, 중국 등 여러 나라를 경험할 수 있었다.

5년이 지났을 즈음에 기술고시를 준비하기 위해서 회사를 그만두었다. 결혼하여 첫째 아이가 있었던 상황이었다. 나이는 30대 초반이었다. 당연히 주변 분들의 대다수는 퇴사를 만류하였다.

"이 대리, 미쳤어? 지금 나가서 시험에 합격한다는 보장도 없는데 계속 회사에 다니지 그래. 일단 나가면 다시 들어오지도 못해. 처자식의 생계는 어떻게 해?"

"감사합니다만 지금 시작해야만 합니다. 더 늦어지면 후회할 것 같습니다."

그렇게 첫 번째 도전을 시작했다. 고시는 1차에 합격했으나 최종 합격은 하지 못했다. 그 실패는 40대에 박사학위에 도전하는 기회와 용기를 주었다. 영국의 작가 사무엘 스마일스는 "실패는 재도전하는 기회와 용기를 준다."라고 한 말이 절실하게 느껴지는 상황이다.

두 번째 도전은 40대에 완성되었다. 30대 말에 박사학위를 받기 위해 대학원에 입학했다. 대학원 박사과정의 정해진 수업 시간을 모두 듣고, 학위논문의 주제를 정했다. 학위논문의 주제와 관련된 단편 논문들을 국내외 학회지에 게재하고, 발표도 하였다. 이제 본격적으로 학위논문을 써야 했다. 그때가 40대 초였다. 직장 업무와 병행하면서 논문을 쓰려니 잠도 못 자고 피곤한 날의 연속이었다. 집에서는 세 아이의 아빠였는데 공부 때문에 아이들과 많이 놀아주지도 못했다. 지금 생각하면 아내와 아이들에게 많이 미안하다. 박사학위 심사 마지막 날, "이준복 박사, 축하합니다."라는 그 한 마디는 정말 지금도 잊을 수 없는 벅찬 감동이었다. 그렇게 두 번째 도전은 성공했다.

세 번째 도전은 연구원에서 시청으로 근무지를 바꾸는 것이었다. 업무의 성격과 강도 차이가 커서 연구원에서 시청으로 옮겨서 근무하고 싶어 하는 사람은 많지 않았다. 시청은 출근 시간은 있되, 퇴근 시간이 없는 생활의 연속이다. 휴일조차 마음대로 시간을 활용할 수 없고, 상시 출근 준비 상태였다. 그런 생활을 하다 보니 가족, 친구, 주변 지인들과 함께하는 시간은 점점 없어지고, 해야 할 일만 남는 상황이 되어 버렸다. 다행히 지금 다시 연구원에 돌아왔으니 시청 근무는 좋은 경험으로 남게 되었다. 연구직 공무원에게는 기회가 거의 없는 경험을 나는 할 수 있었다.

네 번째 도전은 50대 초에 시작했다. 예전부터 책을 써야겠다고 막연하게 생각하고 있었지만 시작하지 못했다. 그러던 중 안 좋은 일들이 계속 겹치면서 너무 힘들었다. 하지만 좌절할 수 없었다. 오히려 그런 힘든 상황이 책을 써야겠다는 결심을 더욱 굳게 했다. 일단 결심한 다음에는 더 늦추어서는 안 된다는 생각으로 바로 시작했다. 그래서 지금 이 책을 쓰고 있다. 이 책은 50대를 준비하는 40대와 50대에게 인생 후반부를 행복하게 살기 위한 비법을 전해준다. 나 역시 이 책을 쓰면서 50대 이후 꾸준히 변화와 도전을 실행하는 힘을 얻고 있다. 이렇게 네 번째 도전에 대한 시작은 상대적으로 그리 어렵지 않았다. 관성력 때문일까? 첫 시작이 힘들 뿐 그 이후부터는 비교적 어렵지 않았다.

이러한 변화들에 대해 결심을 하기 전 물음표를 계속 던지면서 고민만 했다면 어느 것 하나 할 수 없었을 것이다. 일단은 된다는 생각으로 할 수 있다는 마음으로 느낌표를 찍고 앞으로 나가는 것이 중요하다.
"된다. 나는 할 수 있다."라는 마음가짐은 무슨 일을 하든 첫 번째이다.

| 02 |

# 일단 자리에서 일어나라

일본 작가 기시미 이치로의 『아무것도 하지 않으면 아무 일도 일어나지 않는다』는 책이 있다. 이 책은 알프레드 아들러의 『삶의 의미(Der Sinn des Lebens)』라는 책을 기초로 씌여졌다.

아들러는 우리에게는 『미움받을 용기』라는 책의 저자로 잘 알려져 있다. 기시미 이치로의 책에서 아들러는 "과거를 바꿀 수는 없어도 미래는 충분히 바꿀 수 있다."라는 메시지를 던져주고 있다. 과거에 이미 벌어진 일에 대해 연연하고 후회해봐야 남는 것은 전혀 없다. 과거는 묻어두고 미래를 준비해야 한다. 준비되지 않은 미래는 내 손으로 바꿀 수 없다. 미래를 바꾸기 위해 일단 시작하자. 자리에서 일어나는 것이 실행하는데 가장 먼저이다.

"시작이 반이다."라는 우리나라 속담이 있다. 시작했으면 절반은 성공한 것이다. 시작이 있어야 끝도 있는 법이다. 천 리 길도 한 걸음을 떼고 앞으로 나아가야 비로소 도달할 수 있다. 그만큼 시작이 중요하다. 중국 고전 『중용』에서도 '행원필자이 등고필자비(行遠必自邇 登高必自卑)'라는 문구를 찾아볼 수가 있다. 아무리 먼 길도 반드시 가까운 곳에서부터 출발하고, 높은 곳도 반드시 낮은 곳에서 시작된다. 로또 당첨을 원하면 먼저 로또를 사야 한다. 로또를 사지도 않으면서 로또에 당첨되기를 바라는 것은 밭에 씨를 뿌리지 않고 곡식을 거두려는 것과 같다. 우리나라의 대표적인 기업들의 예를 보아도 그렇다. 초기에 규모는 작았지만 분명히 시작점이 있었다. 1931년 구인회상회, 1937년 경일상회, 1938년 삼성상회에서 시작되어 지금 LG그룹, 현대그룹, 삼성그룹으로 되었다. 나의 첫 직장인 SK그룹은 1939년 선경직물에서 시작되었다. 그 시작점에서 출발한 기업이 지금은 세계적으로 유명한 그룹으로 성장하였다. 시작해야 성공이든 실패든 결과를 얻을 수 있다.

이렇게 분명한 것은 시작하지 않으면 결과는 없다는 사실이다. 시작한 일의 결과는 자신이 생각했던 것과 다를 수 있다. "결혼은 해보고 후회하는 것이 더 낫다."라는 웃지 못할 명언이 있다. 시작하지도 않고 아쉬움을 가지고 사는 것보다 한번 해보고, 실패든 성공이든 그 결과를 받아들이는 것이 홀가분하다.

만약 결과가 실패라고 하더라도 전혀 의미가 없는 것은 아니다. 틀림없이 나에게 무언가를 가져다주는 실패이고, 성공을 위한 밑거름이 된다. 비록 잘못된 선택이더라도 그 선택으로 일단 시작했고, 시간이 지난 다음 그 결과를 추억으로 얘기할 수 있다.

사실 시작하는 것은 어렵다. 결과에 대한 두려움이 시작하지 못하게 방해한다. 하지만 너무 걱정할 필요는 없다. 결과는 성공하지 못했더라도 성공을 위해 나아가는 과정에서 다른 성과는 틀림없이 있을 것이기 때문이다. 나는 연구원으로 논문을 자주 쓴다. 논문을 쓸 때 항상 성공한 연구 결과만을 활용하지 않는다. 실패한 실험, 연구들도 논문의 소재가 된다. 이와 유사한 사례가 있다. 메모를 위해 흔히 사용하는 '포스트 잇'은 원래 의도치 않은 성과물이다. 접착력이 약해서 실패한 작품이지만 생각을 바꿔서 다르게 활용하니 정말 좋은 결과물이 되었다. 반드시 성공해야 한다는 강박관념이 있으면 두려움은 더 커지는 법이다. 결과에 대한 두려움보다 가능한 방법을 한 번 더 생각해 보자.

시작을 방해하는 것이 더 있다. 바로 망설임이다.

"모든 일의 시작은 위험하다. 그러나 무엇을 막론하고, 시작하지 않으면 아무것도 시작되지 않는다."

독일의 철학자 니체는 『인간적인 너무나 인간적인』에서 이렇게 말했다. 망설임은 시작에 가장 큰 걸림돌이다. 망설이고 주저하다 보면 시작도 못 하는 경우가 대다수다. 망설임도 실패에 대한 두려움에서 나온다. 하지만 앞에서 얘기한 것처럼 실패는 두려움의 대상이 아니라 재도전에 대한 기회와 용기를 준다.

망설이는 시간에 일단 시작하면 된다. 무언가를 하겠다고 결심한 순간 조금의 망설임도 없이 곧바로 자리를 박차고 일어나야 한다. 망설이는 동안 해야 하는 시기가 점점 늦춰지고 결국 아무것도 하지 못하게 된다. 탈무드에서는 "세상에 너무 지나치게 사용하면 안 되는 세 가지는 빵의 이스트, 소금, 망설임이다."라고 하였다. 그리스 시인 소포클레스는 "신은 행동하지 않는 자를 절대 돕지 않는다."라는 말을 남겼다. 지금 당장 망설임을 깨부수고 바로 자리에서 일어나 시작하라.

일단 시작해서 한 걸음씩 가다 보면 목적지에 다다를 수 있다. '내가 할 수 있을까?라고 망설이는 시간조차 아깝다. 50대는 벌써 인생의 절반을 살았다. 살아온 것보다 살아야 할 날이 적게 남았을 수도 있는데, 여전히 망설이면서 시간을 다 보낼 것인가? 일단 시작하라. 인생을 바꾸려면 실천해야 한다. 행동 없는 생각은 망상이다.

　(기자) "무슨 생각 하면서 (스트레칭을) 하세요?"

　(김연아 선수) "무슨 생각을 해…. 그냥 하는 거지요."

　그렇다. 김연아 선수처럼 망설임 없이 바로 시작해야 한다.

　"일단 시작해."라는 뜻의 스포츠 브랜드인 나이키의 슬로건 "Just Do it." 역시 시작의 중요성을 말해준다. 곰돌이 푸의 저서 『서두르지 않아도 괜찮아』에서는 "일단 해보고 나서 생각해도 늦지 않아요."라고 얘기하고 있다.

　당장 자리에서 일어나라. 이것저것 망설이고 생각하는 시간에 당장 시

작하라. 지금 시작하지 않으면 앞으로 시작하기 더 힘들 수 있고, 오히려 끝내 하지 못할 가능성이 더 크다. 스페인 바르셀로나의 전 축구선수인 카를레스 푸욜은 이런 말을 남겼다.

"힘이 드는가? 하지만 오늘 걷지 않으면 내일은 뛰어야 한다."

지금 시작하는 것이 가장 빠르고 효율적이다.

나는 최근 화실에 등록했다. 바빠서 꾸준히 못 할 거야. 돈이 들어갈 곳이 많으니 경제적으로 부담이 돼. 과연 내가 할 수 있을까? 이런저런 생각들로 처음에는 시작하지 못했다. 하지만 중요한 것을 간과하고 있었다. 안 될 것을 찾다 보면 할 수 있는 일이 없다는 사실이다. 할 방법이 조금이라도 있으면 가능성이 작더라도 찾아서 시작하라.

일단 시작했으면 절반은 성공한 것이다.

| 03 |
# 목표는 쪼갤수록 좋다

생각만 하고 있으면 절대 아무것도 할 수 없다. 일단 시작했다면 다음은 목표를 세우는 것이다. 목표는 마음속에 있는 생각을 실현하게 한다. 무언가를 일단 시작했으니 가려고 하는 방향을 잡고, 그 방향으로 가기 위한 행동을 구체화해야 한다. 무엇을, 언제, 어떻게 해야 할지가 명확해야 끝까지 멈추지 않고 갈 수 있다.

어차피 인생의 끝은 죽음인데 또다시 아등바등 살 필요가 있냐고 반문할 수 있다. "그냥 아무 생각 없이 편하게 살다 가고 싶어.", "또 목표를 세우고, 그 목표를 달성하기 위해 시간에 쫓기면서 바쁘게 살고 싶지 않아." 라고 얘기한다면 그 생각이 틀렸다고 말하고 싶지는 않다. 시간이 가면서 나이가 들고, 때가 되면 죽는 게 인간의 일생인 것은 맞다. 그것을 부정하지는 않는다. 다만 인생 후반기에는 실천 가능한 목표들을 세우고 달성했을 때 느껴지는 소소한 행복을 찾자는 것이다.

목표가 없으면 하는 일이 재미가 없고 지루하기 짝이 없다. 막내딸이 학교에서 멀리뛰기를 한다기에 놀이터에 같이 연습하러 갔다. 처음에 몇 번 뛰더니 재미없어하기에 "대체 얼마만큼을 뛰고 싶어?"라고 물었다. "1m 70cm를 넘어야 좋은 점수를 받을 수 있어요."라고 한다. 1m 70cm 지점에 막대기 하나를 가져다 놓았다. 그랬더니 막내가 그 막대기에 조금이라도 더 가까이 가기 위해서 계속 연습했다. 그리고 실제 놀라운 일이 벌어졌다. 막대기를 놓기 전에는 1m 40cm 정도의 기록이었는데, 막대기를 놓고 나니 무려 전보다 10cm에서 20cm나 기록이 더 좋아졌다. 막내는 기록이 좋아지니 더욱 재미있게 연습했다. 목표가 있다는 것은 실행에 재미를 더할 수 있다.

50대는 인생 후반부를 시작하는 시기이다. 전반부 인생의 50년은 잘 살아왔다. 앞으로 남은 40~50년의 삶은 아직 가본 적이 없다. 누구도 대신 살아주지 않는다. 내가 책임지고 가야 할 인생이다. 더구나 앞으로 사회가 어떻게 변할지는 아무도 정확한 예측을 할 수 없다. 미래가 불확실해서 불안할 수도 있다. 확실한 것은 사회가 변하듯 내 주변의 상황도 변할 것이다. 나는 그 변화에 적응해야 한다. 그러기 위해서는 변화와 도전에 대한 목표를 설정하는 인생 설계를 해야 한다.

설정하려는 목표는 거창하지 않아도 된다. 목표의 양과 범위는 지금까지와는 달라져야 한다. 후반부 인생에서는 작고 달성하기 쉬운 목표를 잡는 것이 좋다. 작은 변화와 소소한 도전을 하면 된다. 그런 점에서 후반부 인생의 목표는 실천 목표라는 표현이 더 적합하다. 목표는 후반부 인생에서 하고 싶었던 변화와 도전에 대한 도착지점을 잡는 것이다. 목표의 크기와 상관없이 목표를 달성했을 때의 기분은 살아오면서 많이 경험했을 것이다. 지금까지 해 온 것에서 약간의 에너지만 더 하면 된다.

목표 설정에도 지혜가 필요하다. 인생에서 내 힘으로 해결하지 못하는 일도 많다. 그런 상황에 닥치면 무리해서 해결하기보다 겸손하고 우직하게 받아들이는 지혜도 필요하다. 유명한 사자성어로 '우생마사'가 있다. 계곡에 물이 불어 홍수가 났는데 소와 말이 그 물에 빠져 흘러내려 가고 있었다. 말은 물살을 이겨내려고 물을 거슬러 헤엄쳐 올라가려다 힘이 빠져 죽었다. 소는 물살을 등에 지고 물과 함께 떠내려가다 얕은 곳에 이르러 걸어 나와 살았다. 우화에서 소와 말의 경우 모두 살기 위한 목표는 같지만 어떻게 대응하느냐에 따라 결과는 달랐다. 우생마사의 일화처럼 후반부 인생에서는 세상의 이치에 거스르는 목표는 도움이 되지 않는다. 목표를 달성하기 위해 내가 가진 모든 에너지를 쏟아부을 정도의 거창한 목표도 세우지 않는 것이 좋다.

인생 후반부의 목표 설정에서 한 가지 더 고려할 점은 나에게 집중하는 것이다. 아마도 인생 1막을 열심히 살았고, 제2막도 행복하게 살기 위해서 이 책을 읽고 있는 독자들이 많을 것이다. 나도 인생 1막은 열심히 살았다고 자부하고 있다. 학창 시절은 모범생이라는 얘기를 들으며, 별문제 없이 지냈다. 대학도, 취업도 한 번에 했다. 그러고는 공무원을 하고 싶어서 회사를 그만두고 고시 준비를 하기도 했다. 공부를 더 하고 싶어서 대학원에 진학하여 박사학위까지 받았다. 그동안 운동도 꾸준히 열심히 했다. 인생의 지혜를 얻고자 책도 많이 읽었다. 다만 아쉬운 것은 이렇게 열심히 살았던 이유가 남이 나를 인정해 주고, 좋은 평가를 해주기를 바라는 마음 때문이었던 것 같다.

이제 인생 2막은 나에게 집중할 때이다. 한 번만 살다 가는 인생인데

2막까지 나를 다른 사람의 평가 잣대에 맞춰 산다면 내 인생을 상실했다는 생각으로 너무 억울할 것 같다. 내 인생에 대한 평가는 내가 하면 된다. 그렇다고 남과 함께 어울리는 사회인데 독불장군이 되자는 것은 아니다. 남에게 인정받고 사랑받고 싶은 것은 인지상정이다. 다른 사람의 평가는 존중하되 너무 그들의 시선에 신경 쓰면서 나의 시간과 에너지를 낭비하지 말자는 것이다. 의외로 사람들은 나에 관해 관심이 없다. 그 사실을 먼저 인정하고, 나에게 집중할 때이다.

그러면 나에게 집중할 수 있는 목표를 어떻게 세우는 것이 좋을까? 경영학의 아버지로 불리는 피터 드러커는 목표는 S.M.A.R.T. 해야 한다고 했다. 목표가 구체적이고(S, specific), 측정 가능하며(M, measurable), 행동 지향적이어야 하며(A, action-oriented), 현실적이며(R, realistic), 기한이 정해져 있어야 한다(T, time-based).

동기부여 전문가로 유명한 브라이언 트레이시도 『한 가지로 승부하라』라는 책에서 다음과 같이 목표 설정 7단계를 제시하였다.

첫째, 자신이 정확히 무엇을 원하는지를 결정하라. 둘째, 원하는 것을 구체적으로 문서화하라. 셋째, 목표에 대한 마감 시간을 정하라. 그리고 필요하면 단계별 마감 시간도 정하라. 넷째, 목표를 달성하기 위해 해야 할 모든 것에 대한 리스트를 작성하라. 다섯째, 리스트를 계획으로 조직하라. 여섯째, 즉각 계획을 실행하라. 일곱째, 당신의 주요 목표가 무엇이든 목표를 지향하는 일을 매일 하겠다고 결심하라.

위에서 소개한 방법들 이외에 자신의 성향과 처한 상황에 맞게 목표를 설정하면 된다. 큰 목표를 먼저 세우고, 작은 목표들로 구체화하면 행동하기 쉽고, 실현 가능해진다. 『아주 작은 반복의 힘』의 저자인 UCLA의 로버트 마우어 교수는 목표를 달성하는 방법으로 "목표를 달성하는 유일한 길은 작은 일의 반복이다. 가장 단순하고 가장 쉬운 것부터 시작하라!"라고 하였다. 나의 생각도 이와 일치한다. 일단 시작해서 달성하기 쉬운 목표들부터 하나씩 이루어가는 것이 포기하지 않고 끝까지 할 수 있는 방법이다.

최근 코로나-19로 맨손으로 할 수 있는 운동이 인기다. 대표적인 운동으로 스쿼트가 있다. 스쿼트는 허벅지가 무릎과 수평이 될 때까지 앉았다 일어났다 하는 동작을 반복하는 운동이다. 스쿼트 100개를 매일 하면 하체와 엉덩이 근육의 발달뿐만 아니라 운동 효과도 매우 크다고 한다. 우선 스쿼트 100개를 매일 하기 위한 목표를 세워 보자. 큰 목표는 매일 스쿼트 100개이다. 그러기 위해서는 작은 목표들로 구체화해야 한다.

첫날 스쿼트 10개를 하는 것에서 시작해서 매일 스쿼트 한 개씩을 늘려간다는 목표로 구체화한다. 약 3달이 지나면 스쿼트 100개가 채워진다. 이런 목표라면 성공할 확률이 매우 높다. 매일 한 개씩 늘려가는 과정으로 스쿼트를 하는 것이 습관이 되기 때문이다. 만약 첫날부터 스쿼트 100개씩을 한다는 목표를 세웠다면 며칠이 지나지 않아 포기하기 십상이다.

인생 설계에서 시작 다음으로 중요한 것은 목표를 설정하는 것이다. 배가 표류하지 않고 앞으로 나아갈 수 있는 이유는 목적지가 있기 때문이다. 50대는 전보다 많은 시간이 주어져 있지 않은 만큼 목표를 명확하게 설정하여 앞으로 나아가야 시행착오를 줄일 수 있다. 행복은 크기보다 빈도가 중요한 만큼 목표를 달성하면서 행복을 얻기 위해서라도 목표는 잘게 쪼갤수록 좋다. 소소하고 확실한 성취감이 행복을 자주 불러온다.

## | 04 |
## 꾸준하게 실천하라

수적천석(水滴穿石).

물방울이 바위를 뚫는다는 의미의 사자성어이다. 작아서 힘이 없는 물방울이라도 바위의 같은 장소에 계속 떨어지면 단단한 바위라도 구멍을 낼 수 있다. 꾸준함이 강력한 힘을 발휘한다는 의미이다. 꾸준함의 힘은 강력하다. 지금 당장 부족하고 미약해도 무언가를 꾸준히 한다면 이루지 못할 것이 없다. 꾸준함이 모이면 실력이 된다.

문용식의 책 『꾸준함을 이길 그 어떤 재주도 없다』에서도 이런 말이 나온다.

"누구나 시행착오는 불가피하다. 일하다가 실패를 할 수도 있다. 그러나 실패와 시행착오를 하더라도 갈지자로 좌충우돌해서는 안 된다. 어려움이 있더라도 일관성 있게 밀어붙이는 힘이 중요하다. 무슨 일을 하든지 중간에 포기하는 일 없이 될 때까지 끝까지 해라. 세상에 꾸준함을 이길 수 있는 것은 없다."

앞에서 얘기한 것처럼 어떤 일을 새롭게 시작하는 것은 너무 어렵다. 일단 시작하면 절반은 성공한 것이다. 나머지 절반은 꾸준함으로 채울 수 있다. 시작했으면 꾸준하게 지속하는 것이 중요하다. 어쩌면 이것은 시작보다 더 어려울 수 있다. 러시아의 유명한 발레리나인 안나 파블로바가 "하나의 목표를 중단 없이 쫓는 그것이 바로 성공의 비결이다."라고 얘기한 것처럼 일단 시작하고, 무엇인가를 지속해서 하다 보면 목표 지점에 도달할 수 있다.

상어가 꾸준히 헤엄치는 이유를 알고 있는가? 상어는 헤엄치지 않으면 죽는다. 잠을 자는 순간마저 상어는 쉬지 않고 움직여야 한다. 여기에는 두 가지 이유가 있다. 공기주머니라고 하는 부레가 없어서 가만히 있으면 가라앉기 때문에 계속 헤엄치면서 움직여야 부력을 일으켜 물에 뜰 수 있기 때문이다. 또 한 가지 이유는 물이 아가미를 통과하게 하려는 것이다. 상어가 입을 벌리고 헤엄치면서 물에 녹아 있는 산소를 들이마시는 것이다.

상어가 살기 위해서 꾸준하게 헤엄을 치는 것처럼 50대에게 꾸준함은 생존의 문제라고 해도 전혀 지나치지 않다. 남은 인생이 많은 것 같지만 지나온 세월을 돌이켜 보면 그리 길지 않은 시간이다. 죽기 전에 '나는 열심히 살았다. 그래서 행복했다.'라는 회상을 하려면 무언가 목표를 세우고 꾸준하게 하는 것은 더는 선택의 문제가 아니다. 삶의 일부로써 반드시 해야 한다.

나는 배드민턴 동호회 활동을 하고 있다. 일반적으로 동호회에서는 운동을 처음 시작할 때 개인지도를 받는다. 나 역시 6개월 이상을 받았다. 처음 1개월은 아예 콕을 만져 보지도 못했다. 코치가 배드민턴 콕을 주지도 않고, 발의 움직임이 중요하다며 계속 스텝 연습만 했다. 하루라도 빨리 콕을 치고 싶은데 스텝만 연습하고 있으니 미칠 지경이었다. 그만두고 싶은 마음도 여러 번이었다. 하지만 시작했으니 끝을 봐야 한다는 생각으로 1개월을 보냈다. 하루도 빼지 않고 꾸준히 체육관에 나가서 배드민턴을 했다. 전날 늦은 시간까지 술을 마셨어도 예외는 없었다. 그러다 보니 지금은 배드민턴을 제법 잘한다는 얘기를 주변으로부터 듣는다. 만약 콕을 만져 보지도 못한 첫 1개월 이내에 배드민턴을 그만두었으면 그것으로 끝이었다. 꾸준함으로 인해 지금 배드민턴이라는 좋은 취미를 갖게 되었다. 배드민턴으로 행복한 시간을 가질 수 있는 이유는 힘들어도 포기하지 않았던 꾸준함이 있었기 때문이다.

일본의 유명한 작가인 무라카미 하루키는 마라토너이기도 하다. 그의 나이 60세에 쓴 책 『달리기를 말할 때 내가 하고 싶은 이야기』에서는 마라톤 완주를 위한 준비과정을 언급하고 있다.

"매일 10km의 조깅, 한 달 약 300km의 거리, 그 정도의 훈련량으로 피치를 끌어올려 두지 않으면 42.195km를 완주할 수 없다. 사람의 몸은 기계처럼, 한순간 딱 마음을 먹는다고 완주할 수 있는 것은 아니다. 그러다가는 끝내 다리가 무거워져 반드시 걸음을 멈추게 된다. 그렇다고 매일 아침 신발 끈을 묶는 일이 즐겁냐 하면, 절대로 그건 아니다. 그저 해야 하니까 하는 것뿐이다. 매일 10km를 달려두지 않은 사람은 경기 당일에 완주할 수 없다."

역시 마라톤에서도 완주할 수 있는 유일한 방법은 매일 꾸준하게 뛰는 것이다.

조앤 롤링의 『해리 포터』 원고는 12군데 출판사에서 거절당했다. 마거릿 미첼의 『바람과 함께 사라지다』도 25개 출판사가 거절했다. 『영혼을 위한 닭고기 수프』의 저자 잭 캔필드는 123곳에서 거절당한 이후 자비출판을 했는데, 800만 부가 넘게 팔렸다. 모두 실패에 좌절하지 않고 꾸준하게 도전했기에 결국 성공을 끌어낸 작가들이다.

이솝 우화 중에도 토끼와 거북의 경주가 있다. 거북은 토끼보다 달리기 속도가 매우 느리지만 토끼와의 달리기 경주에서 우승한다. 토끼는 경주 초반에 먼저 앞서갔지만 중간에 멈추어 쉬게 된다. 반면 거북은 처음부터 끝까지 꾸준하게 나아갈 뿐이다. 결국 거북의 꾸준함으로 그 경주의 승리는 거북에게 돌아간다.

꾸준함과 관련된 고사성어 중 너무나 잘 알려진 '작심삼일'이라는 말이 있다. 마음먹었던 일이 3일이 지나기도 전에 흐지부지된다는 것이다. 작심삼일이니 '3일마다 계획을 세우면 성공할 수 있다.'라는 말도 있다. 그렇다. 3일마다 계획 세우는 일도 꾸준히 할 수만 있다면 원하는 성과를 달성할 수 있다.

'1만 시간의 법칙'도 꾸준함의 중요함을 잘 증명하고 있다. 어떤 분야의 전문가가 되기 위해서는 최소 1만 시간이 필요하다. 꾸준하게 무언가를 하다 보면 그 분야의 전문가가 된다. 그동안 자신이 경험하지 못했던 전혀 다른 분야에서도 전문가가 될 수 있다. '꾸준함이 강력한 힘을 발휘한다.'라는 기본적인 원리를 믿고 따르다 보면 어느새 전문가가 되어 있는 자신을 발견할 수 있다. 공자가 "멈추지 않으면 얼마나 천천히 가는지는 문제가 되지 않는다."라고 얘기한 것처럼 속도와 상관없이 멈추지 않으면 전문가가 되고, 원하는 것을 얻을 수가 있다.

꾸준함으로 매일 반복하는 것도 역시 중요하다. "꾸준함은 모든 것을 이긴다."라는 말처럼 하루라는 주기로 무언가를 꾸준히 한다면 이루지 못할 게 없다. 꾸준함은 습관을 만들고, 습관이 결국 목표를 이룰 수 있게 한다. 시작만 할 뿐 목표를 달성하기도 전에 포기한다면 얻을 수 있는 것은 하나도 없다.

50대는 인생의 전환점이다. 지금껏 원하는 삶을 살지 못하고 있거나 행복하지 않다면 아직 늦지 않았다. 꾸준히 자신의 길을 가다 보면 목표에 도달할 수 있다. 그 목표는 성공, 행복, 건강 등 모두를 포함한다. 리치 칼가아드의 『레이트 블루머』라는 책을 인상 깊게 읽었다. 레이트 블루머는 대기만성형 인간을 말한다. 아직 인생을 다 살지 않았다. 50대에게는 여전히 충분한 기회가 있다. 목표를 세워 꾸준하게 지속하면 거북과 같은 달콤한 성공의 맛을 느낄 수 있다고 확신한다.

산을 오를 때 앞만 보고 묵묵히 걷다 보면 정상에 도달하는 경험을 할 수 있다. 그것이 힘들이지 않고 등산하는 방법이다. 올라온 길과 올라갈 길을 보면서 생각하기 시작하면 산 정상에 오르기는 더욱 어려워진다. 정상에 거의 다다를 즈음에는 깔딱 고개가 있어서 이곳에서는 숨이 턱까지 차오른다. 어쩌면 마지막 고비이다. 땀은 비 오듯 하고 '내가 무슨 광명을 보자고 여기까지 왔나.' 하는 생각이 든다. 자꾸만 쉬고 싶은 마음도 간절하다. 그런데도 꾸준하게 올라가면 정상에서 눈 앞에 펼쳐진 광경을 볼 수 있다. 눈 앞에 펼쳐진 광경으로 마음이 확 트이고 이래서 여기까지 올라왔다는 생각이 절로 든다.

| 05 |
# 근육 저축의 법칙, 1730

1530!!!

세계보건기구(WHO)에서는 건강을 위해 1530 프로그램을 발표하였다. 질병을 예방하기 위해 "1주일에 5일 이상, 30분 이상 걷기 운동을 하자."는 캠페인 프로그램이다. 실제 우리나라 보건소에서 '1530 건강 걷기' 대상자를 모집하여 캠페인 참여를 권장하고 있다.

나는 50대가 근육을 저축하기 위한 법칙으로 '1730'을 제안한다. 1주일에 7일, 30분 이상 목표한 것을 실행하자는 의미이다. 하루도 빠지지 말고 매일 하자는 것이 핵심이다. 매일 아침에 일어나자마자 물 한 잔을 마시기, 경제신문 읽기, 한 문장 이상 글 쓰기 등 각자 설정한 목표를 우선으로 하면 된다.

하루는 매우 중요한 기초단위이다. 지구의 자전으로 '하루'라는 선물을 받았다. 사람을 포함한 모든 생명체는 하루를 단위로 살고 있다. 아침에 해가 뜨면 일어나고, 저녁에 해가 지면 잠을 잔다. 낮에는 먹고 살거나 행복하기 위해서든 다양한 활동을 한다. 이것이 매일 되풀이되는 삶이다.

정해진 목표를 달성하기 위해 계획한 일을 매일 하는 것은 매우 중요하다. 사실 매일 실행하는데 시간은 중요하지 않다. 하루에 1분, 5분, 30분이라도 좋다. 물론 최소 30분이면 좋다. 중요한 건 매일 반복해야 한다는 것이다. 작고 소소한 노력이라도 매일 반복하면 원하는 것을 이룰 수 있다. 그것이 자신의 전문분야나 직업이 아닌 문화, 예술, 취미, 운동 등의 경우라도 마찬가지이다. 오히려 전문가가 아닌 분야에서는 조금만 잘한다고 생각하면 자기 만족도가 상당히 높아지기 때문에 더 행복감을 느낄 수 있다.

2016년에 근무했던 연구원 송년회에서 공연 요청을 받았다. 당시 나는 직장 내 음악동호회 활동을 했었다. 통기타 공연이었는데, 나는 통기타를 대학 다닐 때 잠깐 만져 본 것이 전부였다. 게다가 동호회에 가입하자마자 공연을 준비해야 했다. 점심과 저녁 먹고 연습하고, 집에서도 별도로 연습했다. 하루도 빠지지 않고 계속 연습한 덕분에 공연을 나름 성공적으로 마무리할 수 있었다.

앞에서 강조했던 꾸준함은 매일 반복하는 힘을 키운다. 꾸준함은 습관을 만들고, 습관이 결국 목표를 이룰 수 있게 한다. 새로운 일이라도 처음에는 어렵지만 결국에 생각이나 의지 없이 저절로 할 수 있다면 그 일은 습관이 된다. 습관을 만들려면 어떤 일을 일정 기간 되풀이해야 한다. 사람은 모두 똑같지 않기 때문에 습관을 만드는 시간도 다르다. 습관을 만드는 데 필요한 시간은 사람, 목표, 실행과제 등에 따라 다르다. 중요한 것은 매일매일 하는 꾸준함이다. 습관은 꾸준함으로 맺어진 결실이기 때문에 매우 강력하다.

평범한 매일의 습관으로 성공한 사례는 얼마든지 찾아볼 수 있다. 미국 토크쇼의 여왕인 오프라 윈프리는 20년 이상 낮 시간대 TV 토크쇼 시청률 1위를 고수하고 있다. 그녀의 비결은 놀랍게도 실천하기 너무 쉬운 매일 책 읽기와 감사일기 쓰기이다. 감사일기의 내용은 일상적이다. "오늘도 건강하게 일어날 수 있어서 감사합니다.", "맛있는 음식을 먹게 해 주셔서 감사합니다.", "좋은 책을 써 준 작가에게 감사합니다." 등이다.

운동선수들도 매일 조금씩이라도 운동을 해야 최적의 상태를 유지할 수 있다. 골프 선수 최경주는 매일 하루에 4,000번의 스윙을 했다고 한다. 골프를 잘 치려면 매일 스윙 연습을 해야 한다. 하루에도 몇천 번 연습해서 스윙이 저절로 되어야 한다. 매일 하지 않으면 미묘한 동작이 무너지게 된다고 한다. 농구 대통령으로 불렸던 허재 역시 용산중·고 재학 시절 하루도 거르지 않고 남산을 뛰어올랐고, 하루 300개 이상의 슛 연습을 했다고 전해진다. 최경주와 허재는 매일 투자한 시간과 노력으로 그 분야의 최고 실력자가 될 수 있었다. 김병완 작가는 내가 존경하는 분이다. 삼성전자 연구원을 그만두고 도서관에서 3년 동안 책을 1만 권 읽어 지금은 베스트셀러 작가가 되었다. 당시 김병완 작가는 매일 독서를 하여 공학자에서 작가로 변신에 성공했다.

나도 매일 감사일기를 쓴다. 2021년에 처음 시작해서 계속 쓰고 있다. 별도로 노트와 펜을 준비하지 않고 개인 블로그에 비공개로 설정하고 감사일기를 쓴다. 버스 정류장에서 버스를 기다리거나 전철역 플랫폼에서 전철을 기다릴 때 등 시간에 구애받지 않고 생각날 때마다 쓴다. 감사일기를 시작하기 전에는 매일 지치고 힘든데 감사할 일이 뭐가 있겠나 싶었다. 주변에 감사할 일이라고는 전혀 없어 보였다. 그러다 보니 처음에는 감사 일기도 길어야 세 줄을 넘지 않았다. 놀랍게도 계속 쓰다 보니 감사할 일이 자꾸만 생겼다. 평소에 아무렇지도 않았던 것들에 대해서도 감사했다. 아침에 일어나 샤워를 할 수 있는 것, 출근하면서 글쓰기, 가족을 위해 돈을 벌 수 있는 직장이 있는 것, 잘 먹고, 잘 싸는 것 등 감사할 일들이 널려 있었다. 매일 감사일기를 쓰다 보니 지금은 책을 쓰고 있다.

그럼 매일 얼마의 시간이 필요할까? 시간은 사실 크게 중요하지 않다. 하지만 나는 30분을 얘기하려고 한다. 30분은 1시간의 절반이다. 짧지도 길지도 않은 모호한 시간이다. 장시간 무언가를 할 수도 없고, 그냥 버리기에는 너무 아깝다. 어찌 보면 100세 시대에서 50대의 위치와도 같다.

김범준의 『하루 30분의 힘』에서도 30분의 중요함을 얘기하고 있다. "인생을 바꾸는 데 30분이면 충분하며, 30분을 다룰 수 없다면 원하는 삶을 살 수 없다."

30분은 인생을 바꾸는 최소 단위라는 의견에 나도 동의한다. 무엇이든 30분 이상 지속하면 그 이후에는 지속할 수 있는 강력한 힘이 생긴다. 피트니스 클럽에서 30분 이상 달리기 또는 걷기를 지속해서 하면 땀이 나기 시작한다. 그때부터는 등줄기로 흐르는 땀을 느끼기 위해 운동의 가속력이 붙는다. 독서도 마찬가지다. 30분 이상 책을 읽다 보면 독서의 재미에 빠져 몇 시간이 지나는 줄도 모른다. 최수민은 저서 『운동과 독서는 하나의 습관이다』에서 333 법칙을 강조한다. "하루에 30분, 일주일에 3번, 그렇게 3개월 지속하면 시간을 다스리고 있는 나를 발견한다."라는 것이다. 걸을 때도 30분 이상 걷다 보면 상쾌한 기분과 함께 몸도 가벼워지고, 계속 걸을 수 있다.

매일 30분 운동하면 노화도 늦출 수 있다. 2017년 미국의 연구에서는 운동을 거의 안 한 사람보다 하루에 최소 30분 운동한 사람들의 텔로미어 길이가 9년이나 늦게 짧아지는 것을 확인했다. 하루에 최소 30분 운동은 수명을 9년이나 늘릴 수 있다. 30분은 유산소운동에도 효과가 있다. 투자한 시간 대비 가장 효과를 얻을 수 있는 시간이 30분이다. 유산소운동에서 가성비가 가장 좋은 시간이다. 유산소운동은 심장과 폐의 기능을 정상으로 유지할 수 있도록 도움을 준다. 유산소운동은 5분만 해도 심폐 기능을 좋아지게 한다.

덴마크 코펜하겐대 연구팀의 연구는 흥미롭다. 과체중인 사람을 두 그룹으로 나누어 운동 시간과 소비한 열량을 다르게 하였다. 한 그룹은 하루 30분 운동과 300kcal의 열량, 다른 그룹은 하루 60분 운동과 600kcal의 열량을 소모하게 했다. 당연히 60분 운동한 그룹이 운동량이 2배 많으므로 효과도 2배 정도 좋을 것으로 예상했다. 결과는 예상과 달랐다. 30분 운동한 그룹이 평균 3.1kg을 감량하여 약 2.2kg을 감량한 60분 운동한 그룹보다 효과가 좋았다.

50대가 근육을 단련하고 저축하기 위해서 내가 개발한 법칙은 '1730'이다. 매일 30분을 꾸준하게 하는 것이 정말 중요하다. 매일 실행하는 것은 결국 꾸준함을 기본으로 한다. 꾸준함은 습관을 만든다. 습관은 사람의 인생을 바꿀 정도로 강력한 힘을 발휘한다. 목표를 세웠으면 매일매일 실행하여 일단 끝까지 해보자. 사소한 것에 일희일비하지 않고 매일 묵묵히 하다 보면 끝이 보인다. 등산할 때 정상을 보면 힘들기 마련이다. 앞만 보고 걷다 보면 정상에 도달하고, 정상에서 느끼는 자릿함을 맛볼 수 있다.

매일 한다면 최소 30분 이상을 해보자. 30분을 결코 짧다고 생각하지 말고 매일 실천해 보자. 걷기, 책 읽기, 글쓰기, 명상 등 목표한 것이 있다면 하루 30분은 반드시 투자해보자. 짧은 30분을 매일 활용한다면 서로 상승 작용을 하여 엄청난 시너지 효과를 얻을 수 있다. 시간의 주인이 되자. 그러기 위해서는 최소 30분이면 된다. 그 30분이 나의 습관을 만들고, 그 습관은 나의 행동의 원동력이 된다. 인생 후반부의 행복을 책임질 시간의 최소 단위는 30분이다.

| 06 |
# 점검하고 피드백하라

　우리가 어떤 일을 하면서 마지막으로 간과해서는 안 될 것이 피드백이다. 어떤 일이든 처음부터 끝까지 완벽할 수는 없다. 시행착오가 있으면 수정하고 보완하여 성공의 밑거름으로 삼아야 한다. 그러기 위해 피드백을 수시로 해야 한다. 수시로 피드백하여 자신의 장점을 키우고 단점을 하나씩 제거해 나가는 과정을 거쳐야 한다. 피드백은 동기를 부여하고 목표에 지속해서 다가갈 수 있게 한다. 현재 자신의 위치를 파악하고(feed), 적합한 방법으로 수정하고 보완하는 것이 피드백(back)이다.
　피드백은 모든 업무에서 마지막으로 해야 하는 중요한 단계이다. 데밍 사이클은 미국의 통계학자 에드워드 데밍(Edward Deming)이 개발한 업무 체계이다. 'PDCA'라고도 한다. 데밍 사이클은 직장에서 경영이나 업무를 할 때 주로 적용한다. PDCA는 첫 글자를 따서 Plan(계획), Do(실행), Check(평가), Act(개선)를 의미한다. 실현 가능한 목표를 설정하고, 이를 실행하며, 성과를 평가하고, 개선을 통해 다음 계획에 피드백한다.
　데밍 사이클은 인생에도 적용된다. 살면서 목표를 세우고 행동하는 모든 것이 이 순환에 따르면 성공할 확률이 매우 높다. 사이클은 순환이 멈추면 안 된다. 계속 순환이 되어야 한다. 중간에 순환 고리가 끊어지면 성공의 사이클도 끝이 난다. 피드백을 계속해야 하는 이유이다. 삶은 피드백의 연속이다.

일반적으로 피드백은 나 이외에 다른 사람을 대상으로 한다. 다른 사람이 나에게 피드백을 하든지 내가 다른 사람에게 피드백하는 형식이다. 하지만 나는 자기 자신에 대한 피드백을 추천한다. 일명 자기 피드백이다. 자기 피드백에는 자기 자신에 대한 평가가 정확하지 못한 경우가 많다. 그런데도 피드백은 나의 목표를 점검하고 수정 또는 보완하기 위한 도구로서 역할을 한다. 지나 몰리콘 롱은 『생각을 바꾸는 기술(새로운 나를 만드는)』에서 피드백의 중요성을 다음과 같이 말하고 있다. "삶의 과정은 단순한 피드백 순환 고리로 설명될 수 있다. 1. 자신이 뭘 원하는지를 인식한다(존재). 2. 뭔가를 한다(행동). 3. 그것을 얻거나 얻지 못한다(소유). (원하는 것을 얻지 못한다 해도 우리는 다음 기회에 이용할 수 있는 피드백을 얻게 된다)."

고시를 준비할 때이다. 합격하기 위해서 공부해야 할 분량이 엄청 많고 범위도 넓었다. 목표를 구체적으로 세우지 않으면 지쳐서 포기하기에 십상이었다. 우선 공부할 분량에 대한 목표를 세웠다. 목표를 꾸준히 실행하기 위해서는 무언가 계속하게 하는 방법이 필요했다. 그래서 자기 피드백의 방법을 적용하였다. 나는 스톱워치를 이용해서 온전히 공부하는 시간을 12시간으로 하겠다는 목표를 세웠다. 공부하는 이외의 시간에는 스톱워치를 멈추어 공부 시간에서 그 시간을 제외하는 방법으로 매일 실천했다. 이렇게 매일 공부한 시간을 피드백했다.

매일 피드백을 위해 점검표도 만들었다. 목표를 달성했으면 ○, 어쩔 수 없는 상황으로 인해 달성하지 못했으면 △, 목표 달성에 실패했으면 × 표를 했다. 한 달이 지난 후 ○를 표시한 날이 며칠인지 점검한 후 숫자가 적으면 그 원인을 파악하고, 다음 달에는 좀 더 많은 ○를 표시할 방법을 찾았다. 이렇게 계속하다 보니 한 달, 두 달, 점점 시간이 갈수록 ○ 숫자가 많아지고 나중에는 하나의 습관처럼 계속할 수 있었다.

이처럼 행동을 기록하는 것은 다시 그것을 반복할 수 있다고 알려진 최고의 방법이다. 그래서 기록하면서 피드백을 하는 것은 좋은 방법이다. 벤자민 프랭클린도 노트 한 권을 가지고 다니며 13가지 습관을 실행했는지 기록했다. 노트에 기록하면서 피드백을 실행한 것이다.

피드백을 어렵게 생각할 필요가 없다. 피드백은 자기성찰이다. 김경민, 이정란의 『피드백(성공의 숨겨진 비밀)』을 보면 피드백을 위한 5가지 질문이 중요하다.

1. 얻고자 한 것은 무엇인가?
2. 얻은 것은 무엇인가?
3. 차이와 그 원인은 무엇인가?
4. 해야 할 것은 무엇인가?
5. 하지 말아야 할 것은 무엇인가?

박대휘 작가의 『행복한 사람은 시간을 잘 씁니다』라는 책에서도 피드백의 방법을 얘기했다. 4단계 시간 사용법은 목표, 계획, 실행, 피드백이다. 그중 피드백은 하루의 성과를 보여주는 가장 좋은 방법이다. 저자는 '하루 5분 피드백'의 방법을 다음과 같이 제시하고 있다.

1. 딱 5분만 시간을 낸다. 2. 하루를 역순으로 되돌려본다. 3. 오늘 잘한 점 두 가지와 개선해야 할 점 한 가지를 적는다. 이 방법을 통해 "강점의 강화와 집중, 나쁜 습관 개선, 쓸데없는 노력을 줄일 수 있다."라고 하고 있다. 그 방법으로 매일 잠자기 전 10분간 일기를 쓰는 것이다. 5분은 시간의 역순으로 잘한 점 2개와 개선할 점 1개를 쓴다. 나머지 5분은 감사일기를 쓴다.

자기 피드백의 방법으로 실시간 피드백을 하는 것이 좋다. 세바시(세상을 바꾼 시간, 15분)라는 프로그램에서 본 아주대학교 김경일 교수의 게임 피드백 시스템에 대한 강연은 너무 인상적이다. 피드백 시스템이란 '나의 노력이, 목표에 어느 정도나 도달한 것인지를, 한 걸음 한 걸음마다 자세히 알려 주는 시스템'이라고 한다. 실시간 피드백은 목표에 도달하기 위하여 꾸준히 실행하고 동기를 유발하는 긍정적인 역할을 한다.

피드백을 생활화했을 때 삶의 위기도 피드백의 좋은 소재가 된다는 생각에까지 미치면 마음이 한결 편해진다. 우리가 무슨 일을 하든지 성공과 실패를 경험하게 된다. 실패의 쓴맛과 시련으로 삶이 위기에 처했을 때 피드백 사고법으로 극복할 수 있다. 좋지 않은 결과에 대한 원인을 분석하여 피드백하면 다음번 기회의 밑거름으로 활용할 수 있다.

피드백이 업무 단계의 마지막으로 빠뜨려서는 안 될 매우 중요한 과정인 것처럼 인생에서도 마찬가지다. 살아가면서 성공 또는 실패 원인을 파악하여 다른 계획에 반영해야 한다. 그래야 계속 실패하는 악순환을 줄일 수 있다. 실패는 그 자체로 끝나거나 위기가 되는 것이 아니라 다른 도전을 위한 기회이어야 한다. 피드백은 기회를 제공하는 중요한 도구이다.

| 07 |
# 미라클 모닝, 50대도 예외는 아니다

"당신은 아침형 인간인가? 저녁형 인간인가?"

흔히 생활방식을 구분할 때 아침형 인간과 저녁형 인간으로 나누기도 한다. 아침형 인간은 밤에 일찍 자는 대신 아침에 일찍 일어나서 무언가를 활발하게 하는 유형이다. 반면 저녁형 인간은 밤에 주로 활동하고 아침에는 늦게 일어난다. 고려대 안산병원 김남희 교수 연구팀이 47~59세 성인 남녀 1,620명을 대상으로 분석한 결과에 의하면 아침형 인간이 30%로 저녁형 인간 6%보다 5배나 많았다.

아침형과 저녁형을 결정하는 생활방식은 유전적인 영향이 크다. 다만 아침에 일어나는 시간조차 모두에게 똑같이 강요하는 사회에 살다 보니 이런 결과가 발생하고 있다는 의견도 있다. 출근 시간이 일반적으로 9시이다. 그 이전에 출근하는 직장인도 많다. 그러다 보니 아침에 일찍 일어날 수밖에 없는 상황에서 아침형 인간이 많아진 것일 수 있다는 추측이다.

연구팀은 아침형 인간이 저녁형 인간보다 건강에 더 좋다는 결과도 함께 발표하였다. 남성의 경우 저녁형 인간이 아침형 인간보다 비만이 될 확률이 3배, 노화에 따른 근육 감소증에 걸릴 위험이 4배 컸고, 당뇨에 걸릴 가능성도 컸다. 여성 역시 저녁형 인간이 아침형 인간보다 심장질환의 위험을 증가시키는 대사증후군의 위험이 2배 높았다. 아침형 인간은 부지런하고, 저녁형 인간은 게으르다는 사회의 인식과 별개로 이러한 생활 습관은 건강과도 직결된다는 것을 알 수 있다.

또 다른 연구에 의하면 아침형이 더 건강하고 날씬하며 행복하게 산다. 영국 로햄턴 대학교 연구팀에 따르면 성인 1,068명을 대상으로 조사한 결과, 주중 평균 기상 시간이 오전 6시 58분인 아침형 인간이 저녁형 인간과 비교하면 평균 체중이 더 적고 평소 느끼는 행복감도 더 큰 것으로 분석됐다. 연세대학교 세브란스병원 김세주 교수팀의 연구에서도 우울증과 조울증은 저녁형 인간에게서 더 높은 경향을 보였고, 명랑하고 쾌활한 기질은 아침형 인간에게서 더 높게 나왔다. 스페인 바르셀로나대, 영국 서레이대, 호주 퀸즈랜드대 등으로 이뤄진 공동연구팀이 「국제 시간생물학」이라는 학술지에 게재한 논문에서도 저녁형 인간이 우울증이나 알코올 중독과 같은 질환에 걸릴 확률이 더 높게 나타났다.

하지만 이에 반대 주장을 하는 연구도 있다. 저녁형 인간은 게으르다는 편견을 깨고, 오히려 아침형 인간보다 영리하고 창의적이라는 것이다. 사회적으로 아침에 일찍 일어나서 출근해야 하는 생활 리듬에 맞춰서 저녁형 인간이 능력 발휘를 못 한다고 분석한다. 예를 들어 아침형 인간의 학업 성적이 더 좋은 이유는 학교 수업이 이른 아침에 시작되기 때문이라는 것이다. 영국 런던정경대 사토시 가나자와 교수팀의 논문에서도 늦게 자고 늦게 일어나는 집단의 IQ가 더 높게 나왔다. 그 이유로 인간은 낮에는 생활을 위한 일을, 밤에는 독창적인 일을 하며 진화했기 때문에 똑똑한 사람일수록 더 늦게까지 깨어 있도록 발달했다고 분석했다. 스페인 마드리드대학 심리학과 연구팀도 저녁형이 창의력이 높고 문제해결 능력이 뛰어나다고 발표했다. 귀납추리 능력은 개별 사실에서 보편적 법칙을 추리해내는 능력이다. 실제 저녁형 인간 중에는 작가, 예술가, 프로그래머 등 창의적인 아이디어가 필요한 직군에 종사하는 경우가 많은 것으로 나타났다.

다양한 연구 결과가 있었지만, 아침형 인간과 저녁형 인간은 생활 양식의 차이일 뿐 무엇이 옳고 그름을 따지는 명제는 아니다. 자신의 생활 양식에 따라 집중을 잘할 수 있는 시간을 선택하면 된다. 오전에 집중력이 가장 좋고, 오후 6시부터 급격히 주의력이 분산된다면 아침형 인간으로 살면 된다. 반면 저녁형 인간은 오후부터 집중력이 높아져 저녁 6시에 정점을 찍는다. 그렇기에 아침형 인간은 오전에 성과가 좋지만, 저녁형 인간은 저녁과 밤에 업무 결과가 더 좋다.

나는 전형적인 아침형 인간이다. 오후 10시가 넘어가면 집중력이 급격하게 떨어진다. 그래서 창의적이고 집중을 해야 하는 일은 주로 오전에 한다. 밤에는 될 수 있으면 일찍 자고, 새벽에 일어나서 일찍 하루를 시작한다. 나의 기상 시간은 5시 30분이다. 일어나서 양치질과 세수를 하고 곧바로 출근하거나 운동을 하러 간다. 내가 아침마다 하는 운동은 배드민턴이다. 6시 30분 이전에 조조할인 하는 버스를 타고, 지하철로 갈아타 체육관을 찾는다. 벌써 체육관에 도착해 있는 동호회 회원들과 배드민턴 게임을 하고 샤워를 할 때면 쌓였던 모든 피로가 풀린다. 이것이 하루의 시작이다.

최근에는 아침형 인간에 대한 사람들의 관심이 매우 높았다. 그것을 반영하듯 20대와 30대 사이에서 엄청난 인기를 끌었던 책이 있다. 할 엘로드의 『미라클 모닝』이다. 상당히 오랫동안 교보문고나 예스24 등에서 베스트셀러이었고, 아마존에서는 종합 베스트셀러를 기록할 정도로 유명한 책이다. 이 책의 핵심 내용은 아침에 일찍 일어나 운동이나 공부 등 자기 계발을 하라는 것이다. 전형적인 아침형 인간이 되어야 한다는 주장이다. 20대와 30대는 한참 잠이 많은 시기라서 이를 실천하기 어렵겠지만, 어쨌든 이 책은 선풍적인 인기를 끌었다.

이러한 미라클 모닝이 50대도 예외는 아니다. 오히려 50대에게 필요한 것이 미라클 모닝이라고 확신한다. 나이가 들수록 아침잠이 없다고 한다. 새벽에 일찍 잠에서 깨어 이런저런 생각으로 다시 잠을 못 이룬다는 사람을 주변에서 흔하게 볼 수 있다.

새벽에 깨어 있는 시간을 잘 활용하면 계획한 목표에 한층 더 다가갈 수 있다. 다른 사람은 모두 자고 있어서 고요한 시간에 혼자 생각할 수 있고, 무언가를 하기에도 최적의 시간이다. 더는 잠에서 깨어 침대에서 뒤척이지 말고 일단 일어나서 무언가를 시작해보라. 명상, 독서, 글쓰기, 운동 등 자신에게 맞는 것을 찾아서 하다 보면 자연적으로 그러한 생활방식이 습관이 된다.

50대에게 절대적으로 필요한 것은 시간이다. 하루를 일찍 시작함으로써 시간을 그만큼 더 활용할 수 있다. 더구나 일반적으로 아침에는 뇌의 활성도가 창의적인 일을 하기에 적합하다. 그래서 이른 아침에는 새로운 것을 시도하기에도 좋다. 하루의 일과를 시작하기 전에 무언가를 계속하다 보면 전문가 수준까지 도달할 수 있다. 저녁에 일이나 약속 등으로 꾸준히 하기 어려운 일도 새벽 시간을 이용하면 할 수 있다. 중요한 것은 자신의 의지이다. 그러다 보면 습관이 되고, 꾸준히 할 수 있는 강력한 힘을 가질 수 있다. 그것이 미라클 모닝이다. 미라클 모닝은 50대가 이후 삶을 행복하게 살도록 하는 강력한 도구이다. 50대도 미라클 모닝이 필요하다.

| 08 |
# 아직 성공하지 못했을 뿐이다
# 인생은 진행형이다

    50은 100의 절반이다. 50대는 100세 시대에서 절반을 살았다. 앞으로 살아야 할 날은 지금까지 살아온 날만큼 남았다. 인생을 한 번 더 살 수 있는 시간이 충분하다. 다만 50대부터는 건강이 지금까지 살아온 기간에 비해 급격하게 악화할 우려가 있다. 죽을 때까지 시간이 충분하다고 하지만, 건강을 생각하면 어쩌면 길지 않은 시간일 수 있다. 어떻게 그 시간을 활용하는가는 매우 중요하다.

    인생은 속도가 아니라 방향이다. 성공을 꿈꾸며 살았는데 아직도 만족하지 못한다고 실망할 필요는 없다. 가려는 방향만 명확하다면 속도는 다음 문제이다. 다른 사람보다 빨리 출세한 사람들을 종종 본다. 우리가 흔하게 접하는 것은 연예계 소식이다. 어린 나이에 엄청난 인기를 끌고 돈을 많이 벌었던 연예인 중 많은 이들은 경제적으로 힘든 상황에 부닥치거나 건강을 잃는 등 끝까지 잘 나갈 거라는 예상과 전혀 다르게 살아간다. 오히려 오랜 무명 생활 이후에 성공한 연예인은 자기 관리가 철저하여 오랫동안 대중들과 함께 하는 경우를 흔하게 본다.

    인생에서 속도는 중요하지 않다. 대기만성인 경우도 흔하다. 목표를 설정하여 방향을 잘 잡았다면 꾸준히 앞으로 나아가면 된다. 우리 인생은 아직 완성되지 않았기 때문에 살아갈 가치가 있다. 우리 인생에 총 3막이라면 이제 2막을 살고 있다. 현재 진행형의 인생에서 삶을 다 산 듯할 필요는 없다. 할 수 있는 일이 너무 많다. 내려놓을 것은 이제 좀 내려놓고 살아도 좋다. 지금 당장 자신이 성공하지 못했다고 생각하더라도 실망할 필요는 없다. 현재 상황은 진행형이기 때문이다.

이제 50대, 변화와 도전을 해보자. 인생은 진행형이다. 40대까지 화학적 변화를 했다면 50대 이후에는 물리적 변화를 해야 한다. 화학적 변화는 체질을 바꿀 정도로 변화의 규모와 범위가 넓지만 물리적 변화는 작고 소소하다. 50대 이후의 변화와 도전은 소소한 실천과 도전들로 이루어진다. 지금까지 변화를 위한 도전보다 앞으로의 변화와 도전은 작지만 만족감은 크다. 가성비가 최고이다.

50대는 아직 해야 할 일도 많고, 하고 싶은 일도 많을 때이다. 충분한 정열과 에너지가 있는 시기이다. 50대는 노화 현상으로 인하여 신체적으로 많이 약해지는 시기이다. 사회적, 심리적으로도 가장 외롭고 지치는 때이며, 가장 무기력하고 건강이 망가지기 쉽다. 인생에서 위기의 순간으로 다가온다고 해도 전혀 이상할 것이 없다. 하지만 "위기는 기회이다."라는 말처럼 변화와 도전을 한다면 이 시기를 인생의 전환기로 만들 수 있다.

문제는 변화와 도전하려는 마음을 갖기가 어렵다. 50대의 변화와 도전은 인생 혁명이다. 사람은 잘 변하지 않는다. 변화는 불편하므로 쉽지 않은 일이다. 오죽하면 "세 살 버릇 여든까지 간다.", "사람은 고쳐 쓰는 것이 아니다."라는 속담이 있겠는가. 사람은 이제껏 살아온 습성을 쉽게 버리지 못하는 동물이다. "헤어진 연인들이 다시 만날 확률은 82%, 그중에서 잘되는 사람들은 3%밖에 안 된다." 영화 〈연애의 온도〉에서 여주인공이 한 말이다. 연인들의 97%가 다시 이별을 선택한다. 그 이유는 처음 헤어졌던 이유와 같다. 사람은 참 변화하기 힘든가 보다.

변화를 위해서는 기존의 틀을 벗어나는 혁명과도 같은 획기적인 것이 필요하다. 50대는 살아온 인생에 대한 미련을 버리고, 새로운 인생 설계가 필요한 시기이다. 나에게 조금 더 집중하여 후반부 인생을 행복하게 살 방안을 찾아보자. 태어나는 순서는 있어도 죽는 순서는 정해지지 않았다. 더 늦기 전에 혁명을 시작하자. 사회적으로 많은 혁명이 있었고, 그 혁명을 통해 많은 사람의 인생이 바뀌었다. 우리의 후반부 인생도 혁명으로 바꿀 때이다.

변화와 도전은 멈추지 않으면 끊임없이 이어간다. 이동 중인 버스에 타고 있던 우리 몸은 버스가 갑자기 멈췄을 때 앞으로 쏠리게 된다. 우리 몸은 계속 이동하려는 관성이 있기 때문이다. 버스가 갑자기 멈추는 것처럼 주변의 강력한 힘이 우리의 변화와 도전을 멈추지 않는 한, 우리는 계속할 수 있다. 우리가 변화와 도전을 멈추지 않았을 때 우리의 삶은 계속 성장하게 된다. 그 성장의 끝에는 행복이 있다. 도전이 노화보다 더욱 강력한 힘을 발휘한다.

50부터는 노화가 점점 진행된다. 노화로 인해 근육 감소, 기억력 감퇴, 고혈압, 신진대사 저하 등이 일어나고, 근육, 혈관, 뇌 등 인체의 모든 기능이 조금씩 퇴보하고 있다. 노화로 인한 변화를 알아채지 못하고 변화에 대응하기 위한 도전을 멈추면 그러한 상황도 모른 채 한 번에 무너질 수 있다. 젠가라는 보드게임이 있다. 블록을 높게 쌓아 놓고 한 명씩 블록 한 개를 빼내다 블록을 무너지게 하는 사람이 지는 게임이다. 쌓여 있던 블록에는 관성이 있어 한두 개 블록이 없어진다고 해도 전체 블록은 무너지지 않는다. 그러다 어느 순간 균형을 잃어 블록이 무너진다. 변화와 도전에 대한 대응도 이와 같다. 노화가 점점 진행되는 것을 모르고 변화와 도전을 하지 않는다면 어느 순간 건강을 잃게 된다.

인생을 마라톤과 비유할 때 50대는 이제 반환점을 도는 시기이다. 앞으로 뛰어야 할 거리가 절반이 남았는데, 반환점까지 온 것과 같은 전략으로 계속 뛰면 완주하기 힘들다. 지금까지와는 다른 전략으로 나머지 절반을 뛰어야 한다. 인생에서도 50대가 되기 전까지 가족, 친구, 회사 등 주로 남을 의식하면서 살았다면 이제 후반전에서는 자기 자신에게 집중해보자. 남을 배려하지 않은 채 독단과 아집 등 꼰대질을 하면서 살아가라는 것과는 전혀 다른 얘기다. 나에게 좀 더 집중해야 한다는 의미이다.

완성되지 않은 인생이기에 인생의 절반을 더 살려면 변화와 도전을 더 해야 한다. "산을 쌓을 때 마지막 한 삼태기를 얹지 않으면 산이 완성되지 못한다."라는 말이 있다. 지금까지 열심히 반환점까지 온 것처럼, 반환점에서 종착지점까지도 마무리를 잘 할 수 있도록 끝까지 집중력을 잃지 말고 포기하지 말아야 한다. 그러기 위한 최고의 방법이 변화와 도전이라고 확신한다.

그림을 배우기 위해 동네에 있는 작은 화실을 찾았다. 조용하게 그림 그리는 순간만큼은 나에게 집중하고 싶어서 선뜻 수강 신청을 했다. 우선

삽화를 배울 예정인데 나의 생각을 글과 그림으로 자유자재로 표현하고 싶었다. 이제는 글과 그림으로 억눌러 왔던 생각들을 자유롭게 표출하고 싶었다. 은퇴까지 10년 정도 남았는데, 은퇴 이후에는 글과 그림과 관련한 분야에서 돈을 벌고 재능 기부 등을 하면서 살고 싶다는 생각에서 한 시작점이기도 하다.

  50대에 무언가 변화를 시도하고 도전할 것을 적극적으로 추천한다. 그것은 50대 인생 설계에 반드시 넣어야 할 필수 조항이다. 인생의 최종 목표가 행복이라고 할 때 만약 지금 행복하지 않다면 다시 뛰어보기를 적극적으로 권한다. 우리 인생은 현재 진행형이다. 아직 끝나지 않았다. 지금 행복하지 않더라도 아직 인생은 진행 중인 것이다. 성공을 완성하기 위해서 다시 시작하자.

| 09 |
# 가장 든든한 근육은 습관이다

"50대가 저축해야 할 가장 든든한 근육은 습관이다."

2021년부터 아침마다 습관처럼 하는 게 있다. 출퇴근 시간에 매일 감사일기를 쓰고 있다. 2021년부터 시작해서 지금까지 이어오고 있으니 2년이 되어 가는 셈이다. 처음에는 감사할 일도 없는데, 감사한 내용을 찾아서 일기로 쓰려니 어색하고 이상했다. 무엇을 쓸지 몰라서 처음에는 겨우 한 단락을 적을 뿐이었다. 하지만 매일 글을 쓰다 보니 글쓰기에 대한 두려움이 사라지고, 하나씩 문장이 늘고, 단락도 더해져서 글이 점점 더 풍요로워졌다. 어느 순간부터 아무런 부담 없이 자유자재로 생각을 글로 표현하고 있었다. 그만큼 글 쓰는 것이 평안해졌다.

더욱 의미가 있는 건 감사일기 쓰기가 습관처럼 일상화되었다. 아침 출근 시간에 버스를 기다리는 시간과 출퇴근 길 대중교통을 이용하는 시간이 감사일기를 쓰기에 정말 좋은 시간이다. 그러다 보니 지금은 감사일기를 쓰는 시간에는 오히려 잡념이 사라지고 평안해지는 행복함으로 채워지고 있다.

습관처럼 하는 것이 또 하나 있다. 바로 배드민턴이다. 배드민턴은 대표적인 실내 운동이다. 코로나-19 이후로 체육관이 폐쇄되는 경우가 많아 매일 할 수는 없지만 2006년부터 시작하여 15년 이상을 매일 아침 운동을 했었다. 술 마시고 새벽에 집에 들어가는 날도 일어나서 운동했다. 습관처럼 하지 않으면 절대 불가능한 일이었을지도 모른다.

　이처럼 새로운 일이라도 생각이나 의지 없이 저절로 할 수 있다면 그 일은 습관이 된다. 습관을 만들려면 어떤 일을 일정 기간 되풀이해야 한다. 사람은 모두 똑같지 않기 때문에 습관을 만드는 시간도 다르다. 자기계발서로 3,000만 부 이상 팔린 사이코 사이버네틱스(Psycho-cybernetics) 창안자인 맥스웰 몰츠 박사의 『맥스웰 몰츠 성공의 법칙』에서는 어떤 행동을 꾸준히 반복하여 습관이 되는 데 약 21일이 걸린다고 하였다. 반면 영국 런던 대학의 제인 워들 교수는 행동이 습관으로 자리 잡는 데 걸리는 시간은 18일에서 254일로 다양하지만, 평균 66일이라고 하였다. 앞서 얘기했듯이 최수민은 저서『운동과 독서는 하나의 습관이다』에서 333 법칙을 강조한다. "하루에 30분, 일주일에 3번, 그렇게 3개월 지속하면 시간을 다스리고 있는 나를 발견한다." 습관을 만드는 데 필요한 시간은 사람마다 행동마다 다르다. 중요한 것은 매일매일 하는 꾸준함이다. 습관은 꾸준함으로 맺어진 결실이기 때문에 매우 강력하다.

　50대는 근육을 저축해야 할 시기이다. 나는 이 책에서 근육을 신체적인 근육, 마음 근육, 관계 근육, 재테크 근육을 모두 포함하였다. 어느 하나 부족해서는 안 된다. 모두 저축해야 할 중요한 근육이다. 제2막 인생인 50대는 이 모든 근육을 저축해야 한다. 나는 앞에서 인생을 3막으로 구분하였다. 50대 이전까지 제1막, 50대가 제2막, 은퇴 이후가 제3막이다. 제2막 인생을 살아가는 50대는 은퇴 이후의 삶을 행복하게 살기 위해 준비해야 하는 시기이다. 10년 동안 어떻게 사느냐에 따라 은퇴 이후 남은 40년의 삶이 결정된다. 은퇴 이후 인생의 이정표라 할 수 있다.

"야, 너두 할 수 있어."라는 광고 문구를 혹시 알고 있는가? 영어학습 전문회사 '야나두'의 광고이다. 야나두의 김민철 대표는 27전 24패의 실패 장인이었다. 계속 실패를 거듭하다 결국 성공의 길을 가고 있는 김민철 대표는 최근 강연 플랫폼인 세바시(세상을 바꾸는 시간, 15분)에서 '실패하지 않는 법, 100% 성공하는 법'이라는 주제로 강연했다. 강연에서 그는 쉬운 것을 매일 하는 습관이 중요하다고 강조한다. 김민철 대표가 강연에서 한 말이 인상 깊다. "인생은 결국 멘털 싸움과 루틴 싸움이더라구요. 나의 멘털을 관리하고 좋은 습관을 갖는 것이 중요해요. 저는 하루에 팔

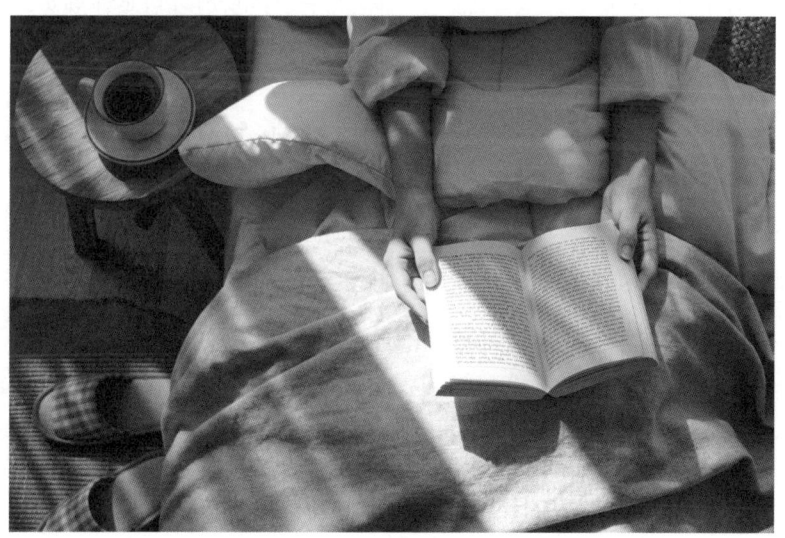

제6장 근육은 하루아침에 만들어지지 않는다

굽혀 펴기를 스물두 개 합니다. 내가 하기에 적당하니까. 책도 매일 한 장씩 읽자고 계획을 세워요. 1년 전부터 명상도 매일 20분씩 하고 있어요. 관건은 쉬운 걸 매일 매일 하는 겁니다."

김민철 대표의 말처럼 행동을 습관으로 만들려면 쉬운 것부터 해야 한다. 매일 100% 달성할 수 있는 것으로 해야 그에 따른 행복감으로 지속하는 힘이 생긴다. 일어나서 물 한 잔 마시기, 30분 이상 독서 하기, 승강기 대신 계단 이용하기 등 생활 속에서 쉽게 실천할 수 있는 것을 찾아서 매일 하라. 그러면 습관이 되고, 습관은 나를 바꾼다. 성공의 원리는 의외로 단순하다. 로버트 콜리어는 "성공은 날마다 반복되는 작은 노력이 합쳐진 것이다."라고 하였다. 날마다 습관처럼 반복할 것을 찾아서 실행하면 된다. 아리스토텔레스는 "지금의 당신은 당신이 반복한 행동의 결과물이다. 그러므로 탁월함은 행동이 아니라 습관에 달려 있다."라고 한 것도 이런 이유에서다. 아리스토텔레스는 "지금의 당신은 당신이 반복한 행동의 결과물이다. 그러므로 탁월함은 행동이 아니라 습관에 달려 있다."라고 한 것도 이런 이유에서다.

'사석위호(射石爲虎)'라는 사자성어가 있다. 사냥꾼이 호랑이를 보고 활을 쐈는데 나중에 확인해 보니 호랑이가 아닌 바위였다. 그런데 화살은 바위를 관통했다. 이 사자성어는 세상의 모든 일이 두려움 없이 최선을 다하면 해내지 못할 것이 없다는 것을 의미한다. 변화와 도전에 대한 두려움 대신 좋은 습관을 만드는 것에 최선을 다하다 보면 결국 최종 목표인 행복함을 완성할 수 있다고 확신한다.

아리스토텔레스는 "지금의 당신은 당신이 반복한 행동의 결과물이다.

그러므로 탁월함은 행동이 아니라 습관에 달려 있다."라고 한 것도 이런 이유에서다. 중국 속담에도 "가난과 부, 실패와 성공은 모두 습관 때문이다."라는 얘기가 있고, 러시아의 유명한 소설가인 도스트예프스키는 "습관이란 인간이 그 어떤 일도 할 수 있게 만들어준다."라고 얘기했다.

사람은 행복하기 위해 살아간다. 행복도 습관의 결과물이다. 절반 남은 인생을 행복하게 살고자 하는 50대가 저축해야 할 근육 중 가장 중요한 것이 습관이다.

습관화하면 꾸준하게 할 수 있다. 누구나 하기 쉽고 단순한 일이라도 꾸준히 하는 것은 아무나 할 수 없다. 꾸준함을 멈추지 않으려면 습관처럼 해야 한다. 주언규의 『킵고잉(keep going)』에서 보면 습관화가 되면 목표를 실행하는 의지력의 소모가 극도로 줄어들며, 에너지가 0에 수렴하게 된다. 습관화되면 최소의 노력으로 목표를 달성할 수 있다는 것이다.

이와 관련하여 세계적인 다작(多作) 소설가인 무라카미 하루키의 일화가 있다. 하루키는 매일 새벽 같은 시간에 일어나 글을 쓴다. 하루에 2,000자 원고지 20매를 매일 쓴다. 글이 잘 써지지 않는 날도 어떻게든 20매를 채우려고 노력한다. 매일 20매의 원고를 쓰는 것을 습관화하였기에 가능한 것이다. 『칼의 노래』 작가 김훈도 일흔의 나이임에도 꾸준히 소설을 쓰고 있다. 그 역시 소설을 쓰는 것을 습관처럼 하고 있다. 그의 습관은 한마디로 '필일오(必日五)'이다. 무슨 일이 있어도 하루에 원고지 5매는 반드시 쓴다는 것이다. 이것을 반드시 지키는 것을 습관화하였다.

습관은 반복적으로 행동하면서 나타나는 결과물이다. 아무리 많이 술에 취해도 집을 잘 찾아갈 수 있는 이유도 습관 덕분이다. 어떤 행동이라도 여러 번 반복하다 보면 습관이 된다. 습관은 지금의 나를 만드는 매우 중요한 도구이다.

사람은 변하지 않는다. 사람은 천성대로 살아간다. 습관은 제2의 천성이다. 습관이 자신의 성격으로 바뀔 수가 있다. 처음에는 우리가 습관을 만들지만 결국 습관이 우리를 만든다.

50대가 근육을 저축해야 하는 중요한 시기라면 가장 중점을 두어야 할 근육은 습관이다. 습관이라는 근육은 모든 근육의 기본이다.

제 7 장

## 근육으로 2막 인생을 사는 사람들

주변에는 특별한 삶을 사는 사람이 있다. 그중에서도 50대에 도전을 멈추지 않고 변화를 지속하는 사람들을 볼 수 있다. 그런 분들을 보고 있노라면 실행하기 전에 '많이 고민했을 것이고, 선택하기도 쉽지 않았을 텐데.'라는 생각이 든다. 동시에 존경심이 절로 나온다.

물론 역사적으로 유명한 위인이나 세계적인 명사들도 많지만 우리 주변에서 함께 살아가면서 감동을 주었던 분들을 소개한다. 여기에 소개된 분들은 더는 꼰대도 아니고, 능동적으로 행복을 찾아가시는 분들이다.

50대는 2막 인생을 살고 있다. 은퇴 이후의 3막 인생을 준비해야 하는 시기이다. 이미 그러한 삶을 사는 분들을 살펴보며 더는 늦지 않도록 지금 당장 인생 설계를 시작하자.

# | 01 |
# 김미경

불과 몇 년 전만 해도 강단에서 '스타 강사', '국민 강사', '국내 최고 강사'로 명성을 떨치던 이가 있었다. 그녀의 이름은 김미경이다. 충북 증평에서 태어나 연세대학교 작곡과를 졸업하고, 광고 음악을 작곡하는 회사에서 근무했다. 결혼하고 광고회사를 그만두고 피아노 학원을 운영하게 되는데, 어느 날 음악협회의 요청을 받고 처음 강연을 시작했다. 이것이 계기가 되어 기업체 자기계발 강사를 시작했다. 그로부터 30년 이상 강의했으니 강의계의 전설이라고 해도 과언은 아니다.

책 출간도 많이 했다. 예스24에서 저자 검색을 하니 2021년 12월 말 기준, 33권의 책이 나온다. 대표작으로 『꿈이 있는 아내는 늙지 않는다』, 『김미경의 아트 스피치』, 『김미경의 드림 온』, 『김미경의 리부트』, 『엄마의 자존감 공부』 등이 있다. 모든 책을 일일이 열거하기도 힘들 정도이다.

현재는 ㈜연남타운크리에이티브 대표이면서 유튜브 채널로 MKTV 김미경 TV와 '김미경과 당신이 만들어가는 대학'인 MKYU를 운영하고 있다. MKTV는 구독자 수가 140만 명 정도이고, 조회 수는 2억이 훌쩍 넘어선 지 오래다. 업로드된 동영상도 1,500개 이상이다. MKYU는 자기 계발 플랫폼으로 온라인 대학이다. 전체 학생이 10만 명 이상이고, 연간 수업료인 9만 9천 원을 내는 유료 학생도 5만 명이 넘는다.

김미경 대표에게도 고비가 있었다. 2020년 3개월 동안 코로나-19의 충격으로 수입이 하나도 없었다. 감염병 확산을 방지하기 위한 사회적 거리두기로 인해 사람이 모일 수 없으니 강연 요청이 없었다. 주요 수입원이 끊겼으니 무언가 새로운 것을 찾아야 했다.

김미경 대표는 위기를 기회로 전환했다. 50대에 변화를 결심하고 새로운 변화를 시도한 것이다. 그때부터 디지털 세상에 관한 공부를 시작했다. 코딩과 파이선 공부를 시작하고, '디' 자가 들어가는 것은 닥치는 대로 공부했다고 한다. 그리고 오프라인에서 온라인, 디지털 세상으로 변화에 성공한다.

"지금 우리가 알고 있는 세상 지식은 주먹만큼 분량도 안 돼요. 디지털 가상세계와 현실 생활이 혼합된 메타버스(metaverse)가 일상화되는 요즘은 한 달마다 세상이 완전히 달라지고 있어요. 이런 마당에 중·노년들도 남은 삶을 즐기며 주도적으로 살려면 공부해야만 해요."

김미경 대표의 말이다.

최근에는 『김미경의 리부트』라는 책이 화제다. 부제는 '코로나로 멈춘 나를 다시 일으켜 세우는 법'이다. 나도 이 책을 읽기 위해 서점을 두 번 방문해서 간신히 구매할 수 있었다. 처음 광화문 교보문고에 갔을 때는 마침 이 책이 다 팔린 상황이었다. 그 커다란 서점에서 책이 다 팔려서 구매할 수 없을 정도라니 놀라울 따름이었다. 당연하게도 국내에서 25만 부가 넘게 팔리는 베스트셀러가 되었고, 영문으로 전자책을 만들어 미국 아마존에까지 판매했다. 아마존에서도 전염병 분야와 비즈니스 계획 및 전망 분야에서 베스트셀러 1위, 심리학 참고 분야에서 베스트셀러 2위에 이름을 올렸다. 이 책은 '총, 균, 쇠'의 저자인 제러드 다이아몬드, 세계적 투자자인 짐 로저스, 『2030 축의 전환』의 저자인 마우로 기옌 교수 등 세계적으로 유명한 분들이 추천사를 써 준 것으로도 유명하다.

김미경 대표는 끊임없이 도전하고 꿈꾸는 국민 누나, 국민 언니이다. 그래서 매일매일 성장하는 사람이다. 김미경 대표는 나이 오십에 영어 공부를 시작했다. 매일 아침 1시간씩 꾸준히 영어를 공부하고 있다. 2년 전부터 시작한 외국의 유명 저자들과 영어 화상 인터뷰는 한 달에 한 번 하고 있다. 이 영상은 MKYU와 유튜브에 올린다. 결국에는 영어로 강의하고 직접 인터뷰하고 싶다는 20대의 꿈을 과감히 도전하여 성취했다. 2020년에는 미국의 명문대학교인 펜실베니아 주립대학교에서 800명의 청중을 앞에 두고 영어로 성공적인 강의를 하였다.

자신의 발전뿐만 아니라 사회에 대한 봉사도 잊지 않고 있다. 온라인에서 디지털 튜터 과정을 운영하며, 시험에 합격한 사람에게 민간 자격증을 나누어 준다. 디지털 튜터 과정에서는 디지털 기기의 사용법과 활용법을 가르친다. 자격증을 가진 사람들은 노년층과 빈곤층 등 디지털 소외계층에 디지털 교육을 해주고 있다. 2016년부터는 사단법인 '그루맘'을 운영하고 있다. 그루맘은 미혼 부모의 마음 치유 상담과 교육 프로그램을 운영하고 있다. 현재 그루맘 회원은 400명쯤 된다고 한다.

이렇게 묻고 싶다. 김미경 대표의 성장은 어디에서 멈출 것인가? 내가 책을 통해 소개하는 것조차 내용을 충분히 담기에 부족할 정도로 대단한 분이라는 생각을 버릴 수 없다.

김미경 대표는 60대에게 이런 조언을 한다.

"예전에는 60세부터의 삶은 여태 살아온 '인생의 부록(附錄)'이라고 봤다. 그러나 지금은 '자기 삶의 개정판(改訂版)'을 쓴다는 쪽으로 발상을 바꾸어야 한다."

그렇다. 60세부터 자기 삶의 개정판을 쓰기 위해서는 50대에 인생 설계를 하고, 변화와 도전을 지속해야 한다.

김미경 대표는 지금부터라도 인생 설계를 해야 한다고 생각하는 모든 분들이 본받을 만한 분이라 확신한다.

| 02 |

# 윤종신

 윤종신은 우리에게 너무나 잘 알려진 가수이다. 윤종신의 가수 생활은 1990년에 처음 015B의 객원 보컬로 데뷔하면서부터이다. 대학교 가요제에서 금상으로 입상한 후 우연히 015B의 멤버를 소개받은 것이 가수로 데뷔하게 된 계기였다. 한때 TV만 켜면 윤종신의 얼굴을 볼 수 있을 정도로 활발하게 활동했다. 그러다 2019년에 갑자기 모든 방송을 잠시 멈추겠다고 선언하고 고별 방송을 했다.

 윤종신은 가수이면서 작곡가, 작사가, 프로듀서이다. 본인이 직접 불렀던 노래도 셀 수 없이 많다. 〈너의 결혼식〉, 〈오래전 그날〉, 〈환생〉, 〈좋니?〉, 〈좋아〉는 나도 너무 좋아하는 노래이다. 성시경의 〈거리에서〉, 〈넌 감동이었어〉는 윤종신이 작곡한 대표곡이고, 김연우의 〈이별택시〉, 박정현의 〈오랜만에〉, 박명수의 〈바다의 왕자〉, 쿨의 〈해변의 연인〉 등은 곡의 가사를 썼다. 또한 윤종신은 종합 콘텐츠 기업인 미스틱스토리의 대표 프로듀서이기도 하다.

 〈월간 윤종신〉은 너무나 유명하다. 〈월간 윤종신〉은 2010년부터 시작해서 한 달에 한 번 곡을 내겠다는 프로젝트이다. 데뷔 20주년에 슬럼프가 왔을 때 창작자로 살아남기 위해 이 프로젝트를 시작했다. 지금은 스트리밍의 시대이다. 음악이 휘발되고 있다는 말까지 하고 있다. 이런 시대의 흐름에도 윤종신은 싱글 앨범을 매월 정기적으로 발표하는 플랫폼을 시작한 것이다. 매달 규칙적으로 싱글 앨범을 발표해서 휘발성이라는 부정적 측면을 잠재웠다.

100세 시대를 젊게 사는 윤종신이다. 윤종신은 1969년생이니 2022년 기준으로 54세이다. 젊은 남자 윤종신은 50대의 변화와 도전에 대해 이렇게 얘기한다.

"50대가 내가 생각하는 젊음의 끝자락이 아닐까 한다. 지금이 아니면 안 된다는 절실함으로 부지런히 모험을 감행해보고 싶다."

그의 가장 강력한 힘은 변화와 도전을 멈추지 않겠다는 의지이다. 실제 〈2020 월간 윤종신〉 '이방인 프로젝트'를 위해 2020년에 출국한다. 1년 동안 떠돌아다니며 노래를 만든다는 계획만 있을 뿐 다른 계획을 하고 있지 않았다. 익숙한 삶에서 벗어나 낯선 환경에서 이방인의 시선으로 콘텐츠를 만들겠다는 결심으로 한국을 떠났다.

"일단은 떠나서 발길 닿는 대로 가고, 현지에서 느끼는 대로 음악을 할 생각이에요. 개인적으로 프로젝트가 너무 좋아서 돌아오지 않았으면 하는 바람이 있어요. 사실 돌아오지 않는 것이 이 프로젝트의 성공이니까요."

그래서 세상에 나온 노래가 〈늦바람〉이다.

"나 조금 더 멋있어질래. 남들 얘기 속 그거 말고 뭐가 더 내 거인지 내 마음인지 이젠 내가 보여.", "좀 더 꿈꾸겠어. 생각보다 훨씬 해 볼 게 많

아. 바람 맨 앞에서 숨지 말아야 해. 겪는 게 이득이래."

윤종신의 학력은 음악과 무관하다. 대원 외국어고등학교 스페인어과를 졸업하고, 대학의 학부 전공은 놀랍게도 국어국문학이다. 음악을 전공하지 않았다. 고등학교 시절에 학교 밴드를 하고, 대학 때 음악 동아리에 가입한 것이 음악을 하게 된 계기가 되었다. 그가 창작을 계속하는 힘은 음악을 전공하지 않은 데서 오는 부족함 때문이라고 한다.

"부족한 상태에서 음악을 하다 보니 제 음악을 구현하는데 어떤 사람이 도움이 될지 항상 생각했어요."

방송 활동도 활발하게 했다. MBC〈라디오 스타〉, SBS〈패밀리가 떴다〉등 예능 프로그램뿐만 아니라〈슈퍼스타K〉1기에서 3기까지 계속 심사위원으로 활동했다. 영화〈웬만해선 그들을 막을 수 없다〉,〈지붕 뚫고 하이킥〉,〈똑바로 살아라〉등에도 출연했고, 드라마〈논스톱4〉에서는 실용음악과 교수를 연기하였다. 라디오 DJ로도 활동하여 SBS 표준 FM〈기쁜 우리 젊은 날〉, MBC FM4U〈두 시의 데이트〉등은 장수 프로그램이다.

유튜버 활동도 활발하여〈월간 윤종신〉은 구독자가 20만 명이 넘고, 2021년에는 신정환과 테니스 채널인〈전라스 테니스〉를 운영하고 있다.〈전라스 테니스〉는 2021년에 시작한 채널로 벌써 구독자가 2만 명을 넘었다.

윤종신은 빠르게 변하는 세상의 속도에 따라 '오늘만 생각하자.'라는 마음으로 부담 없이 계획하고, 그 계획을 빨리 이루면서 살아왔다. 도전에 대한 윤종신의 생각은 이렇다.

"큰 계획이 없어도 돼요. 오늘만 생각하고 오늘을 사는 것도 도전이니

까요."

 '도전하지 않는 자에게는 성장이 없다.'라는 말이 있다. 윤종신은 꾸준히 도전을 멈추지 않는다. 50대인 그가 앞으로 어떤 변화와 도전을 이어갈지 기대된다.

| 03 |
## 50대의 도전

공학자가 베스트셀러 작가로 변신한 사례가 있다. 김병완 작가가 그 주인공이다. 그는 삼성전자에서 10년 이상 연구원으로 근무하다 안정적인 직장을 그만두고 3년 동안 도서관에서 1만 권에 달하는 책을 읽었다. 이 당시에 독서를 넘어 책도 60권이나 출간하였다. 현재는 자신의 경험을 바탕으로 독서법과 책 쓰기 수업을 하고 있다. 8년 동안 독서법은 약 5,000명이 수업을 들었고, 500명의 작가에게 책 쓰기 수업을 하였다.

김병완 작가는 "꾸준함을 이긴 그 어떤 것도 존재하지 않는다."라고 얘기할 정도로 꾸준함의 중요성을 강조한다. "매일 꾸준히 하면 쉬워진다."라는 말로 책 쓰기와 독서 모두 매일 조금씩이라도 꾸준히 해야 한다고 한다. 작가의 진정한 의미에 대해서도 '자기 확신과 꾸준함'이라고 거침없이 답을 한다. 나도 할 수 있다는 확신으로 책 쓰기를 꾸준히 하다 보면 열정이 더해져 추진력이 생긴다. 3년 동안 1만 권의 책을 읽으려면 대략 계산해도 하루에 10권 정도 읽어야 한다. 얼핏 생각하면 불가능해 보인다. 하지만 꾸준히 하다 보면 책이 책을 읽는 순간이 온다.

그는 50대에도 꾸준함을 실천하고 있다. 〈김병완 칼리지 책쓰기 독서법 학교〉를 운영하며 독서법과 책 쓰기 수업을 계속하고 있다. 자신의 책도 꾸준하게 출간하여 100권에 이른다. 최근에는 언택트 시대에 걸맞게 블로그와 유튜브 〈김병완 TV〉도 열심히 운영하고 있다.

장애인 세계 최초로 히말라야 8천 미터급 봉우리 14개를 모두 등정한 인물이 있다. 고(古) 김홍빈 대장이다. 2021년 7월 18일 오후 9시경, 일요일 아침이었다. 고(古) 김홍빈 대장은 손가락이 하나도 없어도 히말라야 14좌 완등에 성공했다. 히말라야는 '눈이 사는 곳'이라는 의미이며, 세계에서 가장 높다. 그중 8천 미터를 넘는 봉우리는 14개가 전부이다. 고(古) 김홍빈 대장에게는 세계 최초라는 수식어가 붙는다. 손가락이 모두 없는 장애인으로 8천m가 넘는 14좌 완등에 성공한 사람은 처음이다. 더군다나 2022년 기준 고(古) 김홍빈의 나이가 58세이다.

그가 이런 엄청난 성과를 낼 수 있었던 것은 꾸준한 도전 덕분이다. 지금부터 약 20년 전인 1991년에 북미 최고봉인 매킨리(6,194m)에서 단독 등반 중 고립되면서 동상에 걸려 열 손가락을 모두 잘라냈다. 하지만 이를 극복하기 위해 꾸준히 노력했다. 국내외 산악 등반과 장애인 알파인 스키 선수와 장애인 사이클 선수로도 활동했다. 2002년에는 미국 솔트레이크시티 장애인 동계올림픽에 스키 선수로도 참가했다. 본격적인 히말라야 8천 미터급 봉우리 도전은 2006년부터였다.

51세가 되던 해에 해발 8,047m의 브로드피크 정상에 도전했으나 악천후로 포기했다. 2021년 57세 되던 해에 재도전하였다. 재도전을 위해 꾸준히 노력한 결과 정상 등정에는 성공했다. 손가락이 없으면 장갑을 끼고 벗는 것부터 등반에 필요한 모든 행동이 동료의 도움 없이는 불가능하다는 것을 감안하면 정말 엄청난 도전이다. 특히 57세의 도전은 더욱 대단해 보인다. 하산하는 길에 조난되어 우리의 곁으로 돌아올 수 없는 길을 떠났지만, 그의 도전은 영원히 남아 있을 것이다. 고(古) 김홍빈 대장의 명복을 빈다.

50대에 많이 하는 운동으로 골프가 빠지지 않는다. 필 미켈슨은 골프의 황제 타이거 우즈에게 밀려 만년 이인자 신세였다. 그러던 중 2021년 5월, 51세 필 미켈슨은 최고령 골프 메이저 우승컵을 안았다. 골프 메이저대회 사상 최고령 우승이다. 만 50세 이상의 선수가 메이저대회가 아니라 일반 PGA 투어 대회에서도 우승하기는 쉽지 않다. 미켈슨 이전에 7번밖에 없을 정도이다.

필 미켈슨의 저력은 꾸준함이다. 28년 동안 세계 랭킹 50위 밖으로 벗어나지 않았다. 1993년에 세계 랭킹 47위에 오른 이후 계속 톱 50위를 유지했다. 심지어 타이거 우즈가 슬럼프에 있을 때도 한결같은 플레이로 정상권에 머물렀다. 미켈슨은 PGA 투어 45승, 메이저 6승을 했다.

필 미켈슨은 "(이 자리에 다시 오르려고) 더 열심히 노력했다. 정말 놀라운 하루였다."라고 우승 소감을 밝혔다. 우승하기까지 엄청난 노력이 있었다. 치즈버거를 너무 좋아했던 그는 2010년 건선성 관절염으로 고생한 후 햄버거를 끊고 단백질과 채소 위주로 식단을 바꿨다. 그러면서 하루 75분, 주 4회 고강도 훈련을 했다고 한다. 2019년에는 6일 동안 물과 단백질 가루 등을 섞은 커피만 마시면서 6.8kg을 감량한 것은 잘 알려진 일화다. 몸을 '리셋'하면서 세월과 맞붙어 최고가 되고 싶고, 선수 생명을 연장하고 싶은 열정을 불태웠다.

운동 종목에서 50대는 거의 퇴물 취급을 받는 것이 일반적이다. 대학체육회의 조사에 의하면 우리나라 운동선수의 평균 은퇴 나이가 24세였다. 한때 현역 최고령이라는 수식어가 붙었던 축구선수 이동국의 은퇴 나이도 50세가 되기 전인 만 41세였다.

50대의 나이에도 꾸준한 노력으로 최고령 메이저대회 우승의 영광을 안은 미켈슨 선수의 꾸준함에 박수를 보낸다.

우리나라의 골프 선수 중에서도 51세의 나이에 미국 프로골프(PGA) 챔피언스 투어에서 우승한 이가 있다. 최경주이다. 그는 2002년 PGA 투어 첫 우승 이후 19년 만에 챔피언스 투어에서도 우승했다. 비록 50세 이상이 참가하는 시니어 투어이긴 하지만 끊임없는 도전으로 얻은 값진 결과이다.

| 04 |

# 머슬퀸, 머슬킹

50대는 노화가 계속되면서 근육 감소도 함께 발생한다. 40대부터는 근육이 매년 1%씩 감소하고 나이가 들수록 감소하는 속도는 더 빨라진다. 그 정도가 심하면 근감소증에 걸리게 된다. 인생의 전환기인 50대에 근육을 단련해야 후반부 인생을 대비할 수 있다. 50대에 멋진 도전으로 배가 볼록한 아저씨, 아줌마가 아닌 머슬퀸, 머슬킹으로 변신한 인물이 있다.

서울대 출신의 배우라면 한 번쯤 다시 보게 되는 것은 인지상정이다. 배우 황석정은 서울대 출신이다. 최근에는 여기에 이력을 한 가지 더했다. 2020년도에 피트니스 대회에 참가했다. 아쉽게 수상에는 실패했지만, 그녀의 도전에 모두 박수를 보내고 있다. 처음에 몸이 아파서 운동을 시작했는데, 피나는 노력으로 대회 당일 체지방 지수가 4.1%였다. 일반인 여성의 경우 표준 체지방 지수가 22%~35%인 것을 고려한다면 얼마큼의 노력이 있었는지 짐작할 수 있다.

갱년기 우울증을 극복하기 위해 도전한 운동으로 삶을 바꾼 동화작가가 있다. 이민숙 작가는 마흔 중반에 동화작가로 데뷔했으나 체력의 급격한 저하로 고생한다. 약해진 체력으로는 글을 쓰는 것이 너무 힘들어서 운동을 시작했다. 몸무게를 64kg에서 46kg으로 줄였고, 피트니스 모델까지 하게 된다. 이러한 경험을 바탕으로 인생 후반전을 준비하는 데 도움이 될 만한 책 『50, 우아한 근육』을 출간했다. 다음은 50대에 도전한 운동에 대한 이민숙 작가의 얘기이다.

"체력이 좋아진 것은 물론 도전과 성취를 통해 나 자신을 사랑하게 되고 자존감이 높아졌어요."

이대 서울병원 윤하나 교수는 우리나라 여성 비뇨의학과 1호 전문의이다. 금녀의 영역이었던 비뇨기과에 지원하고, 전공의 과정까지 무사히 마쳤다. 당시 여성 비뇨기과 의사가 없었기 때문에 더 도전하고 싶었다고 한다. 윤하나 교수는 2021년에는 또 다른 도전을 시작했다. 51세에 피트니스 대회에 참가해 2개 메달을 수상했다. 참가하게 된 계기는 고지혈증과 경추·요추 디스크 등의 치료를 위해 근육 운동을 시작하면서 의미 있는 경험을 만들기 위해서라고 밝히고 있다.

머슬킹으로 불리는 남성들도 있다.

손가락 하나로 여성의 심금을 울렸던 차인표는 원래부터 근육질의 남자였다. 결혼 후에는 평범한 아저씨로 살다 친구와의 건강한 몸 만드는 버킷리스트를 위해 운동을 시작했다. 결국 머슬 잡지의 표지모델이 되는 친구의 버킷리스트를 지키게 되었다. 머슬 잡지는 아니지만 모 사회적 잡지에 표지모델로 2021년 7월에 선정된 것이다.

드라마와 뮤지컬 등 못 하는 게 없는 천생 배우 유준상. 2020년에 촬영하는 드라마의 역할을 완벽하게 소화하기 위해 운동을 시작했다. 그 결과 체지방 3%에 떡 벌어진 어깨, 빨래판 복근, 탄탄한 가슴을 소유하게 되었다. 특히 등 전체에 퍼져있는 성난 나비 등 근육은 일품이다.

　미국의 보디빌더인 덱스터 잭슨은 50대의 나이임에도 여전히 현역 선수로 활약하고 있다. 덱스터가 처음 프로에 데뷔한 것은 2000년도였다. 20년 넘게 프로 보디빌더로 살아온 것이다. 당시 같이 활동했던 보디빌더는 모두 은퇴했다. 하지만 덱스터의 기록은 계속되고 있다. 피트니스의 정점인 올림피아에서 우승은 단 한 번이었지만 20번 출전한 최초의 기록을 가지고 있다. 이 도전이 언제 끝날지는 현재 아무도 모른다.

　이외에 올해 환갑을 맞는 전 미국 대통령 오바마도 50대의 나이임에도 불구하고 2017년 퇴임 당시까지 꾸준한 운동으로 근육질 몸매를 유지했던 것으로 알려져 있다.

| 05 |

# 늦깎이 9급 공무원

　공무원의 정년은 만 60세이다. 얼핏 계산해 보아도 50대에 공무원을 시작하면 근무 기간은 최대 10년이다. 공무원은 정무직을 제외하고 1급부터 9급까지 있다. 9급은 가장 낮은 직급이다. 그렇기에 급여도 가장 적다. 9급 1호봉의 경우 2021년 기준으로 본봉이 165만 7,585원이다. 이외에 여러 가지 수당이 있지만 사람마다 다르므로 본봉만을 기준으로 한 것이다. 군대 경력이나 대학원 또는 사회경력이 있으면 기준에 따라 호봉에 더해주기도 한다. 그렇더라도 급여는 50대가 자녀를 키우고 생활하기에는 턱없이 부족하다. 승진도 잘하면 7급까지 하거나 9급에서 정년을 맞이해야 한다. 일반적으로 생각하기에 도전할 만한 장점이 많지 않다.

　공무원의 정년보장 때문일까? 최근에는 50대가 9급 공무원에 합격하는 경우를 종종 본다. 국가직 9급을 기준으로 50대 이상 합격자가 2019년에는 27명이었으나, 2020년에는 49명이다. 전체 응시인원의 0.7%이다. 서울시는 조금 더 비율이 높다. 2020년 기준 47명으로 전체 합격자 중 1.8%가 50대다.

　여기 50대 새내기 공무원들의 사례를 소개해본다. 57세에 도전하여 59

세에 9급 공무원이 된 권호진 작가. 2014년에 합격했으니 지금쯤 퇴직했을 것이다. 권호진 작가는 외국계 보험회사에서 25년간 재직하였다. 한국지사의 CEO까지 한 이력도 있다. 조기퇴직 후 영어 학원을 운영하기도 했다. 공무원 시험 준비는 아들의 대입 준비를 하면서 시작했다. 공무원 시험에 합격한 것도 놀라운데 책까지 집필했다. 시험에 합격하는 비법을 담은 『공무원 합격 자신만만 공부법』을 집필했다.

서병일 씨는 인천시 연수구에서 근무한다. 40대 중반에 대기업에서 명예퇴직했다. 건강을 위해 퇴사를 결심하게 된 것이다. 퇴직 후에는 4년을 직장 없이 여유로운 삶을 즐겼다. 그러다 동생의 권유로 공무원 시험에 도전해서 합격했다. 지금은 "일정 부분 사회에 이바지하고 있다는 생각에 일하는 게 즐겁다."라고 한다.

역시 인천시 남동구에 근무하는 민영 씨도 있다. 15년 경력의 베테랑 학원 강사다. 직장을 그만둔 이유는 나이가 들면서 경쟁력이 떨어진다는 생각에서다. 아이들을 좋아해서 사회복지사에 도전했지만 일자리를 구하기 힘들었다. 남편의 추천으로 공무원 시험을 시작해서 합격했다. "경험을 쌓아 인천 내 도서 지역에서 복지 사각지대에 있는 취약 계층을 위해 일하고 싶다."라는 것이 민영 씨의 생각이다.

퇴직한 무렵의 나이에 공무원 시험에 합격한 사례도 있다. A씨는 1962년생으로 2020년에 경북 군위군청에 임용됐다. A씨는 26년 동안 근무하던 대기업에서 명예퇴직했다. 올해 2022년이니 정년을 맞이한다.

이러한 도전에 대해 최근에는 젊은 청년들의 취업이 힘들어서 그들의 일자리를 뺏는다는 논란이 있다. 하지만 50대의 도전은 아름답다. 도전을 결심하기도 어렵고, 꾸준히 공부하기도 쉽지 않았을 것이다. 참 대단한 도전임은 자명하다.

| 에필로그 |

## 50대는 제3막 인생을 준비하는 시기이다

　인생 설계는 가보지 않은 길을 미리 계획하는 것이다. 이건 이래서 안 되고, 저건 저래서 안 되고 생각하지 말고 일단 계획을 세워라. 논문 쓸 때 간과하는 것이 있다. 실패한 실험도 논문의 대상이라는 점이다. 그 실패가 누군가의 실패를 줄여 주기 때문에 오히려 좋은 논문이 될 수 있다.
　미래는 아직 아무도 가보지 않은 길이다. 아무도 경험하지 못했다. 계획한 것을 모두 달성할 수는 없다. 미래를 준비하기 위해서는 일단 시작하라. 지금 당장 인생 설계를 해보라. 시작하지 않으면 아무것도 할 수 없다.
　하지만 현재가 중요하다. 현재가 80%라면 미래는 20%이다. 그래서 미래의 인생 설계는 현재를 살아가는 것보다 더욱 간단해야 한다. 복잡한 인생 설계는 실현할 수 없는 가능성이 매우 커진다. 간단하고 단순한 인생 설계를 해보자.
　은퇴 이후의 삶은 생각한 것보다 많은 시간일 수 있다. 만약 김창경 교수의 말처럼 재수 없이 200세까지 산다고 하면 정말 많은 시간을 살아야 한다. 지금까지 살아온 것을 세 번이나 더 살아야 한다. 그 시간 동안 계속 소파에서 TV에 의지한 채 온종일 집에만 있는 삶을 살 것인가? 아니면 주위에 친구들과 지인들과 어울리면서 행복하게 살고 경제적으로도 부족하지 않게 살고 싶은가?

50대가 그 방향을 정해주는 이정표이다. 50대에 어떻게 준비해야 할지 설계해야 한다. 근육을 저축하면 가능하다. 육체적으로 근육을 늘리고, 마음의 근육을 단련해 마음 그릇을 키워야 한다. 관계 근육으로 인생을 풍요롭게 하고, 재테크 근육을 단련해 궁핍하고 초라한 생활을 하지 말아야 한다. 신체적 근육뿐만 아니라 마음 근육은 매우 중요하다. 행복은 마음먹기에 달려 있다. 마음 그릇이 크면 행복을 더 자주 느끼고 작은 것에도 행복하다.

제3막을 준비하면서 관계의 중요성을 다시 얘기하고 싶다. 최근 고독사가 많다. 경제적으로 쪼들리다 고독하게 죽어가면 얼마나 인생이 불쌍한가? 주위 사람들에게 베푸는 삶도 중요하다. 사람과의 관계에서도 예쁜 말은 관계를 좋게 한다. 상대방의 자존감을 높여 주는 사람, 남을 인정하고 칭찬하는 사람은 자신도 그렇게 존중받는다. 구름은 바람 없이 움직일 수 없듯이 사람은 사람 없이 변화할 수 없는 법이다.

법륜 스님은 "좋은 일 나쁜 일로 구분하지 마라. 이런 일 저런 일로 구분하라."라고 했다.

서양 속담에 "저녁에 의자를 사지 마라."라는 말이 있다. 피곤한 저녁에는 어떤 의자이든 편안하게 느껴지기 때문에 성급하게 판단한다는 것이다. "배고플 때 장 보지 마라."라는 말과 비슷한 의미이다. 사람을 만나는 일도 이와 같다. 지금 당장 외로워서, 우울해서, 심심해서 만나면 꼭 그 끝은 좋지 않다.

제2막 인생에서 재테크 근육도 매우 중요하다. 부자는 아니라도 기본적인 의식주와 취미, 문화생활을 할 수 있으면 인생이 풍요로워진다. 단풍이 가장 아름다운 계절은 가을이다. 가을은 겨울을 잘 준비해야 하는 시기이다. 많은 곡식과 과일 등을 수확하기에 풍성한 계절이다. 50대는 가을에 해당한다. 50대를 잘 준비하여 겨울을 맞이해야 한다. 그러기 위해서 인생 설계가 필요하다. 그 시작은 지금 당장 자리에서 일어나는 것이다. 일단 시작해서 나아가자. 방향만 맞으면 실행하는 속도나 방법은 나중 문제이다. 하다 보면 목표가 구체화하고, 시행착오를 하면서 앞으로 나갈 수 있다. 목적지는 후반부 인생의 행복이다.

50대는 변화와 도전을 해야 남은 인생을 살아가는데 싫증이 나지 않는다. 행복 호르몬인 도파민은 끊임없이 나오지 않는다. 시간이 지나면 도파민 분출이 끝난다. 50대에 다시 도파민을 분출하게 하여 행복할 수 있다.

이 책은 인생 중간인 50대에 좋은 글을 보면서 생각을 정리하는 계기가 될 수 있는 책이다. 내가 참고할 만한 좋은 글들을 많이 찾아서 책에 집어넣었다. 인생 3막 전에 생각도 쉬고 좋은 글로 시원하고 청량함을 한 번 느낄 수 있을 것으로 기대한다.

⟨ 부록 ⟩

## 미세먼지가 생활을 삼키다

    오늘도 습관처럼 하늘을 보기 위해 고개를 들어본다. 현대인들은 바쁜 일상으로 하늘을 볼 시간조차 없다고 흔히 얘기한다. 나는 하늘을 보는 것이 일이다. 하늘을 보면서 하루를 시작하고, 점심 먹고 산책하면서 다시 보고, 해가 지기 전 마지막으로 하늘을 본다. 다른 사람은 하루에 한 번도 보기 힘든데, 매일 하늘을 보니 정말 여유롭다고 생각할 수 있다.

    사실 가을 하늘을 보는 것은 너무 좋다. 역시 하늘은 가을에 봐야 제맛이다. 구름은 이미 파란 공간의 화폭에 주인공이 되어 스스로 작품이 되어 버렸다. 백설보다 하얀 어미 개가 자기 새끼를 안고 사랑스럽게 마주 보는 모습, 약간 누런 빛 말이 허벅지 근육을 자랑하며 힘차게 뛰어가는 모습, 마구 흩어져 있는 것 같지만 질서가 있는 뽀송뽀송한 병아리 솜털 등 하늘은 구름이 만든 작품집이다.

    무엇보다 가을 하늘은 미세먼지가 적어서 청명하다. 미세먼지 농도가 높으면 청명한 하늘은 사라지고, 잿빛 하늘이 그 자리를 대체한다. 주로 겨울과 이른 봄인 12월과 3월에 하늘을 보면 잿빛인 경우가 많다. 다행스럽게 가을 하늘은 미세먼지 농도는 낮다. 그러다 보니 하늘이 만든 수많은 작품을 더욱 선명하게 감상할 수 있다.

미세먼지는 건강에도 좋지 않다. 세계보건기구(WHO) 산하 국제암연구소(IARC)에서는 미세먼지를 술, 담배와 같은 1급 발암물질로 지정했다. 농도가 높은 미세먼지를 계속 마시면 면역력이 감소하여 호흡기 질환, 심혈관 질환, 뇌혈관 질환 등 많은 질병에 걸릴 수 있다.

미세먼지로부터 시민들 건강을 보호하기 위해 서울시는 「고농도 미세먼지 비상저감조치」라는 정책을 시행하고 있다. 미세먼지 농도가 현재 높거나 앞으로도 높은 상태가 지속할 것으로 예측하면 비상저감조치를 발령한다. 시민들에게는 방송, 신문, 핸드폰 문자, 지하철과 버스 전광판, 아파트 안내 방송 등 활용할 수 있는 모든 방법을 동원해서 상황을 전파한다. 발령 다음 날에는 아침 6시부터 밤 9시까지 미세먼지 배출량과 시민들 노출을 줄이기 위한 긴급 조치를 시행한다. 결국, 미세먼지로부터 시민들 건강을 보호하려는 조치들이다.

2019년 봄 최고로 좋지 않았던 미세먼지 상황은 여전히 생생한 기억으로 남는다. 3월 1일부터 7일까지 연속 7일 동안 비상저감조치를 시행했다. 이 기간에 시민들 생활은 불편할 수밖에 없다. 공공기관을 방문할 때 주차장이 폐쇄되어 승용차를 이용할 수 없고, 가능하면 대중교통을 이용해야 한다. 외부 활동을 줄여야 하고, 어쩔 수 없이 외출할 때 보건용 마스크를 써야 한다. 지금은 코로나-19로 보건용 마스크를 반드시 써야 하는 상황이지만 당시에는 그렇지 않았다. 야외에서 하는 축구, 테니스, 야구 등을 위해 공공기관에서 운영하는 체육시설을 예약했다면 이때는 이용할 수 없다. 아울러 시, 자치구, 산하 단체 등에서 주관하는 행사에 참여하려는 시민은 취소 여부를 반드시 확인해야 한다. 행사를 취소할 가능성이 매우 크기 때문이다. 무엇보다 어린이집, 유치원, 초등학교 저학년 학부모의 불편은 더욱 심하다. 미세먼지 농도가 매우 높은 경우에는 어린이집, 유치원, 초등학교에서 휴원 또는 휴업을 검토해야 한다. 아이를 돌봐야 하는 직장인이라면 정말 난감하다. 갑자기 아이를 맡길 방법이 생각나지 않아 발만 동동 구르게 될지도 모른다. 다행히 학교 돌봄교실 운영 등 불편을 최소화하는 방법은 만들었지만, 여전히 편치 않다. 이렇게 미세먼지는 다양한 분야에서 시민들 생활을 삼킨다.

미세먼지는 나의 생활까지 삼킨다. 미세먼지 농도가 높은 12월부터 3월까지 내 생활은 거의 없는 것과 다름이 없다. 개인 약속을 할 수 없고 어쩔 수 없는 약속도 지키지 못하는 경우가 종종 있다. 미세먼지로 인해 언제든 비상 상황이 발생할 수 있기 때문이다.

2019년 2월 28일, 아침에 일어나자마자 물 한잔을 마시고 우리나라와 중국의 미세먼지 농도 등 여러 가지 자료를 확인했다. 어제도 농도가 높아서 비상저감조치 발령 여부를 판단하기 위해 계속 신경을 곤두세우다 밤늦게 퇴근했다. 몸은 피곤했지만, 정신은 더욱 긴장감이 돌았다. 오늘부터 시작이라는 생각이 분명해졌기 때문이다. 대기질 모델링이라는 프로그램을 통해 5일 후 농도까지 예측해 보니 이번 상황은 금방 끝날 것 같지 않았다. 출근하자마자 현재 서울, 인천, 경기 수도권 상황과 고농도 원인, 전망 등을 포함하여 보고자료를 만들었다. 비상저감조치는 서울시 거의 모든 기관과 서울시에 소재하는 중앙 행정·공공기관이 참여한다. 그 기관(부서) 수가 1,000개소를 넘는다. 내가 근무하는 대기정책과는 그 업무를 총괄한다. 그러다 보니 각종 보고서와 회의자료, 언론과 민원 대응 등 계속 긴장의 연속이다. '따르릉~~, 따따따따닥~~~', '따르릉~~, 따따따따닥~~~' 사무실은 온통 전화벨 소리와 자판 두드리는 소리이다. 보고서는 대부분 한 장이다. 중요한 내용만 핵심적으로 전달하는 것이 목적이기 때문에 길어서는 안 된다. 시간 엄수가 생명이다. 주어진 시간이 많지 않기 때문에 쉴 새 없이 컴퓨터 자판을 두드리면서도 등줄기에는 땀이 계속 흐른다. 전화벨은 계속 울리지만, 모르는 번호는 아예 받지도 않는다. 아니 받을 시간이 없다. 드디어 17시 15분에 비상저감조치를 발령하고, 나머지 일을 정리하면 밤 11시쯤 간신히 퇴근할 수 있다. "집에 다녀오겠습니다."가 퇴근길 인사이다. 집에 잠깐 다녀와야 내일을 버틸 수 있다.

  하루가 지났다. 사무실 도착 시각은 아침 6시 30분. 8시에는 중앙정부와 영상 회의가 있다. 회의에는 국무조정실을 비롯한 중앙정부 부처들과 수도권 시·도(서울, 인천, 경기)와 어제 비상저감조치를 발령한 시·도가 참여한다. 그만큼 국가적으로 대응하고 있다. 청와대 관심도 상당하다.

  며칠 동안 이런 생활을 지속하다 보니 몸과 마음이 너무 지쳐있다. 한두 달이 훌쩍 지난 것 같다. "거꾸로 매달아도 국방부 시계는 간다."라는 말처럼 시간은 지친 일상을 담고 무작정 흘러간다. 집에 잠시 들렀다 오는 것도 이제 일상이 된 지 오래다. 다행스럽게도 여러 가지 예측 자료를 보니 이 상황이 곧 끝날 것 같다. 그동안 보지 못했던 하늘을 이제는 여유를 가지고 본다. 아직은 잿빛이지만 조만간 본래 색을 찾겠지.

  고농도 미세먼지 비상저감조치는 시민들이 많이 공감하고 동참하는 정책이지만, 여전히 일부에서는 '시민 불편을 담보로 하면서까지 필요한 제도인가?'라는 논란이 있다. '미세먼지가 주로 중국에서 넘어오는데, 우리나라에서 이런 것을 실행한들 무슨 소용이 있겠는가?'가 주요 반론이다. 실제 상황실로 그런 불만 섞인 전화들이 너무 많이 걸려 온다.

나는 비상저감조치는 꼭 필요한 정책이라고 생각한다. 정책은 모두를 만족시킬 수는 없다. 1급 발암물질인 미세먼지가 고농도일 때 시민들에게 알려서 미리 피할 수 있게 하고, 사업장과 공사장 등에서는 배출량을 줄여서 조금이라도 미세먼지 농도를 낮추어 보자는 노력이기 때문이다. 결국, 이것은 그 조치들로 인해 일부 피해를 보는 시민이 있을 수 있지만, 전체 시민 건강을 위해 매우 필요하다. 시민까지 아니어도 좋다. 나와 내 가족, 내 주변인들 건강을 위해 이 정책은 필요하다. 언제까지 중국만 탓할 것이 아니라 우리나라에서 할 수 있는 것은 해야 한다.

이제 미세먼지 계절이 돌아오고 있다. 겨울은 그나마 괜찮다. 봄이 문제다. 이 업무를 하기 전에는 겨울과 봄을 좋아했다. 특히 봄은 따뜻하고 생기가 넘칠 뿐만 아니라 여기저기 만개한 꽃을 볼 수 있어서 더욱 좋았다. 사진기를 가지고 나가면 무엇을 찍든 작품이다. 야생화를 확대해서 찍는 매크로 기법은 가히 환상적이다. 지금은 봄의 따뜻함보다 꽃샘추위가 좋다. 꽃샘추위로 바람이 잘 불어 주어야 미세먼지 농도가 조금 낮아진다.

1년 내내 하늘을 보고 있지만, 이제부터는 더욱 세심하게 하늘을 보기 시작해야 할 때이다. 그래서인지 오늘 바라보는 별로 남지 않은 청명한 가을 하늘이 눈이 부시도록 아름답다.

# 은퇴자의 길

김창(한양대 연구교수, 진로전문가)

정년 퇴직과 은퇴는 다르다. 정년 퇴직을 하면 더 이상 일을 하지 않겠다고 하는 사람과 계속 일을 하겠다는 사람으로 나뉘는데 여기서는 경제적 목적을 위해 일을 계속하려는 사람들에게 도움이 되는 내용을 다루려고 한다. 계속해서 경제활동을 위해 일을 하려고 한다면 다음의 절차를 따라야 한다.

첫째, 60세가 넘어도 일이 주어지는 분야를 알아야 한다. 둘째, 어떤 기준을 가지고 일을 선택할지 가치체계가 정리되어야 한다. 셋째, 하고 싶은 일을 갖기 위해 어떤 자격 조건이 필요한지 알아야 한다. 넷째, 하고 싶은 일을 시작할 수 있는 방법을 알아야 한다.

60세가 넘어도 기회가 주어지는 유형은 틈새도전형, 사회공헌·취미형, 미래준비형 등이 있다. 틈새도전형은 베이비부머의 가장 큰 장점인 직장생활 경력과 풍부한 인생 경험, 이를 통해 구축한 인적·물적 네트워크를 활용해 도전할 수 있는 직종이다.

특정 분야 전문지식이나 경력이 매우 중요하기 때문에 진입장벽이 다소 높을 수는 있지만, 중단기 교육과정을 통해 업무 지식을 쌓으면 재취업이나 창업이 가능하고 진입장벽이 높은 대신 수입을 기대할 수 있다. 협동조합운영자, 기술경영컨설턴트, 오픈마켓판매자, 투자심사역, 창업보육매니저, 귀농귀촌플래너, 스마트팜운영자, 흙집전문가, 도시민박운영자, 공정무역기업가, 1인출판기획자, 유품정리인 등이 있다.

사회공헌·취미형은 그동안 쌓은 경력과 경험을 활용해 사회에 기여하거나 취미 삼아 일할 수 있는 직업들이다.

젊은 세대 또는 사는 마을과 이웃을 위한 일, 자연과 벗할 수 있는 일 등 여생을 의미 있게 보내기에 도움이 될 만한 직업들이다. 대개 시간제나 프리랜서로 일하거나 지자체 등에서 운영하는 사업의 하나이기 때문에 틈새도전형에 비해 수익 측면에선 만족스럽지 못할 수가 있다. 청소년유해환경감시원, 청년창업지원가, 인성교육강사, 마을재생활동가, 목공기술자, 캘리그라퍼, 숲해설가, 문화재해설사, 웃음치료사 등이 있다.

미래준비형은 앞으로 활성화가 기대되는 새로운 직업들로, 현재 교육과정을 준비 중이거나 관련 자격증을 새로 만들고 있는 직업이다. 아직까지 노동시장에 정착하기에는 준비과정 및 일자리 확보 등이 미비하기 때문에 장기적 접근 필요하다. 라이프코치, 노년플래너, 전직지원전문가, 이혼상담사, 산림치유지도사, 기업재난관리자, 주택임대관리사, 3D프린팅운영전문가 등이 있다.

이 외에 중장년 퇴직자가 관심을 가질만한 직업으로는 6차산업지도사, 곤충컨설턴트, 도시농업관리사, 동물초음파진단사, 가정에코컨설턴트, 실내공기질관리사, 복지용구전문상담원, 웰다잉전문가, 소셜미디어전문가, 농산물품질관리사, 주택관리사, 문화관광해설사, 한국어교원, 직업상담사 등이 있다.

　미래를 설계하기 위해서는 집, 가족, 일/직업, 사회적 관계, 건강, 재무적 안정, 배움, 봉사, 여가, 영성과 관련해서 각각의 항목별로 어떤 목표를 추구할 것인가를 결정하고 서로 조화를 이루도록 계획해야 한다. 하지만 이 방법으로 결과물을 얻으려면 숙련된 퍼실리테이터와 함께 많은 시간을 들여 워크숍을 해야만 얻어질 수 있으므로 여기서는 일과 관련된 것만을 살펴보기로 하겠다. 아래 그림은 어떤 일을 할 것인지를 결정해가는 프로세스를 소개한 것이다.

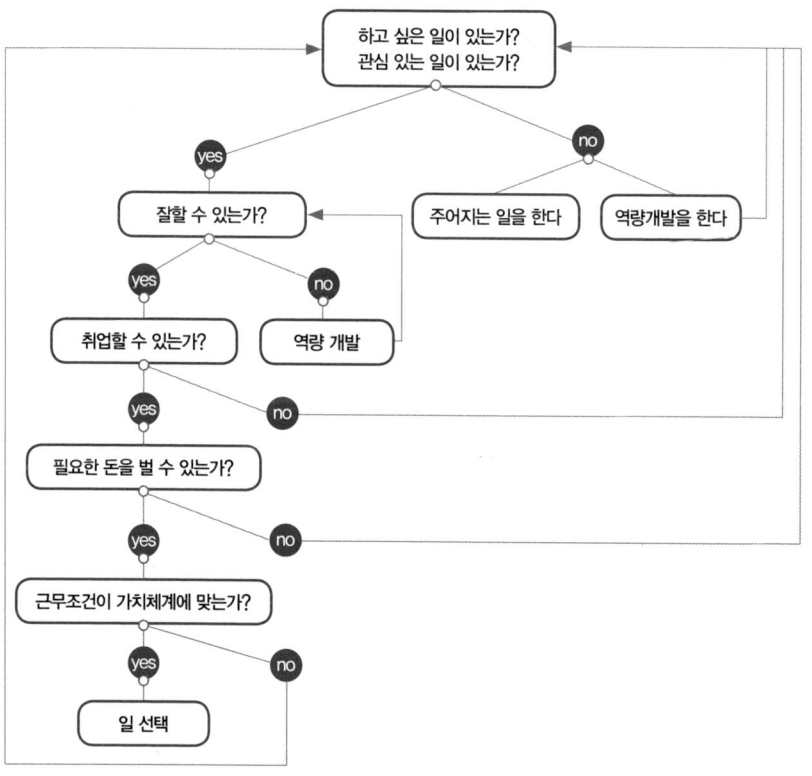

**국가공인 자격증**
1. 직업상담사
2. 산림기능사
3. 스포츠경영관리사
4. 사진기능사
5. 텔레마케팅관리사
6. 정보처리기사
7. 에너지관리 산업기사
8. 사회조사분석사
9. 가맹거래사
10. 경영지도사
11. 경비지도사
12. 관광통역 안내사
13. 공인중개사
14. 경매사
15. 공인노무사
16. 물류관리사
17. 사회복지사
18. 청소년지도사
19. 주택관리사
20. 청소년상담사
21. 국내여행안내사
22. 농산물품질관리사
23. 산업안전지도사
24. 호텔경영사
25. 호텔관리사
26. 감정평가사

**전문성 관련 유망 자격증**
1. 정리수납전문가
2. 프레젠테이션전문가
3. 전직지원전문가
4. CS강사
5. 반려동물행동교정사
6. 퍼스널컬러
7. 병원서비스매니저
8. 병원코디네이터
9. 병원행정관리사
10. 병원진료접수매니저
11. 커피바리스타
12. 커피감정평가사
13. 커피핸드드립전문가
14. 와인소믈레이
15. 반려동물관리사
16. 부동산자산관리사
17. 빌딩관리사
18. 베이비시터
19. 실버병원코디네이터

**진로 지원 교육기관**

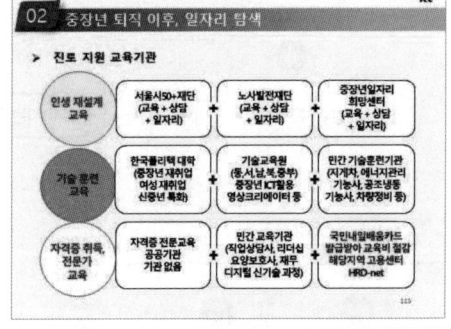

**한국고용정보원 직업심리검사 종류**

| 검사명 | 검사목적 | 소요시간 |
|---|---|---|
| 성인용 직업적성검사 | 직업선택 시 중요한 능력과 적성을 토대로 적합한 직업을 선택할 수 있도록 도와주기 위한 검사 | 80분 |
| 직업선호도 검사 L형 | 개인의 흥미 유형 및 성격, 생활사 특성을 측정하여 적합한 직업 안내 | 60분 |
| 창업적성검사 | 창업 소질이 있는지를 진단해주고, 가장 적합한 업종이 무엇인지 추천 | 20분 |
| 직업가치관검사 | 직업가치관을 측정하여 자신의 직업가치를 확인하고 그에 적합한 직업분야를 안내 | 20분 |
| 영업직무 기본역량검사 | 영업직무수행과 관련한 역량을 인성과 적성의 측면으로 측정하여 영업직무에 대한 역량 적합도를 확인 | 50분 |
| IT직무 기본역량검사 | IT직무수행과 관련한 역량을 인성과 적성의 측면으로 측정하여 IT직무에 대한 역량의 적합도를 확인 | 95분 |
| 구직준비도검사 | 구직활 준비가 되어 있는가를 맞춰보고, 적합한 취업지원 서비스를 선택할 수 있도록 해주는 검사 | 20분 |
| 중장년 직업역량검사 | 중장년 근로자의 직업역량을 진단하여, 후기 경력개발과 관련 의사결정을 돕기 위한 검사 | 25분 |
| 준고령자 직업선호도 검사 | 준고령자들이 자신에 대한 이해를 높이고, 심리적 특성을 파악하여 직업선택과 관련된 의사결정을 돕기 위한 검사 | 20분 |

국민연금공단에서 제공하는 노후종합진단 서비스

'노후준비 종합진단지' 작성(37개 문항)을 통해 개인의 노후준비 상태를 종합적으로 진단받을 수 있음

국민연금공단 사이트에서 온라인으로 실시하고 결과를 파일로 받거나 결과지 출력 가능

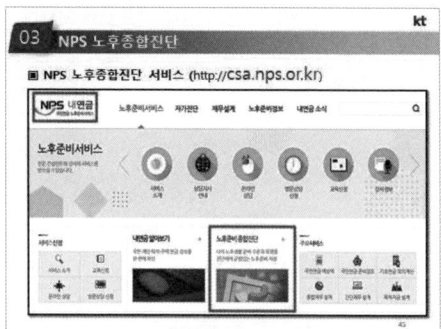

( NPS노후종합진단 )

## 50대 인생설계, 근육을 저축하라!

초판 1쇄 발행일 | 2022년 5월 31일

| 지은이 | 이준복 |
| 펴낸곳 | 북마크 |
| 펴낸이 | 정기국 |
| 디자인 | 서용석 |
| 관리 | 안영미 |

| 주소 | 서울특별시 성동구 마조로 22-2 한양대동문회관 413호 |
| 전화 | (02) 325-3691 |
| 팩스 | (02) 6442-3690 |
| 등록 | 제 303-2005-34호(2005. 8. 30) |

| ISBN | ISBN 85846-97-2   13190 |
| 값 | 15,000원 |

이 도서의 국립중앙도서관 출판예정도서목록(CIP)은 서지정보유통지원시스템 홈페이지(http://seoji.nl.go.kr)와 국가자료종합목록 구축시스템(http://kolis-net.nl.go.kr)에서 이용하실 수 있습니다.
(CIP제어번호 : CIP2019023408)

이 책은 저작권법에 따라 보호를 받는 저작물이므로 무단전재와 무단복제를 금하며,
이 책 내용의 전부 또는 일부를 이용하려면 반드시 저작권자와 북마크의 서면동의를 받아야 합니다.
* 잘못된 책은 바꾸어 드립니다.